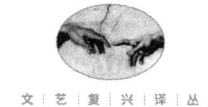

文艺复兴译丛

《君士坦丁赠礼》辨伪

〔意〕洛伦佐·瓦拉 著
李婧敬 编译

De falso credita et ementita
Constantini donatione

Lorenzo Valla

**DE FALSO CREDITA ET EMENTITA
CONSTANTINI DONATIONE**

文 | 艺 | 复 | 兴 | 译 | 丛

顾 问
王 军　周春生　李 军

主 编
徐卫翔　刘训练

编辑委员会
（以姓氏笔画排序）

文 铮
北京外国语大学欧洲语言文化学院

朱振宇
浙江大学外国语学院

刘训练
天津师范大学政治与行政学院

刘耀春
四川大学历史文化学院

李婧敬
北京外国语大学欧洲语言文化学院

吴功青
中国人民大学哲学院

吴树博
同济大学人文学院

袁朝晖
中国社会科学院世界宗教研究所

徐卫翔
同济大学人文学院

梁中和
四川大学哲学系

韩伟华
南京大学政府管理学院

韩 潮
同济大学人文学院

版本说明

作为《〈君士坦丁赠礼〉辨伪》的首个直接译自拉丁文的中译本,本书的译介是以严谨的语文学考据工作为基础的。在意大利从事洛伦佐·瓦拉研究的知名学者——原佛罗伦萨大学中世纪及人文主义语文学教授玛丽安杰拉·雷格里奥西的指导下,译者针对该文稿的多个版本进行了研读,在综合参考该作品以下版本的基础上开展了译介工作,具体包括:沃尔夫拉姆·塞茨(Wolfram Setz)编订的拉丁文文本《〈君士坦丁赠礼〉辨伪》(Lorenzo Valla, *De falso credita et ementita Constantini donatione*, ed. Wolfram Setz, Weimar, Boöhlau, 1976);皮奥·齐普罗迪(Pio Ciprotti)编订的拉丁文文本(Lorenzo Valla, *De falso credita et ementita Constantini donatione declamatio*, a cura di Pio Ciprotti, Milano, A. Giuffrè, 1967);奥尔加·普里耶塞(Olga Pugliese)的意译本(Lorenzo Valla, *La falsa donazione di Costantino*, introduzione, traduzione e note di Olga Pugliese, Milano, Rizzoli, 1994,此版中的注释文中简称"普注");格伦·沃伦·鲍尔索克(Glen W. Bowersock)的英译本(Lorenzo Valla, *On the Donation of Constantine*, translated by Glen W. Bowersock, Massachusetts, Harvard University Press, 2008,此版中的注释文中简称"鲍注");陈文海的中

译本(《〈君士坦丁赠礼〉伪作考》,商务印书馆2022年版)。

为了方便国内学界的同行就洛伦佐·瓦拉及其《〈君士坦丁赠礼〉辨伪》展开后续研究,本书不仅译介了《〈君士坦丁赠礼〉辨伪》的文本,还译介了作为批驳对象的《君士坦丁赠礼》文本。在译介该文本的过程中,译者依据的版本主要包括:罗贝塔·塞维耶里(Roberta Sevieri)的意译本(*La donazione di Costantino*, a cura di Roberto Cessi, traduzione di Roberta Sevieri, Milano, La vita felice, 2010);格伦·沃伦·鲍尔索克(Glen W. Bowersock)的英译本(Lorenzo Valla, *On the Donation of Constantine*, translated by Glen W. Bowersock, Massachusetts, Harvard University Press, 2008);以及恩内斯特·弗拉格·韩德森(Ernest F. Henderson)的英译本(Brunner-Zeumer, *Die Constantinische Schenkungsurkunde*, translated in Ernest F. Henderson, Select Historical Documents of the Middle Ages, London, George Bell, 1910)。

洛伦佐·瓦拉与《君士坦丁赠礼》

玛丽安杰拉·雷格里奥西[①]

《君士坦丁赠礼》是欧洲历史上最臭名昭著的伪造文献之一。它曾在数百年间制约着世俗国家与教会之间的关系,也制约着基督教会本身的面貌呈现。

表面看来,《君士坦丁诏令》是君士坦丁皇帝在位期间(即4世纪初)由帝国文书处拟定的。该文献表明因教宗西尔维斯特奇迹般地治愈了君士坦丁的麻风病,君士坦丁便向教宗赠予了西部的所有领土,同时将帝国都城迁至东方。与该诏令相关的第一份证据是存于法国圣德尼修院的一部撰写于9世纪初的抄本;后来,该抄本又流传开来,并有了不同的版本。不过,直到该诏令被收录进《格拉提安教令集》(12世纪,格拉提安将一系列与教会法律相关的文献——包括大公会议的决议、教宗谕令等——整理成册,创建了教会法体系,并鉴定所有的文献均可靠有效),其真实性才算得到了官方认定。

[①] 玛丽安杰拉·雷格里奥西(Mariangela Regoliosi),原佛罗伦萨大学意大利研究学系中世纪及人文主义语文学教授,瓦拉研究专家。多年来,雷格里奥西致力于推进意大利乃至欧洲学界的文艺复兴和人文主义思想研究,在多家重要学术机构担任要职。

直到今天，现代批评界仍未解决《君士坦丁诏令》的源头问题：究竟是何人在何地出于何种动机伪造了这一文献。关于伪造者的身份，我们恐怕永远不得而知。关于伪造的地点和动机，存在两种基于"对谁有利"（cui prodest）的考量的假说。第一种假说认为伪造者是罗马教会。在好几百年里，罗马教会与拜占庭帝国之间的关系一直不睦，与此同时，教会还要应对来自伦巴第人的压力。通过伪造这份文献，教会能获得的益处是显而易见的：首先，为自身赢得领土上的独立地位，在摆脱君士坦丁堡方面的"庇护"的同时，将东罗马帝国在意大利半岛上占领的土地据为己有，取代东罗马帝国的皇帝，对这部分领土进行掌控；其次，以权威的方式确认罗马教会相较于其他教会而言的至高权力（primato）。第二种假说认为伪造者是加洛林家族。倘若罗马教会在欧洲西部地区的政治统治能够得到承认及合法化，他们便可通过罗马的新主人——教会的"委任"，成为古罗马帝国的继承者，从拜占庭手中夺得帝国的继承权。通过一系列谈判，查理大帝及其继任者被加冕为神圣罗马帝国的皇帝，加洛林家族的目的最终确实得以达成。然而，关于《君士坦丁诏令》究竟是由哪一方伪造的问题，却始终悬而未决。虽说关于该文献的第一份留存至今的证据是在圣德尼修院被誊抄的且这座修院教堂是法兰克诸王最为青睐的教堂，但仅凭此也不能完全说明问题：因为我们知道，教宗斯德望二世也曾于754年下榻在这座修院里。

不过，无论是谁出于何种动机伪造了这份文献，都无法改变一个事实：在好几个世纪里，该文献一直被认定为一份真实存在的文献；且在整个中世纪，它都是教会极力捍卫、帝国极力反对的对象。一些虔诚的基督教徒也曾就该文献发出抱怨的争辩，例如但丁就曾指责过该文献的内容，但他并未对该文献的真伪进行辩驳。

在 15 世纪,关于该文献的看法依旧存在分歧:一些人对其坚信不疑,另一些人则对其心存敌意。例如,在瓦拉撰写《〈君士坦丁赠礼〉辨伪》的年代,教宗安日纳四世正式将"君士坦丁赠礼"之说视为法学依据,强调自身有权操控那不勒斯王国的政治生活——既然该王国是教会的"封地",教宗自然有权决定其国王的人选。当时,安日纳四世有意扶持的是更为忠诚的安茹家族的勒内,因此,他与试图世袭王位的阿拉贡家族的阿方索发生了包括武力层面的冲突。

瓦拉的这部作品正是在此种历史语境下诞生的。为了让教会倚仗的那份证明其有权干涉世俗国家事务的文献失去效力,人称"雅君"的阿方索采取了两项措施。其一,派遣使节前往参加巴塞尔大公会议(当时,大公会议正忙于开展教会改革),为国王的理由申诉。其二,于 1440 年委托为那不勒斯宫廷效力的顶级学者瓦拉完成一项任务:打消教会的权力诉求,揭露"君士坦丁赠礼"的局限和瑕疵,从而使阿拉贡王朝不再受制于教宗。从这个意义上来说,《〈君士坦丁赠礼〉辨伪》的撰写确实带有明显的政治目的。然而,这部作品的意义却远远超出了最初的设想。瓦拉不仅表明了文献是杜撰的,从而从根本上让罗马教会的政治统治失去了依据,还超越了狭隘的政治层面,深刻论述了教会的真正要义及其相较于世俗权力世界而言的独特任务、权限和天职。

相关的学术史信息,我不在此一一赘述,仅列举一些具有代表性的成果:沃尔夫拉姆·塞茨的评注版文本(其评论部分尤其精彩)[1]及其一

---

[1] 参见 Lorenzo Valla, *De falso credita et ementita Constantini donatione*, ed. Wolfram Setz, Weimar, Böhlau, 1976 (Monumenta Germaniae Historica. Quellen zur Geistesgeschichte des Mittelalters, 10)。本篇序言中涉及的引自《〈君士坦丁赠礼〉辨伪》其他段落均引自该版本(以下简称"De donatione"),引用段落中的词语拼写也以该版本为准。

系列相关研究;还有马里奥·弗伊斯、维琴佐·德·卡普里奥、乔凡尼·安托纳奇、萨尔瓦托雷·伊尼亚齐奥·坎博莱阿雷、里卡多·弗比尼以及本人的研究成果。① 上述成果——尤其是坎博莱阿雷的研究——都不约而同地对该作品的一个特质给予了重视:针对这份假托君士坦丁之名杜撰的文献,瓦拉采取了极为独特的史学-语文学批评方法。然而,若不将这种方法与教会特有的神学思想(这种思想既是教会的理论支撑,也体现于瓦拉这部作品的方方面面)放在一起来看,这种方法就将丧失其意义。

瓦拉主要使用了两种方法来进行《君士坦丁诏令》的证伪,并由此

---

① 分别参见 Mario Fois, *Il pensiero cristiano di Lorenzo Valla nel quadro storico-culturale del suo ambiente*, Roma 1969, pp. 296 – 350; Wolfram Setz, *Lorenzo Vallas Schrift gegen die Kostantinische Schenkung – De falso credita et ementita Constantini donatione: Zur Interpretation und Wirkungsgeschichte*, Tübingen, 1975; Vicenzo de Caprio, "Retorica e ideologia nella Declamatio di Lorenzo Valla sulla donazione di Costantino", *Paragone*, 338 (1978), pp. 36 – 56; Giovanni Antonazzi, *Lorenzo Valla e la polemica sulla donazione di Costantino: Con testi inediti dei secoli* XV – XVII, Roma, 1985; Salvatore Ignazio Camporeale, "Lorenzo Valla e il *De falso credita donatione*: Retorica, libertà ed ecclesiologia nel'400", *Memorie domenicane* n.s. 19 (1988), pp. 191 – 293; Riccardo Fubini, "Contestazioni quattrocentesche della donazione di Costantino. Niccolò Cusano, Lorenzo Valla", *Medioevo e Rinascimento*, 5 (1991), pp. 19 – 61; Mariangela Regoliosi, "Tradizione contro verità: Cortesi, Sandei, Mansi e l'orazione del Valla sulla 'Donazione di Costantino'", *Momus*, 3 – 4 (1995), pp. 47 – 57; EAD., "Tradizione e redazioni nel 'De falso credita et ementita Constantini donatione' di Lorenzo Valla", in *Studi in memoria di Paola Medioli Masotti*, a cura di Franca Magnani, Napoli, 1995, pp. 39 – 46; EAD., "Cristianesimo e potere. A margine di un recente studio su 'La donazione di Costantino'", *Cristianesimo nella storia*, 27 (2006), pp. 923 – 40; EAD., "Il Papato nel 'De falso credita' di Lorenzo Valla", in *La Papauté à la Renaissance*, sous la direction de Florence Alazard et Frank La Brasca, Paris, 2007, pp. 67 – 81。关于从史学和注释视角对该作品进行的综述,参见 Mariangela Regoliosi, "Lorenzo Valla (1405 – 1457): De falso credita et ementita Constantini donatione", in *Hauptwerke der Geschichtsschreibung*, a cura di V. Reinhardt, Stuttgart, 1997, pp. 666 – 669。

证明政治和军事权力与基督教会是势不两立的。瓦拉遵从了昆体良提出的关于如何驳斥一篇书面文献的修辞学方法,采取了两种貌似彼此独立,实则密切相关的策略:针对事实层面的考察和针对心理层面的考察。一方面,他致力于揭露《君士坦丁诏令》文本内部的矛盾;另一方面,他致力于表明"赠礼"行为本身的不可能性和不可信度。

瓦拉的一种论证方式在于针对《特权篇章》(瓦拉常以这一名称来称呼这份伪造的文献)展开细致入微的分析,逐渐挖掘其中所有与其撰写年代(即4世纪)不相吻合的逻辑问题、语言问题、风格问题、现象学问题、史学问题和文献学问题,表明该文献完全不可能诞生于那个年代,从而揭露该文献乃是伪造,且其伪造年代与君士坦丁在位的时期相去甚远。这种批评方式严格而又新颖,给瓦拉带来了理所应当的盛名。

由于篇幅限制,我无法逐一分析瓦拉揭示的种种伪造的迹象,只举众多例子中的一个,谈谈瓦拉是如何挖掘《特权篇章》中那些前后矛盾的现象的。我选择的是作品的开篇段落——这一段落尤为具有代表性:瓦拉(根据 confutatio[反驳、争辩]的技巧)系统地引述了文献的文本,而后展开论辩,稳扎稳打,步步为营。

在诸多内容中,读者可以读到:"朕与所有萨特拉普、整个元老院、贵人派和所有臣服于罗马教会的人民一致认为以下做法是有益的:鉴于有福的伯多禄被认定为天主在人间的代表,那么作为众宗徒的领袖,诸位教宗也应在取得朕及朕的帝国的赐予的前提下,获得比朕平静的尘世帝国所具有的宽厚性更为广泛的至尊权力。"[①]

---

① 参见 *De donatione*, §38。关于瓦拉对这一段内容的驳斥,参见 §§39–40, 42–43。

瓦拉的第一条批驳是针对与君士坦丁一道颁布《特权篇章》的一众人等的身份展开的。瓦拉嘲讽地质疑：有谁在4世纪的集会上见过"萨特拉普"？且他们的位次居然被置于元老院和罗马人民之前？要知道，在罗马的传统里，元老院和罗马人民才是唯一真正的掌权群体——关于这一点，古代铭文和钱币图样都是明证。其次，贵人派的在场又有什么理由和意义呢？正如西塞罗曾在多处提到的，所谓"贵人派"，要么是因其高贵的道德品性和经济地位而有别于平民的人，要么是优等公民或优等派别的保护者，与只知讨好民众的"平民派"站在对立阵营。随后，读者很快就会看到瓦拉使用了最合乎他自身旨趣的方法：对于词汇在历史语境中的含义的确切把握。正是通过对"贵人派"一词的含义进行分析，瓦拉揭示了该类群体在皇帝议事会上现身的荒谬性。另外，关于碑文和钱币图样的研究是人文主义时期古典思潮带来的新气象。瓦拉将这类素材视为第一手史料，多次应用于《〈君士坦丁赠礼〉辨伪》。① 紧接着，瓦拉从史学和意识形态的角度展开了批驳：怎可将罗马人民说成是"臣服于罗马教会的统治"呢？无论是在史诗作品中还是在历史文献里，罗马人民都是一个得到神灵认可，（如维吉尔在《埃涅阿斯纪》第6卷第851行所歌颂的）"用权威去统治万国"的民族；且就传统而言，罗马民族一直被认为是"自由"(libero)的民族。例如教宗额我略一世就曾在多封书信中宣称："罗马的君主……是唯一一个自由民族的君王。"另一个关乎意识形态的问题更为严重：居然是皇帝将他的权利和权力"赐予"教会——然而，教会的权利难道不是来自基督的吗？

最后，如同针对其他段落的批驳，瓦拉就文本的风格进行了质疑。

---

① 参见 *De donatione*, §§ 32, 39。

瓦拉认为该诏令的行文风格过于浮夸繁复,刻意堆砌辞藻。例如那句"朕平静的尘世帝国所具有的宽厚性"(terrene imperialis nostre serenitatis mansuetudo),虽接近《圣经》的某些连续句式,却与其同时代的参照文体标准(对于瓦拉而言,拉克坦提乌斯的《神圣原理》中的风格和语言构成了理想的标准)①相去甚远。不仅如此,该诏令文本中还存在术语使用不当的问题。作为《论拉丁文的优雅》的作者,瓦拉凭借其深厚的语言功底指出,根据4世纪使用的古典拉丁语,作者理应使用"广袤"(amplitudo)而非"平静"(serenitas),"威严"(maiestas)而非"宽厚"(mansuetudo)。

类似的分析可以针对《〈君士坦丁赠礼〉辨伪》的所有段落逐一展开。瓦拉一步一步地指出了文本中的诸多疑点,包括:逻辑错漏、自相矛盾(一处令人发笑的例子是诏令作者称《特权篇章》的唯一一份原件是被放置在圣伯多禄的遗体之上的,那么其结局必然是化为尘土,然而,矛盾的是这份文本居然会毫无理由地再次出现于《格拉提安教令集》之中);②年代倒错、史实错误(例如,诏令作者称在拜占庭建起了一座名为君士坦丁堡的城市和教区,然而,当时根本不存在那座城!);③谈及地点和区域时的地理误差和谬误;④密集的《圣经》式表述——全然不符合帝国文书处的撰文风格,让人一看便知是教会方面伪造的产物;⑤大量关于语义的理解误差——充分表明伪造者的语言与4世纪的拉丁文体系是完全脱节的(例如对 diadema、lorum、phrigium、banna、

---

① 参见 *De donatione*, §§ 42, 51, 56。
② 参见 *De donatione*, §§ 66-68。
③ 参见 *De donatione*, §§ 43-44。
④ 参见 *De donatione*, §§ 45-47。
⑤ 参见 *De donatione*, §§ 12, 42, 52, 54, 58, 64。

mappe、linteamenta、undones、corona、papa 等词汇的误用）。① 最后，瓦拉还凭借自己阅读史料的经验提出了一点疑问：一份如此重大的赠礼，居然不存在任何史料、铭文、钱币信息作为官方佐证。这不可能不让人心生疑窦：无论是当年还是后世教会都不曾提及接受赠礼一事；君士坦丁以后的历任皇帝也都不曾承认赠礼，且相关的所有权交接也并没有发生。② 这令人生疑的寂静恰恰能够证明赠礼根本不存在，是后人伪造的。

如果说上述类型的探讨具有决定性的证明价值，那么对于瓦拉而言，另一种探讨——此类探讨构成了《〈君士坦丁赠礼〉辨伪》第一部分的主要内容——亦不乏相关性。他凭借天才的想法，将整个事件及其多种动机，总之是他手头掌握的所有史料——既有教会法之类的法律文献也有帝国方面的逻辑推理类论著（例如一众帝国法学家的作品，还有但丁的作品：在《论世界帝国》的第三卷里，他虽没能揭穿赠礼文献的虚假，却着意指出皇帝不应也不能给出这样的赠礼，同样，教会不应也不能接受这样的赠礼）③——都转换为一种全新的，更为现代也更为吸引人的呈现形式：瓦拉为赠礼事件的当事人（执掌世俗权力的国王和君主、君士坦丁的子嗣、罗马元老院和罗马人民以及赠礼的接受者——教宗西尔维斯特）假想出一系列演说辞，彰显出赠礼之举的"不可能性"和"不可信度"。总之，瓦拉表明赠礼之举无论是从史学角度，还是从心理学角度而言，都是不切合实际的。

---

① 参见 De donatione, §§ 50, 51, 53, 56, 59。
② 关于瓦拉提供的密集而准确的历史文献，参见 De donatione, §§ 28-31。
③ 为了方便核对，请主要参见 Domenico Maffei, La Donazione di Costantino nei giuristi medievali, Milano, 1980。

这是一种同时基于史学和心理学的审视:按照我们从人类历史上的那些典型案例中所了解的常规的权力逻辑,帝王理应不断强化而非自我弱化其权力,甚至不惜使用暴力手段。一方面,君士坦丁育有子嗣,他们是公认的合法继承人;另一方面,说到罗马的统治权,元老院与罗马人民(senatus populusque romanus)才是真正的执掌者,皇帝不过是受他们的委托在行使权力。因此,若说一个皇帝居然要对自身的统治权力进行自我剥夺,即使不能说绝无可能,其可能性也一定是微乎其微的。同理,无论是《圣经》的教义,还是基督教创始人耶稣本人的言传身教,都表明了教会的精神本质。因此,若说一位教宗居然毫无顾忌地接受了与其真正的宗教天职全然相悖的世俗统治权,即使不能说绝无可能,其可能性也一定是微乎其微的。

就这一点而言,瓦拉为教宗西尔维斯特假想的那段演说辞尤为重要,[1]与《〈君士坦丁赠礼〉辨伪》中其他同样论及该问题的段落密切相关。在此,我仅简要概述瓦拉是如何通过逐步回忆和引述《圣经》文本,结合其所在段落的语境,对其含义展开忠实的解读,最终将其在教会学层面上的重要意义和盘托出的。

根据"君士坦丁赠礼"所设定的赠礼接受方的言论,基督教的教义呈现出一种毋庸置疑的,"全新的""特定的",甚至是与"此岸世界"的思维"对立的"特质。究其原因,就在于教会的根基是基督:他才是"基石",而不是伯多禄及其继任者中的任何一位。[2] 教宗若真想成为基督在人间的代理——而非只是从形式上如此宣称,就必须成为基督实质

---

[1] 参见 *De donatione*, §§19-27。

[2] 参见 *De donatione*, §58。

的外化体现。① 循着基督的榜样,教宗理应成为善良的牧人,给予羊群以充满爱意的庇护,而不是对他们颐指气使或将其诉诸审判,② 更不应该——如同历史上曾经发生过的——对其施以暴行。③ 循着基督的榜样,教宗和教会理应恪守清贫,慷慨淡泊,远离人世间的各种贪欲。④ 同样,循着基督的榜样,教宗和整个教会都应将权力视作一种服务:⑤ 瓦拉引述了耶稣的言论,称耶稣的国度与人间诸国均不相同,任何有意担任领袖的人,都应成为其他人的仆人,因为——同样是引述耶稣的言论——基督的王国"不属于这世界",而只是一个精神意义上的国度。⑥ 所以说,若要将天主的国度比作人间的任何一个国度,将是极其荒谬且邪恶的。这种同化将不可避免地让教会把本应视作"孩子"的群体视作"臣民",⑦ 对其征收分封税赋。还会让教会过分在意其外在呈现:追求奢侈的服装和华丽的装饰——几个世纪以来,教会效仿世俗君主的做派,已经越来越追随此种风气,逐渐远离了基督教诞生之初的谦卑的姿态。⑧ 同理,论及伯多禄的"领袖"地位和"权力",这些都只存在于精神层面。当我们解读《福音书》中关于基督将执掌钥匙的"权力"(potestas)交给伯多禄及其领导下的教会的段落("我要将天国的钥匙交给你:凡你在地上所束缚的,在天上也要被束缚;凡你在地上所释放的,在

---

① 参见 De donatione, §§ 20 – 21, 77 – 78。
② 参见 De donatione, § 23。
③ 参见 De donatione, § 85。
④ 参见 De donatione, § 22。
⑤ 参见 De donatione, §§ 24 – 27。
⑥ 参见 De donatione, § 24。
⑦ 参见 De donatione, § 24。
⑧ 参见 De donatione, § 49, 54。

天上也要被释放"),以及被教会视作其理想信念之战马的"两剑说"①论题时,我们都应将其解读为精神层面,而非世俗层面的权力。所以说,宗教权力和政治权力的职能及行使范围是截然不同且不可兼容的:"恺撒的,就应归还恺撒,天主的,就应归还天主。"对于瓦拉而言,这句话不仅意味着精神权力和世俗权力之间的分离,还意味着杜绝了二者之间相互交换的可能。② 如此,作为精神领袖的教会方可最终成为一个和平而温良的教会,一个真正主持正义、远离暴力和战争的王国。然而,一个热衷于政治的君主式教宗及其军队是无法回避暴力和战争的(就在离瓦拉所处年代不远的历史时期,确实发生过类似的情形)。③

可以说,瓦拉使用了最为彻底的二分法,将两个"世界"的特质进行了根本区分,包括:服务思想与占有思想的差别、仁爱与贪爱的差别、引领与统治的差别、自由身份与臣服身份的差别、和平与战争的差别。基于上述区分,可以从逻辑上推导出一个教宗接受此种"赠礼"的"不可能性"(impossibilità)——因为这将侵犯他最为真实的本质。

从瓦拉为教宗西尔维斯特假想的演说辞中,我们还能清晰地看到《福音书》中所描绘的教会典范形象在事实上成了一种被颠覆的理念,这一点令人颇感痛心。如果说那些关于人的言行举止的典范只是在某些历史人物身上被识别和被描绘出来,那么关于基督教会的典范却是一种必须遵循的存在,尽管有时只是被抽象地提出。然而,这种典范却多次遭到误解和侵犯,更有甚者——正如瓦拉奋力揭露的那样,这份虚假的诏令正是由罗马教会内部一手炮制的。

---

① 参见 *De donatione*, §§ 25 - 26。
② 参见 *De donatione*, § 26。
③ 参见 *De donatione*, §§ 26, 84。

面对当年存在的关于"赠礼"的种种不确定的说法,瓦拉没有表现出丝毫犹疑:无论是关于《君士坦丁诏令》伪造的时期,还是其始作俑者。他明确地写道:"(教宗们)自己炮制了那份文献"([pontifices] ipsi finxerunt)①;"这番话不是君士坦丁说的,而是某个愚蠢的下等教士说的"(non est Constantini oratio hec, sed alicuius clericuli stolidi)②;"这一谎言恰恰是由他们中的某一位编造的"(ab aliquo eorum [pontificum] ortam esse hanc fallaciam reor)③。在瓦拉看来,语言风格方面的破绽尤为明显:如前文所述,文本中存在对《圣经》,尤其是对《旧约》和《新约·默示录》的密集引述,让这份《君士坦丁诏令》的语言充斥着刻意的宗教语汇。这些语汇一方面让文本风格彻底远离了4世纪罗马帝国文书处所使用的文体,另一方面也让人得以确切地识别出教会才是该文本的杜撰者,因为只有教会才有能力操纵《圣经》,为己所用。

关于文献的伪造年代,瓦拉曾多次提及。他坚定地将伪造年代定位于8—9世纪,并控诉该文献是法兰克诸王与教会之间相互默许(collusio)的结果:754年,教宗斯德望二世将皇权从希腊人转移至日耳曼人手中(translatio imperii a Graecis in Germanos),扶持丕平及其后嗣;④817年,"虔诚者"路易和教宗巴斯加一世签署了《路易条约》(Pactum Ludovicianum,瓦拉也针对该条约展开了严厉的评析),⑤该条约一方面承认了教宗(基于先前几次或远或近的赠礼)对拜占庭帝国

---

① 参见 De donatione, § 5。
② 参见 De donatione, § 65。
③ 参见 De donatione, § 79。
④ 参见 De donatione, § 80。
⑤ 参见 De donatione, §§ 80 - 83。

领土的占领,另一方面将法兰克国王认定为罗马皇帝,接受教宗的庇护,享受教宗的担保。所以说,在瓦拉看来,这份罪恶的《君士坦丁诏令》的源头可以追溯至罗马教会企图摆脱东罗马帝国的最初尝试以及法兰克人作为一股统治势力崛起的时期。在拜占庭和法兰克之间,教宗灵活地相机行事——此种态度一直保持了好几个世纪。

倘若教会的确是谎言的始作俑者,那么此举便是极其严重的"罪过"(crimen)①,是恐怖的"罪行"(scelus)②,是可怕的"亵渎"(empietà)③,是对基督教会概念本身的彻底背叛。所以说,《君士坦丁诏令》无异于一面镜子,照出了腐化的教会。为了觊觎政治权力,它已经背叛了自己真正的救世天职,也背离了早期教会的典范,随着几百年的时间推移,它已与世俗信念和世俗行径结合得越来越紧密。这一堕落是由两种根本的恶行导致的:其一是"贪得无厌,沦为偶像的奴隶"(immanis avaritia, que est idolorum servitus),即对于财富的崇拜;其二是"虚妄的统治欲以及往往与之相伴的残酷之心"(imperandi vanitas, cuius crudelitas semper est comes)。正是上述两种恶行玷污了教会,促使其"炮制"了"赠礼"之说,以便将其既得的尘世财富和权力合法化。④

瓦拉针对诸位教宗(包括时任教宗安日纳四世)的抨击还包含了最后一个相当重要的教会学主题。这一主题与整个人类群体息息相关:教会内部关于自由的基本原则。

---

① 参见 *De donatione*, § 5。
② 参见 *De donatione*, §§ 94, 96。
③ 参见 *De donatione*, §§ 97 - 98。
④ 参见 *De donatione*, § 5。

瓦拉争取的究竟是一种怎样的"教会自由"（libertas ecclesiae）？首先，它是在貌似"友好"实则制约的政治权力面前的自由。瓦拉认为，伪造的"赠礼"之说之所以令人"反感"，一个重要因素就在于世俗政治权力居然奢望给教会制定法律，诱骗教会陷入一种有用却令人窒息的保护。这是历史上的君士坦丁及其继任者所持有的"政教合一"的观点，也是《君士坦丁诏令》所反映的观点。针对这一点，瓦拉在各处进行了系统的反驳，表明皇帝"赐予"教会的种种权力其实都本应来自教会的创始人。例如，在第38节里，瓦拉先是长篇引用了《君士坦丁诏令》原文："诸位教宗也应在取得朕及朕的帝国的赐予的前提下，获得比朕平静的尘世帝国所具有的宽厚性更为广泛的至尊权力。"随后便展开了直截了当的批驳："一个基督教徒难道可以忍受此类传闻，说罗马教会尽管已经获得了基督确认的领袖地位，还要倚仗君士坦丁的首肯？"①

与此同时，瓦拉还倡导另外一种"自由"：并非教会相对于外敌的自由，而是教会内部的自由，即平信徒与教会领导机构之间的关系。这一关系理应在自由、真理和正义中存续。此种对自由的诉求首先关乎伪造的"赠礼"之说及其带来的世俗层面的相应结果：基督教徒拥有不向教会缴纳捐税的自由，②也有不受教宗赐封约束的政治自由。③ 不过，瓦拉是以人类（包括所有人类个体和所有民族）的原初自由之名、权利（ius）之名和自然法（lex naturale）之名来要求上述自决权利的。他依据神法（ius divinum）和人法（ius humanum）——神学和哲学——所倡导的自由权利不仅仅被用于反抗教会权力的非法统治，还被纳入到一

---

① 参见 De donatione, § 13。
② 参见 De donatione, §§ 24, 93。
③ 参见 De donatione, § 84-85。

个更为广阔的体系之中:他对罗马帝国权力的非法统治同样展开了猛烈抨击。在他看来,罗马帝国通过一系列号称正义的战争,损害了被征服民族的自由权利,因而,帝国最终被蛮族颠覆也是理所应当的。① 这是一种相当厚重的历史观念。瓦拉在其他作品,尤其是在《论拉丁文的优雅》的第一篇前言里曾反复重申这一观点,值得我们深入考察。② 自由和真理是瓦拉探讨的两大核心主题,它们构成了瓦拉在政治和宗教领域的人文思想的全部内容。③

在这一框架下,权力当局若是不尊重"言论自由"(libertas loquendi)和"纯善的良心"(bona conscientia),④就会犯下严重的"侮辱"(iniuria)之举,犯下有悖于人法和神法(ius fasque)的严重罪过,造成严重的压迫。在早期教会里,保禄和伯多禄之间的内部辩论非常活跃,且受到所有人尊敬。瓦拉以此为据,"效法保禄"(qui Paulum imitor)⑤,勇敢地向权力机构要求:如果言论和批评是出于正直的良心,且是基于忠实构建并被"公开"(patefacta)⑥的"真理"(veritas),那么这种言论自由和批评自由就应得到认可。因为真理——无论被哪一方占据——都有着神圣的价值。瓦拉一再强调:真理往往与正义(iustitia)同行,真

---

① 参见 *De donatione*, §§ 84 – 88。
② 参见 Mariangela Regoliosi, *Nel cantiere del Valla: Elaborazione e montaggio delle «Elegantie»*, Roma, 1993, pp. 67 – 83。
③ 针对瓦拉思想的这一特质,以下论文通过对其多部作品的分析,展开了深入探讨。参见 Mariangela Regoliosi, *Cupidus docendi iuniores: il programma culturale di Lorenzo Valla*, in Gli antichi e i moderni. Studi in onore di Roberto Cardini, a cura di L. Bertolini e D. Coppini, Firenze, 2010, III, pp. 1129 – 1167。
④ 参见 *De donatione*, §§ 1 – 2。
⑤ 参见 *De donatione*, § 3。
⑥ 参见 *De donatione*, § 70。

理来自天主——"真理，即天主"（veritas, idest Deus）①。相反，教会的权威和传统并不能免于犯错。他们曾犯下严重的错误——如先前提到的"贪得无厌"和"虚妄的统治欲"；同样严重的，还有对抗真理的错误："无知透顶"（supina ignorantia）、"疯狂"（dementia）、"纯良"（prona）、"愚蠢的盲从"（stulta credulitas）、"绝无仅有的愚蠢"（insignis imperitia）。正是这些错误驱使那些教士们误读并伪造了文献和信念。② 如果说伯多禄在某些问题上理应遭到保禄的指责——因为"他有可责的地方"③，那么对于传统的错误盲信自然也应遭到批评。这既是为了更加坚定地"保护"天主的子民，避免他们走上歧路，帮助他们坚定信仰（对于教会内部出于被歪曲的辩护精神而炮制的许多假借圣徒传记之名的谎言，瓦拉的抨击是滔滔不绝且不留情面的），④更是因为在好几个世纪里，由于教会高层领导的无知或罪过——他们的人数众多（tot pontifices），且地位显赫（magni homines），某些"真相"一直以某种方式被呈现和捍卫。然而随着时间的推移，既然有学识深厚之人能够提出详尽且确凿的证据，证明这些"真相"自相矛盾，站不住脚，那么这些"真相"就能够也应该被自由地争论，成为被批评的对象。⑤ 这一观点并不意味着瓦拉对教会的权力机构缺乏尊重，但表明瓦拉在"尊贵"（dignitas）和"德能/智慧"（virtus/sapientia）之间划出了清晰的界限：职位的尊贵并不意味着权威，因此无需对其盲信盲从。权威取决于内在的

---

① 参见 De donatione, §§ 2, 70。
② 参见 De donatione, §§ 5, 37, 89。
③ 参见 De donatione, § 9。
④ 参见 De donatione, §§ 71-79。
⑤ 参见 De donatione, § 70。

德能和智慧,这些品质与职位无关,而是来自一个人的自然秉性。① 通过列举一系列教宗的负面事例(exemplum)——包括他所处时代的那些教宗("我们记忆里的其他人"),他们的行径理应遭到批判,甚至遭到惩罚("曾被……责骂,甚至是惩罚"),②瓦拉强调,教会的权力机构若不能按照德能和智慧来行事,不能尊重真理和真正的正义,不能尊重人的自由,便不配被教徒亦步亦趋地追随。

  我认为,时至今日,瓦拉传递的信息仍具有极为重要的现实意义。这一信息体现了瓦拉对于人的自然权利的伸张:不仅关乎教会内部的自由,也关乎所有那些遭受各类权力机构不公正压制的群体所争取的自由。

---

① 参见 *De donatione*, §§ 3, 70。
② 参见 *De donatione*, §§ 3 - 4 e passim。

目　录

《君士坦丁赠礼》辨伪　/1

君士坦丁赠礼　/107

De falso credita et ementita Constantini donatione　/124

Donatio Constantini　/221

洛伦佐·瓦拉生平及其主要作品简介　/237

译后记　/259

《君士坦丁赠礼》辨伪

一

（一）

在我先前发表的涉及各个知识门类的为数众多的论著里,我曾反对过某些威望素著的大学者。那时,便有人对我的行为感到愤然,并指责我是目无权威的大胆狂徒。这一次,谁知道他们中的有些人又会作何反应呢?他们将如何对我大发雷霆?一旦他们掌权,又将如何急切地渴望立刻对我施以严刑峻法?因为,我此次撰文并不只反对死去之人,也反对活着的人;并不只反对这个或那个人,而要反对许多人;并不只反对私人,还要反对公职人员。哪些公职人员?就连教宗也反对!教宗不仅如国王和君主一般,以世俗之刀为武装,还拥有教会之刀。即便你藏身于世俗君王的保护盾之下,也无法逃脱其实施的绝罚、革出教门、诅咒等打击。倘若那些不愿"与能够剥夺公权者唱反调"的人可被视为言行谨慎,那么当我面对手段比剥夺公权还要严重的人时,岂不更应谨小慎微?——他是要用隐形的权力之镖迫害我。于是,我便可说:

"我往何处,才能脱离你的神能?我去哪里,才能逃避你的面容?"[1]除非我们认为教宗能够比旁人更加耐住性子,承受我提出的种种质疑。

(二)

绝不会如此。只消想一想,尽管保禄(Paulus)声称自己"全凭纯善的良心活到今天",但大祭司阿纳尼雅(Ananias)却依然当着作为审判者的千夫长的面下令对保禄掌嘴;同为领袖的帕市胡尔(Phasur)曾因耶肋米亚(Ieremias)先知自由发表言论,便将其囚于监牢。不过,在当年,无论是千夫长还是行政长官都有能力和意愿保护保禄,与大祭司的非法之举相抗衡;同样,国王也曾对耶肋米亚施以援手。然而,倘若今日的教宗想要除掉我,又有哪位千夫长、哪位行政长官、哪位国王——就算是他们有此意愿——能护我逃脱教宗的掌心?

然而,这危险带来的双重恐惧并不能让我乱了方寸,也无法使我改变初衷。因为教宗无权违背人法和神法去捆绑或释放任何人;为捍卫真理和正义而献身之举是至伟的德行、至高的荣耀和无上的奖赏。既然已有许多人为了捍卫尘世间的祖国将生死置之度外,那么为了企及天上的国度,我又怎会惧怕死亡呢?(当然,能企及天国之人,必然是令天主欢心,而非讨凡人喜爱之人。)既然如此,就让忧虑靠边,让害怕远离,让恐惧滚蛋!要捍卫真理之业、正义之业、天主之业,就必得振作精神,坚定信心,满怀希望。一个人,哪怕他再擅长言辞,若没有勇气开口,也算不得真正的演说家。所以说,我们应鼓起勇气,去控诉那些罪有应得之人;若是有人对天下人犯罪,就理应有一个人站出来,替天下

---

[1] 【鲍注】参见《圣咏集》138(139):7。

人批判此人。

（三）

当然，训责兄弟之举不应在公开场合进行，而应在"（我）和他独处的时候"①展开。但是，若有人当众犯错，又不听私下的劝谏，就应被当众唾骂，"为叫其余的人有所警惕"②。保禄——我方才引用过他的话——曾在众人面前责骂伯多禄(Petrus)，"因为他有可责的地方"③。他让此事被记录下来，不就是让我们效仿学习吗？我不是有权责备伯多禄的保禄：但我要当保禄，因为当我虔诚地遵循天主的训诫时，我便是在效法保禄（这是更为重要的），在精神上与天主成为一体。没有任何人能倚仗自己的地位拒不接受旁人的批评，即使是伯多禄和其他许多身居高位的人也同样不能如此。例如，玛策禄曾向异教神灵献奠酒，④策肋定曾试图走上聂斯托利的异端之路，还有我们记忆里的其他人，他们都曾被地位不如自身的人责骂，甚至是惩罚（话说又有谁的地位不比教宗低呢？⑤）

---

① 【普注】参见《玛窦福音》18:15。
② 【普注】参见《弟茂德前书》5:20。
③ 【普注】参见《迦拉达书》2:11。
④ 【普注】实为296至304年在位的教宗圣玛策琳(Marcellinus)。瓦拉有可能将此人与其继任者圣玛策禄(Marcellus)混淆了。此人生活在戴克里先(Diocletianus)皇帝迫害基督徒的年代，曾在皇帝的酷刑之下被迫向偶像献祭。后来，他忏悔、退位，拒绝继续主持祭礼，继而被斩首。瓦拉所参考的文献是 *Liber pontificalis*, 30 和 Iacopus Varaginensis, *Legenda aurea*, 60 (58)。
⑤ 【普注】瓦拉或许是在暗指15世纪的一系列大公会议（如1431年在巴塞尔召开的大公会议）。会议期间，与会者反对教宗的绝对权力，但改良派的尝试之举并未取得任何具体的成果。当时，那不勒斯国王阿方索一世(Alphonsus I)也可能出于其政治目的对大公会议派表示支持。当时，瓦拉担任阿方索一世的书记官。

（四）

平心而论，我之所以行此举，并不是为了攻击某人，写下如《反腓力辞》(*Philippicae*)之类的文字，与其唱反调（事实上，我根本不抱有此类念头），而是为了去除人们头脑中的谬误，通过警告和批判，将他们从恶行和罪行中解救出来。我虽不敢言说，却希望有一些被我警醒之人能带着刀具，将教宗的所在地——"基督的葡萄园"——修整一番。如今那园子遍布着干枯的枝条，愿那些人能通过修剪让园里结出好葡萄，而不是干瘪的野葡萄。当我这么做时，会不会有人想要堵住我的嘴，或是捂住他自己的耳朵，甚至要以酷刑和死亡相威胁？倘若他要这么做，即便他贵为教宗，我也要如此评价他：他究竟是"善牧"①，还是"塞住耳朵，不听巫士声音的聋蝮"②，想通过有毒的啃咬令那巫士肢体瘫痪？

二

（五）

我知道，人们的耳朵早就在等着聆听，看我能给罗马人的教宗扣上什么罪名。毫无疑问，他们犯下的是滔天大罪，要么因为其无知透顶，要么因为其贪得无厌，"沦为偶像的奴隶"，要么便是出于虚妄的统治欲以及往往与之相伴的残酷之心。事实上，好几个世纪以来，历任教宗要么的确不知晓"君士坦丁赠礼"之说实属伪造，要么便是自己炮制了那

---

① 【鲍注】参见《若望福音》10:11。
② 【鲍注】参见《圣咏集》57(58):5—6。

份文献。继任者复刻前任的欺骗之举,明知是假,却硬要为其真实性辩护,从而羞辱了教会的威严,羞辱了我们对古代教宗的记忆,羞辱了基督宗教,用惨剧、毁灭和丑闻令世道动荡不安。那些教宗们声称:罗马城是他们的,西西里和那不勒斯王国是他们的,整个意大利、高卢、西班牙以及日耳曼人和不列颠尼亚人的领地也是他们的,甚至整个西方世界都是他们的——上述一切都写在了《君士坦丁赠礼》(以下简称《赠礼》——译者)的篇章里。这么说,至高无上的教宗,上述所有领地都是你的了?你有意将其统统收复?你打算夺去所有西部国王和君主的领地,迫使他们年年向你缴纳捐税?我的想法与你恰恰相反。我认为:理应让所有君主夺走你拥有的一切统治。因为我将要表明,无论是西尔维斯特教宗(Silvester)还是君士坦丁大帝(Constantinus),都对那份被教宗们视为自身权力依据的"赠礼"一无所知。

(六)

那份"赠礼"不仅是虚假的,也是粗鄙的,但那些人却将其视为唯一的法宝。不过,在对《赠礼》的篇章内容进行辨伪之前,还得在行文结构上回溯一步。首先,我认为君士坦丁大帝和西尔维斯特教宗是无法作出此种决定的:前者绝不可能心甘情愿地赠予,也没有能力按照法律流程赠予,将由自己统治的领地转手交予他人;同样,后者既不可能愿意也不可能以合法程序接受这份赠予。其次,即使情况并非如此——其实,是再真实和明显不过的了——后者也并不曾接受,前者亦并不曾移转其对那些事物的占有:尽管人们说它们已经被赠予出去,但始终处于诸位皇帝的意志和统治之下。再次,君士坦丁大帝并未对西尔维斯特教宗有过任何赠礼。倒是在受洗之前,君士坦丁大帝曾向前任教宗表示过馈赠。但那赠礼的规模极为有限,以至于教宗只能借其勉强安身立命。复次,人们妄传《赠礼》的一个抄本被收录在一部《教令集》之中;另有一种说法称《赠礼》是从描述西尔维斯特教宗的史书①中找到的文献,但这两种关于其来源的说法都站不住脚,因为无论是在前者还是在后者,亦或是在任何其他史书中都找不到那份文献,且文献里有许多自相矛盾的、无法自圆其说的、愚蠢的、野蛮的和荒谬的内容。我还将谈到其他诸位皇帝作出的或虚伪或空洞的赠礼,此外,我还要补充一点:就算西尔维斯特教宗曾经占有过一切,但这一切后来又(从他或其他某位教宗手中)被剥夺而去,既然如此,时隔许久,无论是神法还是人法都不会允许他再次恢复对那些事物的占有。最后,关于教宗占有的财产——无论其占有时间的长短——教宗都无法通过时效来最终取得这些财产的所有权。

三

(七)

现在,我们来谈谈第一点(我们首先谈君士坦丁皇帝,随后再谈西尔维斯特教宗)。既然我们探讨的是一桩所谓与皇帝有关的公共事件,若我不采取一种比平时谈论私人事务时更为高雅的口吻,那便是不可接受的。因此,我理应假想自己身处一场国王和君主云集的大会(毫无疑问,我会这样做,因为我的这篇演说辞一定会流传至他们手中),假想

---

① 【译注】即《西尔维斯特行传》。

诸位国王和君主就在现场,就在我的面前,而我则要当着他们的面进行陈述。各位国王和君主,我要向诸位求助。既然一个草民难以揣摩君王的圣意,我便要询问你们的头脑,窥探你们的意志,以寻求一份证明:你们若是君士坦丁大帝,会不会有人出于纯粹的慷慨之心,想到要将罗马城——自己的祖国,全世界的都城,所有民族创建的城市中最为强大、高贵、富有的王后,艳压所有国家、有着神圣风貌的城市——赠予他人,自己却委身于那座即将得名"拜占庭"的微不足道的小城?① 除了罗马,会不会有人还要送出整个意大利——不是一个普通行省,而是所有行省的征服者?会不会有人还要搭上三块高卢领地、两块西班牙领地、不列颠尼亚领地,搭上整个西部世界——这好比挖去了帝国双眼的其中一只?若说一个心智健全的人会作出此种决定,我着实不能相信。

(八)

事实上,有什么事情能比给诸位的帝国和统治添砖加瓦,使诸位的权威增长、延长和扩展到极致更符合诸位的期待,更令诸位欢喜和愉快的呢?据我所知,诸位夜以继日所关注、思考和努力谋求的正是这一切。在这一切的驱使下,诸位燃起荣耀的希望,不敢耽于享乐,勇于面对万千危险,欣然承受失去至亲(pignora)和损伤自身的痛苦。的确,尽管开疆拓土之业很可能令你们失去一只眼睛、一只手、一条腿或其他

---

① 【鲍注】参见 Zosimus, *Historia Nova*, 2, 30。同时参见 Sozomenus, *Historia ecclesiastica*, 2, 3, 2。有人认为,早在古代晚期,君士坦丁就计划在小亚细亚的特洛伊附近兴建一座自己的新城,具体位置可能在亚历山大-特罗亚斯。此前,尤里乌斯·恺撒曾计划在那里兴建殖民地,安东尼建起了殖民地,屋大维又加固了这座城。参见 Marijana Rici, *The inscriptions of Alexandria Troas*, 1997, p. 21 and pp. 224 - 225。这一说法也出现在《历史三部曲》中,参见 *Historia tripartita*, 2, 18, 2。

肢体,我也从未闻或读到你们中的任何人对此项伟业不感兴趣。相反,对于位于权力之巅的人而言,此种指点江山的疯魔和欲望必然令人殚精竭虑,心绪难平。亚历山大大帝(Alexander Magnus)虽已跨过利比亚的沙漠,征服了东方,将疆界推展至海边,又踏平了北地,却仍然不觉满足。面对重重伤亡和灾难,面对士兵们因漫长而残酷的战争所发出的抱怨和祈求,他却认为若不凭借武力或自身的名望和强权让西部的所有国家和民族臣服,便如同一事无成。恕我直言:倘若大洋的另一侧还有另一个世界,①他一定有心漂洋过海,前去探索,并将其征服。我想,他最终还想试着飞到天上去。

(九)

几乎所有的国王都会有上述欲望,只不过并非所有人都具备那样的胆识。至于他们在夺取权力和扩张权力的过程中,曾犯下多少罪恶和暴行,我就不提了。总之,无论是兄弟手足之间,还是父母子女之间,都不曾让自己残暴的双手远离对方的鲜血。坦白说,只有在这件事情上,人类的鲁莽才会散布得如此剧烈,且(更令人瞠目的是)老者的心态丝毫不逊于年轻人,为人父母者丝毫不逊于膝下无子者,普通国王丝毫不逊于独裁暴君。若说创立统治基业已需如此艰苦卓绝,那么守卫统治大业岂不更要煞费苦心?哪怕没能开疆拓土,也好过节节失守;哪怕没能将其他王国纳入囊中,也好过让自己的王国成为其他民族的囊中

---

① 【普注】据瓦莱里乌斯·马克西姆斯所述,当亚历山大大帝听说德谟克利特(Democritus)的理论,得知存在无穷无尽的世界时,不由发出惊叹:"唉,我这可怜人,我还不曾成为其中任何一个世界的主宰呢!"参见 Valerius Maximus, *Factorum ac dictorum memorabilium libri IX*, VIII 14. ext. 2。

之物。我们会看到,当某些个体被君王或民众册封为某个(二级)王国或城市的领袖时,那片土地往往不是整个帝国最核心、最重要的部分,而是帝国最小,也最无足轻重的部分,且君王总会通过册封之举令受命者意识到赐予者是主公,自己则是臣下。

(十)

此刻,我要问一问:那些相信君士坦丁大帝将帝国的精华部分(且不说罗马、意大利和其他地区,单说高卢地区,那是君士坦丁大帝亲自征服的领地,多年来由他一人亲自掌管,由此奠定了他个人的荣耀和整个帝国的根基)拱手相让的人,他们的想法难道不算是卑贱,而绝非慷慨吗?为了满足自身的统治欲,他曾针对许多民族开战;在内战期间,他见残余势力并未完全服输,对他表示臣服,又剥夺了诸多亲朋好友的权力;他之所以常常讨伐各个民族,不仅是为了谋求荣誉和统治权,也是迫不得已之举,因为那些蛮族每日都会寻衅滋事;他拥有许多子嗣、血亲和朋友,也知道元老院和民众必然会对赠予之举表示反对;他深谙被征服国家态势的动荡,只消罗马领袖的风吹草动之变,那些蛮族便会揭竿而起;据记载,如同其他皇帝一样,他之所以能登上帝位,靠的并不是元老院的选举和民众的认同,而是军队、武力和战争。① 既然如此,又有什么足够强大和迫切的理由能让他全然不顾上述一切因素,去展现

---

① 【普注】在赢得多次军事和政治胜利之后,君士坦丁终于成为帝国位于欧洲的所有领土的唯一君主,将都城迁往拜占庭。他于 326 年开始兴修这座城市,并于 330 年将其更名为君士坦丁堡。最为有名的一场战役是于 312 年发生的米尔维奥桥之战:根据御用传记作家的记载,君士坦丁将这一战的胜利归功于基督。在一个梦里,基督在他面前现身,鼓励他在十字架标志的庇佑下作战。随后,君士坦丁承认基督教为合法宗教,自己也皈依了基督教。不过,他是在临终前才接受洗礼的。

莫大的慷慨之心呢？

四

（十一）

有人要说："那是因为他成了基督教徒。"难道这就足以让他放弃帝国最精华部分的领土吗？难道说皈依基督教以后，统治帝国就成了一种罪行，一种臭名昭著的、渎神的行为吗？难道统治帝国与信仰天主教，这两者是不可调和的吗？我们知道，假如有人作奸犯科，有人通过高利贷发财，有人将他人之物占为己有，那么在受洗以后，他们通常会将他人的妻子、钱款和财产归还原主！君士坦丁，假如你也有同样的想法，便应该将自由还给那些城市，而不是为其易主。当然，这是两码事：你说你是出于对基督教的景仰才会行献土之举，仿佛放弃统治比励精图治去捍卫宗教更能彰显你的虔诚之心。对于赠礼的接受方来说，这份赠予既不诚恳，也无用处。毫无疑问，倘若你想表明自己是基督教徒，想要在天主的教会（不是罗马教会）面前表现得虔诚和殷勤，那么你大可以从此以后像君王那样行事，为那些不能也不应参战的人而战，用你的权威保护那些身处陷阱和侵袭的人。天主希望能向拿步高（Nabuchodonosor）、居鲁士（Cyrus）和亚哈随鲁（Assuerus）以及其他君王揭示真理的奥义，尽管如此，他却不会强迫他们中的任何人放弃权力，将王国的某个部分拱手送人，而只是要求他们还犹太人以自由，并保护他们，使之免受邻邦的威胁。对于犹太民族而言，这就足够了；对于基督教徒而言,这也足够了。君士坦丁,你皈依基督教了?最不妥当的是,你作为基督教皇帝的君主权力居然比不上你成为信徒以前的权力。事实上,君主的权力是天主的特别馈赠,因此,即使是那些信奉异教的君主,也被认为是由天主拣选出来的。

(十二)

不过,由于被教宗医好了麻风病,君士坦丁也有可能出于报恩之心有意加倍回馈先前得到的恩惠。果真如此吗?当纳阿曼(Naaman ille syrus)被厄里叟(Heliseus)①治愈后,他只是向对方赠予了些许礼品,而非半数财产;而君士坦丁却送出了帝国的半壁江山。我本不应该去回应这则轻率的故事,仿佛将其当作了正经的信史。这则无稽之谈是按照纳阿曼和厄里叟的故事改写的,就好比另一则关于龙的说法,脱胎于那则关于贝耳大龙的传闻。就算传闻不假,可有何处提及赠礼一事?根本没有。关于此事,下文还会以更为恰当的方式再行谈论。

君士坦丁从麻风病中康复,并通过此事具备了基督教徒的头脑。他的内心饱含对天主的敬畏和热爱,因此想要对其表示尊崇。不过,尽管如此,若说他想送出一份这样的大礼,这实在无法让我信服。因为在我看来,任何人,无论是信奉诸神的异教徒,还是信奉活主的基督教徒,都不曾放弃帝国,将其交予教士。事实上,没有任何一位以色列国王曾允许民众按照古代习俗向耶路撒冷的神庙进献祭品,因为他们害怕民众一旦受到宗教圣仪和宏伟庙宇的震撼,便会回到先前曾反抗过的犹大王的身边去。相较而言,君士坦丁的动作可要大得多!为了让各位

---

① 【译注】又写作 Eliseus、Elisaeus。

不受麻风病愈之说的蒙蔽,我要谈谈雅洛贝罕(Ieroboam)。作为受天主拣选的第一任以色列国王,即便他出身微贱(在我看来,这是比被治愈麻风病更为有力的理由),也都不敢将他的王国托付给天主。而你却要说君士坦丁妄想向天主进献那个他还未曾从天主手中接管的王国?(与雅洛贝罕不同,)他甚至不惜激怒子女,冒犯朋友,撇下亲人,破坏国家,伤害所有人,甚至忘了自己是谁。

五

(十三)

不过,即便君士坦丁有能力作出类似的决定,且几乎变成了另一个人,必定也不会缺少旁人对他发出警告:冲在最前的自然是他的儿子、亲眷和朋友。有谁会不相信,上述一干人等必当迅速前去面见皇帝?各位不妨想象,当他们听闻了君士坦丁的意图,双目必然警觉,他们必会立刻在君王面前跪下,声泪俱下地说:

"你曾是对子女万般慈爱的父亲,为何无视子女,让他们无所继承?关于你将帝国最好也最大的一块领地拿去送人,我们不仅为之感到悲哀,更加惊愕不解。之所以感到悲哀,是因为你不顾给我们带来的损失和耻辱,将那块土地交予他人。你曾同你的父亲一道统治帝国,又为何要辜负儿子们继承大统的期待?我们做了什么对不起你的事?你是多么残暴,要违背你的国家、罗马人的名誉、帝国的伟大,将帝国最重要的精华之地从我们手中拿去送人,令我们远离拉尔祖先,看不见故乡的土地,闻不见熟悉的气息,抛弃旧日的风俗?我们不得不像流浪者一样,离开佩纳忒神灵、庙宇和祖坟,不知该前往这世界上的何处生活。我们这些曾多次与你并肩作战的亲朋好友,当年,我们曾亲眼见到自己的兄弟、父母、子女被敌军的武器袭击,我们虽战栗发抖,却从未被旁人的死亡吓倒。我们时刻准备着,准备为你战死疆场。如今,我们都要被你统统抛弃吗?我们肩负着罗马帝国的公职,正在或将要执掌意大利、高卢、西班牙或其他行省,难道我们都要被你抛弃,成为一文不名的庶民?噢,你会通过其他方式来补偿我们的这些损失吗?既然你已将如此广袤的领地让给他人,又如何根据我们的功劳和职级来实现补偿?皇帝,你会让一个曾经统治一百个民族的人,将来只作一个民族的领袖?你如何会产生这样的想法?你怎会突然置你所有的身边人于不顾,对朋友、亲人和儿子没有半分同情?或许,皇帝,与其看着这些事情发生,我们宁可再次走上战场,维护你的尊严和胜利!的确,你可以按照自己的意志,处置帝国和我们,但有一点,我们是拼死也要坚守的:就算只是为了给其他人树立明确的榜样,我们也绝不会放弃对诸位神灵的崇拜,如此你才会知晓,你此番的慷慨之举究竟会对基督信仰起到什么样的作用。毫无疑问,倘若你不把帝国交给西尔维斯特,我们也愿意同你一道成为基督教徒,很多人会效仿我们的举动;但如果你这么做了,不仅我们无法忍受成为基督教徒,你还会让那个名称面目可憎,令我们生厌,被我们诅咒。最终,你会对我们的生死感到惋惜,你要控诉的,不是我们,而是你自己的顽固无情。"

(十四)

即使君士坦丁先前不曾主动反思——除非我们认为他的"所有人

性"都已"被连根拔除"①——难道不会因上述这番演说回心转意吗？倘若君士坦丁听不进劝诫，难道不会有人通过语言和行动来表示反对吗？难道罗马元老院和罗马人民会在如此重大的事件上袖手旁观吗？他们难道不会向一位维吉尔（Virgilius）所说的"德高望重，受人尊敬"的演说家求援吗？那位演说家定会向君士坦丁发表以下言论：

"皇帝，尽管你无视你的家族，甚至是你自己，不愿意让儿子们继承大统，不愿将财富分给亲眷，不愿将荣耀赐予友人，也无意保持帝国的完整，但罗马元老院和罗马人民却不会无视他们的权利和尊严。事实上，你怎能针对罗马帝国为所欲为？这帝国不是你诞育的，而是我们的鲜血诞育的！你要将统一的帝国之躯一分为二，使之由一个帝国变成两个王国，接受两个国王、两种意志的驱使吗？打个比方，这就好比把大刀递给两个兄弟，让他们为争夺继承权而相互争斗。针对所有对罗马城有所贡献的臣属国，我们都赋予他们公民权，使之成为罗马公民；你划走了帝国的一半，使那一半不再将罗马城视为其母邦。在饲养蜜蜂的蜂房里，若产生了两位蜂后，我们便会杀死其中较弱的一只；②在罗马帝国的蜂房里，原本只有一位雄健的领袖，你难道打算在其中放置另一位极弱的头领——根本不是蜂后，而是雄蜂？陛下，我们殷切希望你谨慎行事，若是在你有生之年，或是在你过身之后，那些蛮族国家想要针对你献出的领土或留下的领土发起战争，将会出现怎样的情形？我们要依靠谁的武力，谁的军队进行反抗？如果说我们此刻凭借整个帝国的军队，尚且只能勉强对抗，到了那般境地，我们又如何能够应对？

---

① 【普注】Cicero, *De amicitia*, XIII, 48。
② 【普注】在《格拉提安教令集》里，曾出现过将教会首领比作众蜂之首——皇帝的比喻。参见 Gratianus, *Decretum*, parte II, causa vii, qu. 1, cap. 41。

再者,帝国的两个部分能长时间和谐相处吗?依我看,这是不可能的。因为罗马总想统治,而另外一边却不想被统治。甚至就在你活着的时候,一旦原有的官员卸任,被一批新的官员取而代之,而你前往你的王国,在远处发号施令,让另一个人统治此地,难道不会出现各种各样新的敌对事件吗?通常说来,当一个王国被分给两个弟兄执掌,民众的意志也会立刻分化,在外敌入侵以前便会发生内战。谁会看不到,类似的事情也将在这个帝国发生呢?莫非你不知道,从前,贵族们主要是出于上述考虑才会表示宁可死在罗马民众面前,也不愿允许一部分元老院和一部分平民被遣送至维爱城居住,让罗马民众同时拥有两座同质的城?所以说,在一座城里尚且异议纷呈,在两座城里又会出现怎样的情形呢?

(十五)

"同理,在我们所处的时代,倘若在唯一的帝国里尚且存在大量纷争(你所了解的情况和你为此付出的辛劳便是这些纷争的见证),那么在两个帝国里又会发生什么呢?好了,你认为从今往后,当你忙于南征北战时,会有人愿意也知晓如何为你提供援助吗?无论是军队的首领,还是城市的领袖,还有那些指挥他们的人,他们都将对武力和战争避之不及。那么,罗马军团和各个行省难道不会动起念头,以为那领袖既不会自保,也不会复仇,便想要罢免那个文韬武略全无之人?我的老天爷,我认为他们保持忠诚的时间连一个月也维持不了,一旦你宣布离开罗马,他们便会反叛生事。当你两面甚至是多面受敌时,面对这场战争,你将如何是好?你将作出何种决定?此刻,我们勉强能够维持对先前征服的那些民族的统治;将来,若是他们发动叛变,再加上平民之乱,我们又该如何应对?

你,皇帝,你将亲眼看到等待你的将是何种情形。然而,这件事不仅关乎你,同样关乎我们。你终有一死,但罗马人民的帝国理应保持不朽,且在我们看来,不朽的不仅是帝国,还有它的荣耀光辉。

(十六)

"难道我们应该接受那些人的统治——他们的宗教是为我们所不齿的?作为世界的领袖,难道我们应该臣服于那个可鄙至极的人?当罗马城被高卢人攻陷后,罗马的老人们也不曾允许战胜者去触碰他们的胡子,如今,难道这些出自元老阶层、禁卫军阶层、保民官阶层、执政官阶层和军功阶层的人会甘心臣服于他人——要知道,前者曾像对待卑贱的奴隶那般,让后者吃尽了各种磨难和酷刑之苦?那些人要针对我们的领袖设立法官、管辖行省、发起战争、处以极刑吗?在他们的统治下,罗马贵族要服兵役,以求获得荣耀和赐封吗?我们还要承受比这更为巨大和深重的伤害吗?皇帝,你不要以为罗马人的血气已经孱弱到可以欣然承受这一切,而非不惜一切代价避免这一切的发生。以我所见,就连我们的妻子也绝不会忍气吞声,她们会将自己连同亲爱的孩子和神圣的家宅付之一炬,让罗马妇女不逊于迦太基妇女。说实话,皇帝,倘若我们选择你为王,你便可全权处置罗马帝国。但你的权力再广,也无权让帝国的威严减少分毫。相反,我们既然可以拥你为王,也同样有权强迫你退位让贤,以免你分裂王国、割让行省,就连国家的首都也要拱手让给一个无足轻重的外来人。我们委托一只牧羊犬守护羊圈,但若那只犬要像狼那样行事,我们便会驱逐它,或者杀了它。既然很长时间以来,你都一直如忠犬般守护着罗马的羊圈,最后又为何会转变为一头狼呢?——这可是前所未有之事啊!

(十七)

"但你要知道(既然你强迫我们如此激愤地捍卫我们的权力),对于罗马人民的帝国,你并没有任何占有权。尤里乌斯·恺撒(Cesar)凭借武力夺取了统治权,奥古斯都·屋大维(Octavius)沿袭了这一恶行,利用敌方的分崩离析成为君主。提比略(Tiberius)、盖乌斯(Gaius)、克劳狄乌斯(Claudius)、尼禄(Nero)、加尔巴(Galba)、奥托(Otho)、维特里乌斯(Vitellius)、韦斯巴芗(Vespasianus)和其他人也都是以相同或相似的方式劫掠了我们的自由。而你,也是通过排挤和杀害他人才成了君王。还有你并非婚内出生的身份,我就闭口不提了。① 不过,皇帝,我还是要把我们内心所想告诉你:倘若你不愿维持对罗马的统治,你还有子嗣,你完全可以依照自然法,并应我们的允许和要求,让他们中的一个取代你的地位。若非如此,我们便要自行捍卫国家的公共尊严和我们个人的尊严。此种对于'奎利泰斯'(Quirites)的冒犯丝毫不亚于当年卢克蕾提亚(Lucretia)遭受的暴行,对此,绝不会缺少一个布鲁图斯(Brutus)自告奋勇,带领民众从塔克文(Tarquinius)手中重新

---

① 【普注】圣盎博罗削(Aurelius Ambrosius)在谈及狄奥多西(Theodosius)皇帝之死时曾写道,海伦纳(Helena)曾是一位女店主,被克洛鲁斯·君士坦丁纳为姘妇,又被抛弃。参见 *Patrologia latina*, XVI, 1463. 欧特罗皮乌斯(Eutropius)也曾在《建城以来简史》(*Breviarium ab urbe condita*)——又名《罗马简史》(*Breviarium historiae romanae*)——中提到君士坦丁父母的非正常婚姻关系。参见 Eutropius, *Breviarium ab urbe condita*, IX, 22 e X, 2。

夺回自由。① 我们首先要使用武力制服你安插的那些发号施令之人，随后就要找你算账——如同我们曾经对许多皇帝所做的那样，但他们的罪行可比你要轻多了。"

　　毫无疑问，上述一席话定会让君士坦丁有所触动，除非我们认为他的心肠像石头或树干那样坚硬。即使罗马民众不曾公开表达上述想法，他也很有可能私下对自己小声说出这番话。

六

（十八）

　　此刻，我们如何能够继续声称君士坦丁想要讨好西尔维斯特？此举将让西尔维斯特成为许多人仇视和打击的对象。依我看，若果真如此，西尔维斯特便活不过一日，因为只要将他和其他少数几个人除去，便能将这等严重的冒犯和伤害的痕迹从罗马人的胸口抹除。好了，假如确有这种可能，我们便退一步假设此前的请求、威胁和其他方法都一概未曾奏效，君士坦丁仍要一意孤行，不改先前的决定。那么，有谁会不赞同西尔维斯特所发表的言论呢？毫无疑问，那会是这样的一番话：

（十九）

　　"皇帝，最杰出的君主和孩子，面对你如此纯良而深刻的虔诚之心，

---

① 【普注】参见 Titus Livius, *Ab Urbe Condita*, I, 58-59。

我不得不表示喜爱和赞许。不过,由于你还是基督教队伍中的一员新兵,因此,你在向天主献礼的方式和牺牲受害者的问题上出了差错,这也丝毫不令我感到惊讶。正如从前,教士牺牲动物——无论是家畜还是野生的鸟兽——乃是非法之举,教士也不应收受任何献礼。作为教士和教宗,我理应考察究竟要允许何种献礼被奉上祭坛,以免不慎将不洁的动物甚至是蛙或蛇当成献礼。你要想一想:即使你有权将帝国一部分领土连同"世界之都"——罗马城一道赠予他人,而非留给你自己的子嗣(此举我着实不能相信);即使罗马人民、意大利和其他各民族被世界上的圈套所迷惑,同意接受那些被他们憎恶的人的统治,同时又拒斥他们的宗教信仰(这是毫无可能的);我亲爱的孩子——倘若你认为我是可以信赖的,我仍旧找不到任何赞同你此举的理由来说服自己,除非我想对自己撒谎,忘却自身的地位,甚至要违背主耶稣的意志。因为,尽管你愿意,你的赠礼和回报都只会破坏和摧毁一切荣耀和清白,摧毁我和所有继任者的安康,同时还会阻断所有意欲在"认识真理"的道路上前行的人的去路。

(二十)

"事实上,当厄里叟将叙利亚人纳阿曼的麻风病治愈后,他并不想接受任何报酬,同样地,我治好了你的麻风病,但我会接受赠礼吗?厄里叟拒绝了报酬,难道我可以允许自己接受你赠予的几个王国吗?厄里叟不愿败坏先知的名声,难道我会给心中的基督抹黑吗?再说,厄里叟何以认为一旦接受报酬就会给先知的形象抹黑呢?自然,若是接受报酬,便会给人留下售卖圣器、利用神的恩赐谋利以及寻求凡人保护的印象,也意味着缩小和矮化了善行的尊严。因此,他宁愿施恩于诸位君主和国王,却不愿意自己从他们那里受益,甚至连互惠互利的事情也不愿意去做。正如主所言:'施予比领受更为有福。'

(二十一)

"我遇到的情况与之相同,甚至比那桩事更为重要。因此,主曾这样警醒我:'病人,你们要治好;死人,你们要复活;癞病人,你们要洁净;魔鬼,你们要驱逐;你们白白得来的,也要白白分施。'所以说,皇帝,难道我会犯下如此大的恶事,不遵循天主的教导,毁了自己的荣耀吗?还是按照保禄所言:'我宁愿死,也不愿让人使我这夸耀落了空。'[①]我们的荣耀,便是在天主面前毕恭毕敬地完成我们的职责,保禄也曾说:'我对你们外邦人说:我既然是外邦人的宗徒,我必要光荣我的职务。'[②]噢,皇帝,难道我要成为其他人错误的榜样,成为罪魁祸首吗?我可是基督教徒、天主的教士、罗马教宗和基督的代理人。

(二十二)

"说句实话,若是沉溺于财富、官职和这尘世间的事务之中,教士的清白又如何能够完好无损?我们不是已经放弃了属世之善,去求取更多更大的善吗?难道我们要放下自己的财富,去占有他人的和公共的财富?那些城市、贡奉和捐税难道是属于我们的?倘若我们行此举,哪

---

① 【普注】参见《格林多前书》9:15。
② 【鲍注】参见《罗马人书》11:13。

里还配得上'教士'这一头衔?我们的那一份地——在希腊文中被称为κλῆρος①——是天主;这份地不属于尘世,而属于天国。② 身为教士的肋未人同自己的兄弟没有分得产业;而你却要求我们凭运气去接受原本属于我们的兄弟的产业?于我而言,财富和产业何足轻重?天主的声音命令我不要为明天忧虑。③ 正是他告诫我:'不要在地上为自己积蓄财宝'④,'不要在腰带里备下金、银、铜钱'⑤,'骆驼穿过针孔,比富人进天国还容易'⑥。因此,他选择穷人和那些抛弃一切去追随他的人做他的仆从,而他自己也是清贫的典范。不仅不能占有和掌控财富,就连经营财富和金钱都是有悖清白的。只有'掌管钱囊,常偷取其中所存放的贡金'的⑦犹达斯(Iudas)违背了这一准则,他长期沉溺于对金钱的嗜好,斥责和背叛了自己的主人、主宰、天主。⑧ 所以说,皇帝,我害怕你把我从伯多禄变成犹达斯。听听保禄是如何说的吧:'因为我们没有带什么到世上,同样也不能带走什么,只要我们有吃有穿,就当知足。至于那些向往致富的人,却陷于诱惑,堕入罗网和许多背理有害的欲望中,这欲望叫人沉溺于败坏和灭亡中,因为贪爱钱财乃万恶的根源;有些人曾因贪求钱财而离弃了信德,使自己受了许多刺心的痛苦。至于

---

① 【普注】根据依西多禄(Isidorus Hispalensis)在《词源》中的解释,第一任教士是由抽签的方式命定的,这也是"教士"(clericus)一词的由来。参见 Isidorus, *Etimologie*, VII, 12, 1。

② 【普注】参见《圣咏集》72(73):26。天主却永是我心的福分(Pars mea Deus in aeternum)。后来,热罗尼莫曾引用此语解释"教士"一词的含义,参见 Hieronymus, *Epistola*, LII, 5, in *Patrologia Latina*, XXII, 531。

③ 【普注】参见《玛窦福音》6:34。

④ 【普注】参见《玛窦福音》6:19。

⑤ 【普注】参见《玛窦福音》10:9。

⑥ 【普注】参见《玛窦福音》19:24。

⑦ 【普注】参见《若望福音》12:6。

⑧ 【普注】关于犹达斯的背叛,参见《玛窦福音》26:24—25。

你,天主的人哪!你要躲避这些事.'① 而你,皇帝,难道要命令我去接受本应像躲避毒药那样避开的一切吗?

"再者,皇帝,请以你的审慎想一想,若我操心于这些琐事,又何来的时间为神圣之事而忙碌呢?

七

(二十三)

"面对那些因他们的寡妇的日常供给遭到忽视而感到愤怒的人,宗徒们回答说让他们放弃天主的圣言而操管饮食,实在不相宜:然而,操管寡妇们的饮食又与征收税费、管理国库、向士兵支付军饷及其他一千种类似的差使有何区别呢?保禄曾说:'没有一个当兵的为叫他的元帅喜欢,而让日常的俗务缠身的.'② 难道亚郎(Aaron)和肋未其他部落的其他人不是一心只顾着履行天主的会幕工作吗?还有他的儿子们,由于在火盘里放上了不同的火,才在天火中被烧死。而你却命令我们在神圣的香炉——这是我们的职守所在——点燃世俗财富之禁火?难道厄肋阿匝尔(Eleazar)、丕乃哈斯(Phinees)和其他掌管会幕和神殿的祭司除了为神圣的信仰而操劳,还曾执掌着其他事务?我是说他们'可曾真正执掌'(而非'能够执掌')其他事务?事实上,若他们想要忠于职守,怎么可能执掌其他事务?倘若他们不愿恪守本分,便会听到天主

---

① 【普注】参见《弟茂德前书》6:7—11。
② 【普注】参见《弟茂德前书》2:4。

这样诅咒他们：'那些怠慢执行上主工作的，是可咒骂的。'①尽管这句诅咒会降临在所有神职人员头上，但教宗自是首当其冲。噢，教宗一职的责任何等艰巨！担任教会领袖何等艰辛！被指定为牧人，去照顾着一大群羊是何等不易：他的双手要为每一头迷途羔羊和成羊的鲜血负责。天主这样对他说：'若你如你所说，比他们更爱我，你便喂养我的羔羊；还有，若你如你所说，爱我，便放牧我的羊群。再一次，若你如你所说，爱我，便喂养我的羊群。'②而你，皇帝，你却命令我去喂养山羊和猪群——这些并不是同一位牧人能够看护的呀？

(二十四)

"而你，难道真是想让我当个国王，甚至是作为诸位君王之王的皇帝？你听一听，当既是天主也是人，既是国王也是祭司的上主耶稣基督自称为王的时候，他所指的，是一个怎样的王国？'我的国，'他说，'不属于这世界。假使我的国属于这世界，我的臣民早已反抗了。'③在他布道的过程中，他最初的论题和最频繁的呐喊是什么？难道不是以下这番话吗？'你们悔改吧！因为天国临近了'④、'天主的国临近了'⑤。这天国将是为谁准备的？这番话难道不是在宣称天国与俗世王国无关吗？所以说，天主不但不追求此种类型的王国，即使他人将其拱手送上，他也无意接受。有一次，当他得知民众决定要将他掳走并拥立为王

---

① 【普注】参见《耶肋米亚》48:10。（自由引述）
② 【普注】参见《若望福音》21:15—17。
③ 【普注】参见《若望福音》18:36。
④ 【普注】参见《玛窦福音》4:17。
⑤ 【普注】参见《马尔谷福音》1:15。

时,他甚至退避到山里去了。① 通过此举,他不仅给处于同样位置的我们树立了值得效仿的典范,还立下了规矩:'外邦人有首长主宰他们,有大臣管辖他们。在你们中却不可这样,谁若愿意在你们中成为大的,就当作你们的仆役;谁若愿意在你们中为首,就当作你们的奴仆。就如人子来不是受服侍,而是服侍人,并交出自己的生命,为大众作赎价。'②皇帝,你应当知道,当天主给以色列派去民长,而非国王的时候,曾斥责民众强求君王的头衔。鉴于民众坚持所求,天主便派给了他们一位国王,如同他允准了后来在新法里被废止的休书。而我,既然连当个审判官都勉为其难,难道会接受这个王国吗?③ 保禄说:'你们不知道圣者将要审判世界吗? 如果世界要受你们审判,难道你们不配审判一些小事吗?你们不知道我们连天使都要审判吗? 更何况日常生活的事呢! 所以,若你们在日常生活上有了应审判的事,就请那些在教会内受轻视的人来裁判罢!'④但那些审判官只是审判争议,却并不索要钱财。而我,将要索取报酬吗? 因为我知道,当天主询问伯多禄尘世国王应从何人——自己的儿子亦或是外人——手中征收关税或丁税时,伯多禄答说应向外人收税。天主便说:'所以儿子是免税的了。'⑤这么说来,皇帝,倘若所有人都是我的儿子(毫无疑问,确实如此),那所有人都将免税;谁也不会缴纳任何税款。所以说,我并不需要你的这份赠礼,它只会让我徒增辛劳,因此,我根本不应,也不能容忍这份赠礼。

---

① 【普注】参见《若望福音》6:15。
② 【普注】参见《玛窦福音》20:25—28。
③ 【鲍注】此处,发言者将基督教会的身份定位假想为以色列国的传统身份定位,即"新以色列"。
④ 【普注】参见《格林多前书》6:2—4。
⑤ 【鲍注】参见《玛窦福音》17:24—25。

（二十五）

"再者，我难道应该行使动用兵器和战火杀戮他人、惩罚罪犯、发起战争、抢掠城池、摧毁各地区的权力吗？若非如此，我便无法奢求保护好你想要给我的馈赠。可若我真这么做了，我还是教士、教宗、基督的代理人吗？我将听到天主用雷鸣般的声音对我说：'我的殿宇将成为万民的祈祷之所，而你竟然把它变成了贼窝！'① '我不是为审判世界而来，'天主说，'乃是为拯救世界而来。'② 我作为他的继任者，难道要制造死亡么？

"天主对处在伯多禄位置上的我说：'把你的剑放回原处，因为凡持剑的，必死在剑下。'③ 天主甚至不允许我们使用武器来防卫自身（尽管伯多禄为了保护天主，砍下了奴仆的耳朵），而你却命令我们动用武力去夺取或守护财富？我们的权力，是执掌钥匙的权力。正如天主所说：'我要将天国的钥匙交给你：凡你在地上所束缚的，在天上也要被束缚；凡你在地上所释放的，在天上也要被释放。阴间的门绝不能战胜它。'④ 对于这份权力、这个位置和这个王国，不可再增加其他了。对此不满的人向魔鬼要求其他，而魔鬼甚至敢于对天主这样说：'你若俯伏朝拜我，我必把这一切交给你。'⑤

（二十六）

"所以说，皇帝，（我无意冒犯你）请不要在我面前充当魔鬼的角色，

---

① 【鲍注】参见《玛窦福音》21:13。【普注】参见《马尔谷福音》11:17。
② 【鲍注】无论是希腊文版《圣经》，还是《通俗拉丁文本圣经》，使用的均为"拯救"，而非"释放"。
③ 【普注】参见《玛窦福音》26:52。
④ 【普注】参见《玛窦福音》16:19。【鲍注】瓦拉颠倒了前后语序。
⑤ 【普注】参见《玛窦福音》4:8—9。

让基督——换言之也就是让我——从你手中接受那些王国,因为我宁愿拒绝它们,而不想去占有它们。说到那些不信教的人——当然,我希望他们将来能成为信徒,我可不希望从他们眼中的光明天使变成黑暗天使。我想为他们的心中注入仁慈,不愿在他们的脖颈上强行套上枷锁,且我想通过'神圣的利剑,即天主的话'①——而非铁打的刀剑——驯服他们,使他们不会变得更为暴烈,不会尥蹶子,不会用角抵伤我,更不会因为我的过错而咒骂天主的名字。我想让他们成为我亲爱的孩子,而非奴仆;我想收养他们,而非收买他们;想要赎回他们,而非逮捕他们;将他们的灵魂奉献给天主,而非将他们的躯体送给恶魔。'跟我学吧,'天主说,'因为我是良善心谦的。你们背起我的轭,这样你们必要找得你们灵魂的安息。我的轭是柔和的,我的担子是轻松的。'最后,在即将结束发言之际,请你接受天主就这一话题所说的吧——就像是在说我与你的关系:'恺撒的,就应归还恺撒,天主的,就应归还天主。'②皇帝,你不应该让出属于你的事物,我也不该接受属于皇帝的事物;即使你一千次向我献礼,我也是绝对不会接受的。"

(二十七)

西尔维斯特不愧为一位宗徒式人物,听了他这番话,君士坦丁还能如何反驳呢?如此一来,那些认为赠礼确有其事之人声称皇帝剥夺家人的继承权,破坏罗马帝国,难道不是对君士坦丁的冒犯吗?他们声称罗马元老院、罗马人民、意大利乃至整个西方会允许此种有悖于人法和

---

① 【普注】参见《厄弗所书》6:17。
② 【普注】参见《玛窦福音》22:21。

神法的改变发生,难道不是对上述群体的冒犯吗?他们声称西尔维斯特会接受这份神圣之人不该接受的赠礼,难道不是对西尔维斯特的冒犯吗?他们声称教宗也可以掌管世俗王国,统治罗马帝国,难道不是对教宗这一职位的冒犯吗?总而言之,这一切都表明面对重重阻力,君士坦丁绝不可能像那些人所坚称的,考虑过将罗马帝国最大的一块领土赠送给西尔维斯特。

八

(二十八)

好了,我们继续往下说。若要相信你们的文献中提到的这份赠礼确有其事,就必须有确凿的证据表明西尔维斯特接受了赠礼。然而,却没有这样的证据。不过,你们坚称:"西尔维斯特认可了此次赠礼,这一点是可信的。"你们尽可以这样说,就好比我相信他不仅认可这份赠礼,还曾渴望它、要求它,通过祷告催促它尽快实现。然而,那些不符合众人认知的事情,你们凭什么说它们可信的呢?若仅仅是因为在谈及特权的页面里,出现了关于赠礼的描述,我们不应就此得出赠礼被接受的结论。相反,我们倒是应该认为,鉴于文献中并未提及接受赠礼一事,因此赠礼之举并未实际发生。你们可以认为,君士坦丁并非不愿赠礼,但让你们失望的是,西尔维斯特拒绝了赠礼,既然如此,"恩惠不应赐予无意接受之人"①。

---

① 【鲍注】参见《学说汇纂》所记载的法学家保罗的话,*Digesto* 50, 17, 69。

我们可以推断，西尔维斯特不仅拒绝了赠礼，还隐晦地指出君士坦丁的赠予之举和他的接受之举都是不合法的。噢，可贪婪往往是盲目且不慎的！退一步讲，就算你们可以引证一些真实、完整和未经篡改的文献，表明西尔维斯特同意接受赠礼，但那些文献是否可以直接证明赠礼行为确实发生过？何来证明教宗接管赠土的证据？何来证明手把手交付赠礼的证据？倘若君士坦丁只是写下了一纸空文，那么他的目的便不是给予教宗恩惠，而是捉弄他罢了。你们要说，既然献礼于人，便将占有让渡给对方，这是理所当然的。请注意你们的说法：既然那片土地的实际占有从未被赠予，那么权利是否被赠予也很值得怀疑。通常来说，既然不打算让渡实际的占有，那么权利也是不会让渡的。

（二十九）

那片土地的占有从来都没有转让过，难道不是这样吗？若是否定这一事实，便是厚颜无耻至极了。君士坦丁是否曾在罗马大众——他们尚未成为基督教信徒——的掌声簇拥下引领西尔维斯特前往象征凯旋的卡比托利欧山丘？他是否曾当着元老院全体成员的面让教宗坐在金灿灿的宝座上？他是否曾命令军官按照各自的军衔向教宗致敬，将他当作君王一样朝拜？上述礼仪都是新王登基时的惯例，而不是仅仅赠予一座如拉特兰宫那样的普通宫殿。典礼结束后，君士坦丁是否曾陪同教宗巡察整个意大利、高卢和西班牙人、日耳曼人的领地以及西部世界的其他地区？或者说，如果他们两人不堪劳苦，无法亲自巡视如此广袤的领土，又可以将如此重要的职责托付给什么人呢？一人要能代表皇帝移交占有，另一人要能代表西尔维斯特接管领土。这些人理应是享有极高威望的名人，但我们却连他们是谁也无从知晓。"给予"与"接受",这是两个何其重要的词汇啊!抛开古老的例子不论,在我们的记忆里,我们从未见过当某人成为某座城池、地区或行省的领主时不采取类似的举动。只有这么做了,人们才会承认占有的确发生了转移:免去原有官员的职务,以新的官员取而代之。所以说,即使西尔维斯特不曾要求这么做,君士坦丁也会行此举,表明他并非纸上空谈,而是以实际行动来完成领土占有的转移,以示其慷慨:下令撤销原先官员的职务,代之以对方任命的人员。倘若占有仍掌握在原先所有者的手中,新的主官不敢将他们撤职,那么占有移转就没有完成。你要说,这也不能阻碍我们认定西尔维斯特确实占有了君士坦丁赠送的领土。那我们便姑且认为所有的流程都已经完成了——哪怕并非以符合传统及自然常理的形式完成的。君士坦丁动身离开以后,西尔维斯特将任命怎样的领袖去管理各个行省和城市呢?他会发起什么战争?他战胜了哪些时刻准备作战的民族?又是通过什么人去管理那些民族的?我们一无所知,请你们回答。我想,或许所有这些行动都是在夜深人静的时候完成的,因此才会无人目睹吧。

(三十)

好吧,就让我们假定西尔维斯特获得了那部分领土的占有。那么后来又是谁剥夺了他的占有呢?因为他并没有一直执掌这一权力,他的继任者们也不曾拥有此权——至少直到大额我略(Gregorius Magnus)在位时,对这部分领土的占有都是缺失的。① 既然当下并不占有,

---

① 【普注】大额我略是于590年至604年间在位的教宗,投身于精神信仰。他在位期间,教会的政治权力一度缩减。

且说不出先前是被谁剥夺了占有,那么显然就是从来不曾占有。若硬要说有,那便是疯话。你瞧,我证明了你也是个疯子。否则,你便说说是谁夺去了教宗的占有。是君士坦丁本人,还是他的儿子们?是尤利安努斯(Iulianus)还是其他某位皇帝?说出驱逐者的名字,说出教宗是在何时、何地遭到了第一次、第二次及后续几次驱逐。他们在驱逐教宗时是否造成了暴乱或惨案?发起暴乱的民族是同时造反,还是某个民族率先起兵?什么?这么多人里,居然没有一人对教宗施以援手,包括先前被西尔维斯特或其他教宗任命为各个城市和行省执政官的官员?教宗是在一日之内丧失了一切,还是一点一点地逐渐丧失了各处的领土?他和他的执政官们是否进行过抵抗,还是在第一次暴乱中就不战而降?什么?胜利者根本不曾对那帮不配担当统治者的人渣动用刀剑武力?——因为他们要报复先前遭受的侵犯,要维护已然获得的统治,要蔑视我们的宗教,还要给后人树立榜样。无论如何,在战败者之中,难道无人逃脱,无人藏身,无人害怕吗?噢,这是多么不同寻常啊!罗马帝国的建立过程充斥着艰辛和惨烈,但在那些基督教士的手里,罗马帝国的获取和丧失过程居然都来得如此风平浪静,期间不曾发生任何惨案、战争、抗议,且(同样令人感到吃惊的是)上述事件究竟是在何时发生,如何发生,持续了多长时间,这些情况都完全无人知晓。你要说,西尔维斯特是在树林里,①而非在熙熙攘攘的罗马城内统治的,因此,他是遭到了暴风雨和冬日严寒的驱逐,而非遭到了他人的驱逐。试问哪

---

① 【普注】针对这一点的探讨或许与一个文字游戏有关。雅各·德·佛拉金在《黄金传说》里谈到了"西尔维斯特"这个名字的两种词源来历,其一,"西尔维斯特"一词或许来自"森林"(silva)和"天主"(theos)的组合,意指引领未开化的人皈依信仰;其二,"西尔维斯特"意为"有阴影的"。参见 Iacopus Varaginensis, *Legenda aurea*, 12。

一位读过些书的人会不知道罗马有多少皇帝、多少执政官、多少独裁者、多少保民官、多少监察官,多少营造司？虽是如此遥远的古代,虽然这一干人等数量众多,我们也绝不会漏掉一位。我们还知道雅典人的领袖有多少位,底比斯人和斯巴达人的领袖有多少位,知道他们进行过的所有陆地战和海战的名称;也不会弄不清波斯人、米底人、迦勒底人、犹太人及其他民族的一众国王,不会弄不清楚他们如何获得、保卫、丢失和夺回王位的过程。然而,就在罗马城里,却没有人知道西尔维斯特统治下的罗马帝国是在何时、何地、由谁始创的,又是由谁终结的。我要问:对于这些事件,你们找得出哪一位见证者和作家？你们会说:找不出。既然如此,当你们如同畜生一般——而非像人那样——声称西尔维斯特很可能占有过罗马时,难道不感到羞耻吗？

九

（三十一）

既然你们无法证实此事,我便要表明,直到君士坦丁在世的最后一天,他都一直占有帝国的所有权,后世的所有皇帝亦是如此。如此,你们便无法开口了。但我知道,要将这一切阐明,必然是十分艰巨且重大的任务。不妨查阅所有拉丁文和希腊文的历史著作,列举出谈论那一时期的所有作者吧,保准找不出任何一个在此事上与其他作家持不同观点的人。在一千条证据中,我们举出一条便足够了:欧特罗皮乌斯曾见过君士坦丁以及被他指定为整个地球之主宰的三个儿子。① 在谈及君士坦丁的兄弟之子尤利安努斯时,他这样写道:"这位尤利安努斯获得了权力,派出规模极大的军队与帕提亚人②开战;我也参加了那次出征。"③若赠礼之事确有发生,他是不会在书中缄口不提的。就在几行以后,他便这样评论尤利安努斯的继任者约维安努斯:"他与沙普尔签署了虽为情势所迫却很不光彩的和平协议,改变了疆界,让出了罗马帝国的一部分——自罗马帝国建立以来,这是绝无仅有之事。当年,我们的军团曾在卡夫丁峡谷被庞提乌斯·特雷西努斯(Pontius Telesinus)羞辱,被迫从'轭形门'下通过,在西班牙的努曼西亚和努米底亚,我们的军队也曾有过类似遭遇,但尽管如此,我们的领土却一寸也没有丧失。"④

(三十二)

行文至此,我要质问你们——最近几位已经作古的教宗,还有你,

---

① 【普注】据欧特罗比乌斯在《建城以来简史》中记载,君士坦丁曾指定他的三个儿子为帝国继承人。参见 Eutropius, *Breviarium ab urbe condita*, X, 9。

② 【译注】帕提亚帝国又称安息帝国,存在于前 247—224 年,是古波斯地区古典时期的一个王朝。

③ 【鲍注】或许是出于写作风格上的理由,欧特罗比乌斯将伊朗的统治者误称为帕提亚人——事实上,他们并不属于帕提亚帝国,而是改朝换代后萨珊王朝的波斯人。

④ 【普注】此处,瓦拉提到了约维安努斯皇帝与波斯国王沙普尔二世(Sapor II)于 364 年签署的一项丧权辱国的和平协议。在协议中,罗马皇帝割让了美索不达米亚地区底格里斯河和幼发拉底河周边的许多领土。此外,作者还提到了罗马人的多次战败事件,如前 321 年,罗马军队曾在卡夫丁山谷之战中输给了萨莫奈人的军队。参见 Eutropius, *Breviarium ab urbe condita*, X, 17。【鲍注】沙普尔二世是波斯国王。363 年,尤利安努斯于在与波斯人作战的过程中战死,其继任者约维安努斯便与沙普尔二世签订了和平协议。瓦拉尽管列举了前 321 年的卡夫丁山谷之战、前 153 年的努曼西亚之战和前 109 年的努米底亚之战,但他在罗马帝国曾丢失领土的问题上存在谬误。事实上,哈德良(Hadrianus)皇帝就曾在一次与帕提亚帝国作战的过程中丢失了其前任图拉真(Traianus)皇帝曾攻下的领土。

尚在人世的安日纳（Eugenius）（不过，这也多亏了斐里斯五世的保佑①）。你们为何要厚颜无耻地摆出所谓的君士坦丁赠礼，动辄以被强夺了帝国的复仇者姿态威胁各位国王和君主？你们为何要在皇帝和某些其他君主（例如那不勒斯和西西里国王）加冕之际强迫他们答应臣服于你？任何一位古罗马时期的教宗都不会行此举：达玛稣一世（Damasus）对狄奥多西（Theodosius）不会如此，西里修（Syricius）对阿卡狄奥斯（Archadius）不会如此，亚纳大削一世（Anastasius）对霍诺留（Honorius）不会如此，若望一世（Ioannes）对查士丁尼（Iustinianus）不会如此，②其他无比神圣的教宗对其他无比优秀的皇帝亦不会如此。他们会一直承认罗马、意大利以及其他我提到的行省都是属于皇帝的。再者，我们姑且不论罗马城内的纪念碑和神庙，只谈谈城内通行的金币：上面用拉丁字母——而非希腊字母——刻印着已然皈依天主教的君士坦丁及其继任皇帝们的名字。这样的金币我有许多，③大部分钱币都在十字架图像下方刻有"CONCORDIA ORBIS"［世界和平］的字样。④ 倘若你们教宗曾统治过罗马，岂不该有数不清的印有教宗名号的钱币流传？

---

① 【鲍注】斐里斯五世（Felix V）是1439年11月5日在巴塞尔大公会议上当选的对立教宗。
② 【普注】瓦拉在此处列举了4—6世纪的诸位教宗和皇帝。
③ 【普注】如同其他许多人文主义学者，瓦拉也对古代钱币和碑铭感兴趣。
④ 【鲍注】此处，瓦拉对他私人收藏的金币的所属年代及金币上的铭文含义有所误解，才会将其解读为"世界和平"。事实上，金币上的铭文为"CONOB"或"COMOB"。这种金币最早出现在369年，瓦伦提安一世（Valentinianus I）统治时期，即自君士坦丁皇帝去世的数十年后。铭文的后半部分"OB"是"obryza"一词的缩写，该词的词源信息不详，含义为"纯金"。铭文的前半部分"CON"起初是作为君士坦丁堡的标志与后半部分"OB"相组合。不过，在西罗马帝国，后来又出现了铭文为"COM"——很有可能是指"com(es)"（计算）——的铸币，与"OB"组合，意为"以纯金计算"。参见 Jones Melville, *A Dictionary of Ancient Roman Coins*, London, 1990, p. 65。大多数在铭文上方刻有十字架图像的钱币都被归为特雷米西斯金币（tremisses）。由于字母"B"亦可被读为"R"，瓦拉才会将铭文"CONOB"解读为"CONOR"——"CON(cordia) OR(bis)"。

但我们找不到任何这样的钱币——无论是金币还是银币,且无人记得曾见过此类钱币。然而,在那个年代,无论谁统治罗马,都必然会打造属于自己的钱币,至少也会印上救主或伯多禄的图像。

(三十三)

噢,那一干人等何其无知啊!你们没有意识到,倘若君士坦丁赠礼确有其事,皇帝(我指的是西罗马帝国的皇帝)岂非一无所有?倘若他的王国被别人占据,而他既没有其他王国,也不占有自己王国的任何财产,又怎可被称为罗马皇帝,被称为罗马之王呢?因此,既然可以明确认为西尔维斯特不曾占有那片赠土,即君士坦丁不曾转移领土的实际占有,那么我们便可如我先前所说的那样,毫无疑问地认定君士坦丁也不曾赠予拥有那片土地的权利。除非你们说,权利已经赠予了,但由于某种因素,实际占有并没有进行移转。这样说来,他给出的显然是一种他明知不可能成为现实的权利?他给出了某种他根本无权转让的权利?他给出了一种在到手以前就不复存在的权利?他给出了一份500年后才会生效,甚至从来就是无效的赠礼?说句实话,若是这样谈事情或想问题,简直就是疯狂。

(三十四)

为了不显得过于啰嗦,是该来致命的一击,将敌方已然分崩离析的论断彻底压倒了,用唯一的一击断其性命。几乎所有可堪称为"史书"的史书都声称君士坦丁从小便受父亲君士坦提乌斯(Costantius)的影响,信奉基督教,其皈依时间远远早于西尔维斯特担任教宗的年代。例如,优西比乌①撰写了一部题为"教会史"的作品,后来,极为博学的鲁菲努斯(Rufinus)将该作品译介为拉丁文,又增添了两卷关于自己所处时代的内容。这两位作家几乎都是君士坦丁的同时代人。此外,还有一位罗马教宗提供了证据。他不仅参与了这些事件,还是这些事件的推动者;不仅是见证人,还是发起者;他讲述的并非他人之事,而是自己的经历。他便是西尔维斯特的前任,美基德(Melchiades)教宗。美基德写道:"教会势力壮大,以至于不仅各族民众,就连执掌全世界绝对权力的罗马君王都纷纷信仰基督,施行圣事。他们中有一位极其虔诚的人,名曰君士坦丁,率先公开信仰真理,不仅允准世界上所有帝国公民成为基督教徒,还允准他们兴修教堂,并为教堂划拨产业。此外,这位君主还赐予了大量赠礼并命人修建神庙——那是有福的伯多禄的第一座圣殿,他放弃了皇家居所,拱手相让,使之为有福的伯多禄及其继任者所用。"②不过,除了拉特兰宫和一些土地——教宗额我略曾在《书信簿》(*Registro delle epistole*)中多次提及此事,③美基德并没有

---

① 【普注】《教会史》提到了君士坦丁及其父亲的仁慈——并非出于个人信仰,而是出于对基督教徒的关爱,参见 Eusebius, *Historia ecclesiatica*, IX, 9。在颂歌《君士坦丁传记》(*Vita Constantini*)里,优西比乌提到了君士坦丁晚年皈依之事,参见 *Vita Constantini*, 17, 29-32。马里奥·弗伊斯(Mario Fois)提出假设:瓦拉或许并不知晓这部作品,参见 Mario Fois, *Il pensiero cristiano di Lorenzo Valla nel Quadro storico-culturale del suo ambiente*, Roma, 1969, p. 331。【鲍注】优西比乌在《君士坦丁传记》里描述了君士坦丁于312年在与马克森提乌斯对阵期间皈依基督教的过程。关于这一点,瓦拉或许并不知晓,也有可能是故意没有提及。

② 【普注】这封美基德教宗的书信收录于《拉丁教父》和《格拉提安教令集》中,参见 *Patrologia Latina*, VIII, 566 和 Gratianus, *Decretum*, parte II, causa xii, qu. 1, cap. 15。在瓦拉生活的年代,这封书信已经被认定为伪作,但瓦拉为了达到自己的目的,并不避讳引用其中的内容。

③ 【普注】在所谓的《书信簿》里,额我略曾多次在君士坦丁的名字前加上"极为虔诚的"修饰语,但他从未谈到过赠礼之事。参见 Gregorius I, *Registro delle epistole*, V 36;VIII 28;XI 35, 37;Append. VIII 12。

说君士坦丁的赠礼还包括其他内容。既然这份赠礼是在西尔维斯特担任教宗以前就已赐予的,且只包括一些私人财产,那么那些不允许我们质疑君士坦丁献土之举是否有效的人又在何处呢?不过,尽管事实已经显而易见了,仍有必要针对那些傻子时常引用的这一特权文件①进行探讨。

(三十五)

首先要说的是,当年有人竟然试图冒格拉提安(Gratianus)之名,在他的作品中添加自己所写的内容。② 不过,需要被控诉的,不仅是那人的狡猾行径,还有另一些人的愚昧无知:他们竟然认为关于这一特权文件的描述是包含在《格拉提安教令集》(Decretum Gratiani)里的。学者们从未如此认为,且在那些最为古老的《教令集》(Decretum)版本里,也找不到这部分内容。③ 即使格拉提安确实曾在某处提过这一事

---

① 【译注】所谓"特权文件",就是指"赠礼文件"。
② 【普注】参见帕莱阿针对 Gratianus, Decretum, parte I, dist. xcvi, cap. 14 添加的部分。参见 Amemilius Friedberg, Corpus iuris canonici, vol. I, coll. 342‐345。该文本与瓦拉研读和逐句分析的赠礼文献——《君士坦丁诏令》(Constitutum Constantini)的文本略有出入。
③ 【鲍注】《君士坦丁赠礼》出现在 Gratianus, Decretum, parte II, dist. xcvi, cap. 13‐14 部分,属于在后格拉提安时期(可能是在 1150 年前后)由后人添加的部分。该部分包括逾 150 条法令,绝大多数都是由博洛尼亚大学的一批以"paleae"(麦秆、干草)自称的法学教授编纂而成的。后来,也有作者认为后续部分是由一个名叫帕莱阿(Palea)的人编纂的。《君士坦丁赠礼》所在的部分被认为是一个谐称为帕乌卡帕莱阿(Paucapalea)的教会法编写者所编纂的。瓦拉很可能是从库萨的尼古拉(Nicholas Cusanus)的作品《论公教的和谐》(De Concordantia catholica, 3, 2)中获得了关于《格拉提安教令集》早期文本的信息。关于《格拉提安教令集》后续添加的伪造部分,参见 Rudolf Weigand, "Fälschungen als Paleae im Dekret Gratians." in Fälschungen im Mittelalter、MGH Schriften 33‐2, Hannover, 1988, pp. 301‐318。关于《格拉提安教令集》的文本变迁,参见 Winroth Anders, The Making of Gratian's Decretum, Cambridge, 2000。

件,也不会打乱其思维的顺序,将其置于那些人所置的附加内容部分,而会将其置于谈论虔诚者路易与教会达成协议(Ludovicus Pactio)的部分。再者,《教令集》里有多处文字与此段描述相互矛盾,其中一处便是我在前文中提到的美基德的言论。有人表示,添加这一部分的作者名叫帕莱阿(Palea)①——这要么是那人的真名,要么便是因为相较于格拉提安所述的内容而言,他添加的部分就如同混入麦粒滥竽充数的麦秆。无论如何,若相信《教令集》的编纂者是出于有心或无意,将那些后人添加的内容信以为真,简直就是无耻的。

好了,够了,我们已经胜出了:首先,因为格拉提安没有说过那些人坚称的谎言,且(其留下的大量文字让人意识到他)对那谎言表示否定,甚至是驳斥;其次,因为那些人只引证了唯一一人的说法,且那人是个毫无威信和地位可言的无名之辈,他如此愚蠢,竟然将一番与格拉提安的观点丝毫不相容的言论安在格拉提安身上。所以说,你们就把这样的作者摆在面前?你们相信这唯一的一份证据?面对种类繁多的反证,你们仅凭借此人的只言片语就可对如此重大之事言之凿凿?我还以为你们能呈上盖有金印的材料、大理石铭文和一千位文人墨客的证言呢。

---

① 【普注】此处暗含一个有着古老传统的文字游戏。《耶肋米亚》23:28 中写道:麦秆怎能与麦粒相比?——上主的断语。在评述句中将麦秆(paleis)与麦粒(triticum)相比较的内容时,热罗尼莫将麦秆解读为不服从教会的异端。见 *Patrologia Latina*, XXIV, 826-872。这一释义传统被中世纪的许多词典编纂者继承下来。例如,帕皮亚斯(Papias)就曾编纂过一部按音序排列的词典《基础学说》(*Elementarium doctrinae rudimentum*),又名《论词意》(*De significatione vocabulorum*)。该词典在整个中世纪乃至人文主义时期的学校里广泛使用。在这部词典中,帕皮亚斯写道:"'帕莱阿'意为'罪人'(peccatores)。"

（三十六）

当然，你们会说，帕莱阿本人已告诉了大家这一材料源于何人，并表明了史料来源。此外，他还称教宗哲拉旭和许多名主教都可作证。该材料源自《西尔维斯特行传》（*Gesta Silvestri*）。他写道："哲拉旭教宗曾在七十主教会议期间提到西尔维斯特教宗的事迹曾被天主教徒阅读。他还说此种古老的习俗在许多教堂内被效仿，人们在教堂里阅读那则与君士坦丁相关的教宗事迹。"[①]早在此前，在探讨可读之书和不可读之书[②]的段落里，教宗哲拉旭还曾说："关于众主教之首、有福者西尔维斯特的这部行传，尽管我们并不清楚撰写者的名字，但知道这书在罗马城内的教堂里被众多天主教徒传阅，作为一种古老的习俗，此举得到了许多教堂的效仿。"[③]

这是何等高贵的权威，何等确凿的见证，简直是无懈可击的证据！我承认哲拉旭教宗的确曾在七十主教会议中发表过上述言论；但他可曾说过在有福者西尔维斯特事迹一文中读到过关于特权文件的内容？他只说西尔维斯特的事迹被广泛阅读，且是在罗马被广泛阅读，以及这一权威传统被其他许多教堂效仿。关于这一点，我并不否认，且要给予承认、认可。我要与哲拉旭一道，称自己是见证人。不过，这一切除了能表明你们引经据典的目的是为了欺骗，又对你们有何用处呢？我们

---

① 【普注】参见帕莱阿针对 Gratianus, *Decretum*, parte I, dist. xcvi, cap. 13 添加的部分。

② 【普注】关于可读之书和不可读之书，参见 "Decretimi Gelasianum de libris recipiendis et non recipiendis", IV, iv, 3, edito in *Texte und Untersuchungen zur Geschichte der altchristlichen Literatur*, 38 (1912), fase. 4, pp. 42–43。

③ 【普注】参见帕莱阿针对 Gratianus, *Decretum*, parte I, dist. xv, cap. 3, 19 添加的部分。

不知道那个在《格拉提安教令集》里添油加醋的人的名字,而他是唯一提及此事的人;我们不知道历史编写者的名字,而他是唯一一个被提及的证人,且作的还是伪证。可是你们,一帮杰出又谨慎的人物,居然认为对于如此重大的事件而言,这样的证据就足以说明问题了?看一看你们的结论与我的观点有着怎样的差异吧:就算描述西尔维斯特功绩的文本里包含有关特权的内容,我也不认为那些内容是真实的,因为那个故事并非历史,而是被无耻杜撰的瞎话(稍后我便将表明这一点)。没有其他任何具有一定权威声望的人提过此种特权。就连身为总主教的雅各·德·佛拉金(Iacopus Varaginensis)——尽管他对神职人员更为偏袒——在撰写圣人传记①时也将君士坦丁赠礼一事视为不值一提的轶闻,在记录西尔维斯特生平的部分对此只字未提。对于那些试图以文字来探讨这一事件的人来说,佛拉金的态度在某种程度上已经成为一种否定裁决。

(三十七)

这个伪造者果然是麦秆,而不是麦粒。我真想"掐住其脖颈,将其拖去受审"。伪造者,你有何话可说?我们为何不曾在《西尔维斯特行传》中读到过特权这回事?我知道,那部作品如今已是世间罕见,难于寻觅,寻常人无法拥有,而是被束之高阁——一如当年古代大祭司们负责保管的《古罗马历书》(*Fasti*),十人祭司团(Decemviri)守护着的《西

---

① 【鲍注】值得注意的是,由于瓦拉针对《君士坦丁赠礼》进行了批驳,在15世纪晚期流传的《黄金传说》文本里,有人针对《君士坦丁赠礼》增添了一条相关信息。参见 Massimo Miglio, *L'umanista Pietro Edo e la polemica sulla donazione di Costantino*, pp. 221-222, 229-232。

卜林书》(*Libri Sibillini*)。《西尔维斯特行传》有希腊文、古叙利亚文或迦勒底文等多个文本。哲拉旭称它曾被许多公教徒传阅，佛拉金也提到过它，而我们也见过那部在古时写成的作品的上千份抄本，且几乎在每一座主教堂里，只要到了西尔维斯特的诞辰日，人们至今都还在诵读它。可尽管如此，谁也不曾说过在那部作品中读到、听到，甚至梦到你所错误坚称的那回事。哦，莫非是另有其他版本？是什么样的版本呢？我不知道有什么其他的版本，也不认为你所讲的是另一个版本，因为你讲的，正是哲拉旭所说的在许多教堂里被诵读的故事。然而，在那个故事里，我们却找不到关于你所说的特权文件的内容。倘若相关内容在西尔维斯特生平里找不到，你又为何要说是在那里读到的呢？你怎敢就此等大事开玩笑，玩弄那些没什么文化的老百姓的虔诚之心？不过，我自己也真够愚蠢，居然只顾讨伐那人的鲁莽，而不去斥责其他那些人的疯狂的盲信。倘若有人声称上述文本曾在希腊人、犹太人和诸多蛮族人之中广为流传，难道你们不需要那人说出相应的作者、展示相应的手稿，不需要请一位忠实的注释者对那文本进行译释，就能轻易相信吗？此刻我们谈论的是你们自己的语言和一份极为著名的文本。然而你们，要么是并未对如此不可信之事的内容进行调查，要么便是因为找不到文本，便轻易相信了此事，并认定那是一份真实存在的书面文本。你们对这样的证据感到心满意足，将其传遍所有的陆地和大海，好似那文本的根基不存在任何值得质疑之处。倘若谁不肯相信，你们便以开战等威胁相逼迫。善良的耶稣啊，真理何其强大，何其神圣，无需耗费多大力气，便能在所有欺骗和谎言面前全身自保。在那场关于究竟何谓最强大的事物的争论之中，人们的观点纷繁奇异，但君王大流士

(Darius)仍将橄榄枝授予了真理。① 既然我要与教士们,而非世俗之人理论,便应举出宗教人士的例子,而非世俗之人的例子:当犹大玛加伯(Iudas Maccabeus)派遣使者前往罗马,并与元老院缔结了同盟和友邦关系后,便着意命人将约文刻在铜板上,将其送至耶路撒冷。至于天主将交代梅瑟(Moyses)的"十诫"也刻在石板上,就更不必提了。然而,这份如此宏大、史无前例的"君士坦丁赠礼"却无法通过任何以黄金、白银、青铜、大理石亦或是各种形式的书籍作为载体的文献证实,只有一张纸或羊皮卷为证——倘若我们愿意相信那些人。据弗拉维奥·约瑟夫斯(Flavius Iosephus)所述,犹巴尔(Iobal)——音乐的始祖,由于相信祖先们世代相传的说法,认为人类的成果将先后遭受大水和大火的毁灭性打击,便将他的学说刻在了两根柱子上(一根是砖柱,用以对抗大火,另一根是石柱,用以抵御大水,这才传到了该书的作者约瑟夫斯生活的年代),以便他对人类作出的贡献能够百世长存。谈到古罗马人,尽管他们那时尚未开化,文字系统也简陋而不健全,但他们的《十二表法》(Tabulae XII)却是刻在铜板上的。即使他们的城市被高卢人攻占和焚毁,但晚些时候,人们再度找到了那些铜板,并发现它们完好无损。所以说,一丝不苟的谨慎能够战胜人类事务中最大的两股力量:时间的漫长和机运的无情捉弄。然而,关于赠予帝国一事,君士坦丁却只是用墨水写在纸草上吗?这个编故事的人——无论他是什么人——无异于声称君士坦丁相信将来一定不会缺乏某些渎神的贪婪之人妄图废止此份赠礼。君士坦丁,你不担心吗?可你为何无所作为?那些人既

---

① 【普注】参见《达尼尔》6:5—29。当大流士意识到达尼尔凭借对天主的信仰得以从狮子圈中获救时,他便发现了真理。同时参见《厄斯德拉上》4—6。尽管众人的观点各异,国王仍然决定继续修建天主殿宇。

然可以从西尔维斯特手中夺走罗马,难道不会将这份文书一道抢去吗?而西尔维斯特,他为何也无所作为?他让君士坦丁完成一切,自己则在这件大事上显得疏忽而懈怠?莫非他丝毫不顾及自身,不顾及自己的教会及其后继者?瞧瞧你究竟将管辖罗马帝国的重任交予了何人?在此等关乎重大利益和危险的至关重要的事件之中,他居然还在安睡?一旦那张写有特权的轻飘飘的文书消失不见,赠礼便会失去其效力,其有效性再也无法在后世得到证实。

十一

(三十八)

那个疯狂之人将其称为《特权篇章》(*Pagina privilegii*)。你(我愿想象那人正在我面前,好对他展开攻击)认为"赠予世界"是一种"特权"(*privilegium*)吗?你称那份赠予是写在一个"篇章"(*pagina*)①里的,且君士坦丁会使用此种语体?倘若连标题都是荒唐的,更遑论其他?"君士坦丁皇帝在接受洗礼的第四天向罗马教宗授予了一项特权,以便罗马世界里的所有教士都视教宗为首领,如同所有法官都要听命于国王。"②上述内容出现在有关西尔维斯特教宗的生平里,所以说,"特权"一词的出处确实是无可置疑的。然而,如同编造谎言的人惯常所做的那样,这一声明同样以事实开篇,以便让后续的谎言具有可信度。这

---

① 【译注】原文 pagina。拉丁文中的 pagina 一词可指"页面",也可指"篇章"。瓦拉认为对于如此重要的文件而言,pagina 一词的分量是不够的。

② 【鲍注】参见帕莱阿针对 Gratianus, *Decretum*, parte I, dist. xcvi, cap. 14 添加的部分。【普注】从此处起,作者开始就《君士坦丁诏令》展开文本分析。

就好比维吉尔笔下的希农:"他说:'陛下,不管后果怎样,我将把全部真实情况对你讲出来,我也不否认我是希腊族的人,这是我首先要说的'。"①随后,谎言就接踵而至了。在用真话开了个头以后,我们的"希农"继续补充道:"在诸多内容中,可以读到:'朕与所有萨特拉普、整个元老院、贵人派②和全体臣服于罗马教会的人民一致认为以下做法是有益的:鉴于有福的伯多禄被认定为天主在人间的代表,那么作为众宗徒的领袖,诸位教宗也应在取得朕及朕的帝国的赐予的前提下,获得比朕平静的尘世帝国所具有的宽厚性更为广泛的至尊权力'。"

(三十九)

噢!你这卑鄙的恶棍,就在你引以为据的同一部史料里,我们尚且可以读到,在相当长一段时期里,元老院中无人愿意接受基督教,为了鼓励贫民接受洗礼,君士坦丁甚至还要许以钱财。可你却说就在最初的那些时日里,整个元老院以及贵人派和一众萨特拉普居然与皇帝一道宣称他们对罗马教会的崇敬——仿佛他们早就已经成了基督徒。你是出于何种动机才将萨特拉普这一群体拉了进来呢?③ 噢,你这"木头

---

① 【普注】Vergilius, *Aeneis*, II, 77 - 79。

② 【译注】贵人派(optimates)指古罗马贵族中的"精英派"。在古罗马共和国时期,贵族和平民之间存在尖锐的矛盾。在此过程中,贵族内部逐渐分化为"平民派"和"贵人派"两大阵营:前者主张通过迎合平民的某些需求来维护自身的统治地位,后者则希望通过强化贵族元老院的权威来加强自身的统治权力。"平民派"和"贵人派"的分歧主要体现在政治策略的不同,二者的政治目标并无根本差异。

③ 【鲍注】这是整篇《赠礼》文本中最具破坏性的年代倒错之一。直到 8 世纪中叶,satrap 一词才被用来指罗马的高级官员。参见 Wolfgang Gericke, "Wann entstand die Konstantinische Schenkung", *Zeitschrift der Savigny - Stiftung für Rechtsgeschichte*, 43 (1957), 1 - 88, especially p. 8。同时参见 Wolfram Brandes, "The Satraps of Constantine", in Johannes Fried, *Donation of Constantine* and *Constitutum Constantini*, 2007。

杆子",你这"木头块"!① 难道皇帝是这样说话的吗？难道古罗马帝国的政令是这样撰写的吗？有谁在古罗马人的议事会里听闻提及过所谓"萨特拉普"吗？我不曾记得读到过任何罗马人或罗马帝国行省的人被任命为萨特拉普。可是，这个家伙居然提到了皇帝的萨特拉普，且将其置于元老院之前。然而，所有的荣誉，包括王公贵族的荣誉，都是由元老院颁令授予，或是元老院会同罗马人民共同颁令授予的。正因如此，我们才会在古代石碑、铜板或钱币上看到"SC"这两个字母——意为"根据元老院之决议"（senatus consulto）或"SPQR"这四个字母——意为"元老院与罗马人民"（senatus populusque Romanus）。据德尔图良（Tertullianus）记载，（由于地方官员通常应将重要的情况向元老院汇报，）当本丢·彼拉多（Pontius Pilatus）绕过元老院直接致信身为皇帝的提比略（Tiberius），向他汇报基督的神迹时，元老院怒不可遏，认为其尊严遭到了侵犯。为了表示无声的愤慨，他们反对提比略皇帝关于将耶稣奉为神灵的提议，且最终达到了阻止基督被奉为神灵的目的。如此，你便知道元老院的权威是何等重要了。

（四十）

你使用"贵人派"一词，又是为何呢？你所谓的"贵人派"，指的是国家的中坚力量（不过，为什么只提到了他们，却对帝国的其他行政官员只字不提？）还是那些与专门迎合民众意愿的平民派不一样的群体？其实，正如西塞罗在他的一篇演说辞中所展示的那样，就算是平民派也

---

① 【普注】关于使用"木头杆子"（caudex）和"木头块"（stipes）比喻愚蠢的人，参见 Terentius, Heautontimorumenos, V, 877。

是贵族公民和贵族党派的鼓吹者和捍卫者。所以，在共和国被摧毁以前，我们说恺撒是平民派，而小加图则是贵人派，关于两人之间的差异，撒路斯提乌斯已经解释过了。① 但这并不意味着议事会里的贵人派在数量上超过平民派和其他享有适当地位的群体。不过，倘若全体人民果真能够如此人所说，与元老院和皇帝一道共商国是，那么要说贵人派也参与其中，又有什么值得惊讶的呢？你说这些人民"臣服于罗马教会"，敢问这是哪里的人民？难道不是罗马人民吗？既然如此，为什么不说"罗马人民"，却要说"臣服的人民"呢？这一新添的对"奎利泰斯"的冒犯是何等不可容忍！当年，那位最杰出的诗人曾这样歌颂罗马人民："哦，罗马人，你记住，你将用你的权威统治万国。"② 一个要统治万国的民族却被称为"臣服的人民"，这简直是闻所未闻了。关于这一点，额我略一世曾在许多书信中表示，罗马的君主不同于其他君主，因他是唯一一个自由民族的君王。好吧，就算你所言非虚，那么，难道其他那些民族不是臣服之民吗？噢，你脑子里还有没有其他民族？可所有臣服于罗马教会的人民如何能在三天之内就拿到那份诏令？底层的民众有没有发表过自己的看法？试问，在号令自己的人民服从罗马教宗的统治以前，君士坦丁如何能称他们为"臣服的人民"？试问，那些自称"臣服的人民"的人，怎可能参与制定那项诏令？你们怎能说君士坦丁一面称他们为"臣服的人民"，一面又说是他自己收服了那些早已臣服于他的人？你这卑鄙小人，此举除了能够暴露你确有骗人的念头而无骗人

---

① 【普注】在《喀提林阴谋》(*De Coniuratione Catiline*) 中，撒路斯提乌斯通过两幅著名的肖像描绘，指出了小加图 (Cato) 和恺撒之间在政治上的差别——尽管就高贵程度而言，两者并无高下之分。参见 Sallustius, *De Coniuratione Catiline*, 54。

② 【普注】Vergilius, *Aeneis*, VI, 851。

的本事,还能起到什么作用?

十二

(四十一)

"选众宗徒之首或其诸位代理人前去担当朕在天主面前的忠实的代言人。如同朕所享的尘世帝国权力,朕裁定要毕恭毕敬地尊崇神圣的罗马教会,高度赞颂有福的伯多禄所在的无上圣地的超越帝国和世俗王座的荣耀,授予其帝国的权力、荣耀、尊严、力量以及荣誉。"拉克坦提乌斯(Firmianus Lactantius)①,快起死回生吧!活过来一会儿就行,只求你让这头粗俗可怕、大放厥词的驴子闭嘴就好。那家伙对自己的夸夸其谈很是自鸣得意,反反复复,颠来倒去地说。难道在你生活的年代,皇帝的书吏是这样说话的吗?就算是马倌也不会如此吧?君士坦丁不是选代言人(patronos),而是选那些人"前去担当"(esse)代言人;那家伙为了制造更为和谐的韵律,便加了"前去担当"一词。这真是言语野蛮者的绝佳理由:以为只要在粗鄙的话语中添上些许优雅的元素,就能让整篇文字显得高雅起来。"选众宗徒之首或其诸位代理人"(Eligentes principem apostolorum vel eius vicarios):这样说来,你并非首先选了圣伯多禄,在他之后选了其代理人,而是选择前者并排除后者或选择后者并排除前者?此外,那家伙还将诸位罗马教宗称作"伯多

---

① 【鲍注】《迫害者之死》(De mortibus persecutorum)是拉克坦提乌斯的代表作。瓦拉非常欣赏拉克坦提乌斯的才华。

禄的代理人"（eius vicarios），仿佛伯多禄还活着，又或者说其他教宗的尊严要逊于伯多禄。

（四十二）

难道"朕和朕的帝国"（a nobis nostroque imperio）这一说法就不野蛮了吗？仿佛帝国不仅有意识，还有赐予的权力。那家伙觉得光说"取得"（optineant）还不过瘾，又加上了"取得……赐予"（concessam），其实，二者取其一就足够了。至于"忠实的代言人"（firmos patronos），这一表述简直出奇地文雅。自然，那家伙希望诸位代言人能够做到忠实，富贵不能淫，威武不能屈。说到"尘世帝国权力"（terrena imperialis potentia）："尘世的"和"帝国的"这两个形容词之间竟然缺少连接词。再看这句"毕恭毕敬地尊崇"（venerante honorare）和"朕平静的尘世帝国所具有的宽厚性"，在谈论帝国的实力时，那家伙用的是"平静"（serenitas）和"宽厚"（mansuetudo），而非"广袤"（amplitudo）和"威严"（maiestas），听起来倒还真有拉克坦提乌斯的雄辩味道。那浮夸的傲慢令他膨胀，且看那句通过"帝国的统治权、荣光、尊严，以及力量和荣誉。"（gloriam et potestatem et dignitatem et vigorem et honorificentiam imperialem）以"高度颂扬……荣耀"（gloriose exaltari），此语貌似来自《默示录》（Apocalypsis）："被宰杀的羔羊堪享权能、富裕、智慧、勇毅、尊威、光荣和赞颂。"在那家伙的笔下，君士坦丁常常被表现为一个妄图与天主齐名的人，总想模仿他从未读过的《圣经》的语气——这一点将在后续文本中体现得更为明显。

十三

（四十三）

"另外，朕裁定使他的权威生效，不仅是相对于亚历山德里亚、安塔基亚、耶路撒冷和君士坦丁堡四大教区的权威，而且是相对于整个地球所有以天主为信仰的教会的权威。一直以来以神圣罗马教会领袖身份露面的教宗也将以更崇高和权威的形象呈现，成为属于全世界所有教士们的统领者①。众人应依照他的裁决行事，以谋求对天主的崇拜及基督教徒的信仰或稳定。"我暂且不谈论此段文字在语言上的粗鄙——把"教士们的统领者"写成"princeps sacerdotibus"，而不是"sacerdotum"。② 在同一句话里，"露面"和"呈现"使用了语态、时态不同的词形（extiterit, existat）；在说完"整个地球"（in universo orbe terrarum）后，又添上了"全世界"（totius mundi）这一说法，貌似要把什么其他的部分，或是把本就属于世界的天国也囊括进来。然而，这世界上的相当一大部分地方都并不归罗马统治。且来看看这句谋求"基督教徒的信仰或稳定"（fidem christianorum vel stabilitatem procurandam），那家伙将这两件事情分而论之，仿佛它们原本是不可能共存的。此外，他将"裁定"（decernere）和"使生效"（sancire）两个动词混用在一块：他先

---

① 【鲍注】瓦拉使用了 princeps 一词。该词尽管在此处被译为"领袖"，但也可以指古代的"帝王"。在文艺复兴时期，该词可以用来描述各种类型的统治者。

② 【译注】瓦拉认为，此处应使用"教士"（sacerdos）的属格形式 sacerdotum，而非夺格形式 sacerdotibus。

是让君士坦丁"裁定",仿佛君士坦丁事先并没有与人商量就自己做了决定;而后他又让君士坦丁"使其生效",像施加某种刑罚一样,且在这件事情上,还是与民众一起来"使其生效"。试问哪个基督教徒能忍受这样的裁定,对于忍受并欣然聆听和宣读这一裁定的教宗,哪个教徒不会像监察官那样,对此严正责罚?一个基督教徒难道可以忍受此类传闻,说罗马教会尽管已经获得了基督确认的领袖地位(据格拉提安和许多希腊人所证,第八届大公会议已经宣布了此事),还要倚仗刚刚皈依基督教的君士坦丁的首肯,仿佛君士坦丁堪比基督?难道那位谦恭之至的君主说得出口,而那位慈悲之至的教宗又听得下去吗?他们两者都绝不可能犯下如此严重的渎神之举!

(四十四)

更为荒唐且与万事万物的自然法则完全相悖的一点在于:那家伙怎么能将其中一大教区称为"君士坦丁堡"(Costantinopolis)呢?彼时,那里尚且既不是宗主教区,也不是普通教区;既不是一座信奉基督教的城市,也不叫这个名字;那里不是尚未建城,而是君士坦丁尚未决定要在那里建城!事实上,既然此项特权是在君士坦丁皈依基督教后的第三天颁布的,那么当时那里仍叫拜占庭,而非君士坦丁堡。倘若那蠢货连这一点也不承认,还不如说我自己才是说谎者。事实上,他在《特权篇章》的末尾处这样写道:"相应地,朕已经认定将朕的帝国和朕的君权迁移至东部地区是相宜之举,在拜占庭行省的一处绝佳之地建城,以朕的名字命名,在那里建立朕的帝国。"即使君士坦丁有意将帝国迁往别处,当时他也尚未迁走;即使他有意在那里建立帝国,当时他仍尚未在那里建国;同理,即使他有意修造一座城市,当时那座城市也尚未建立。所以说,他不可能提到宗主教区,(或)提到四大教区之一,(或)提到基督教城市,(或)提到一个如此命名的城市,(或)提到已经建成的城市,(或)提到应该建这样的城市——正如被帕莱阿引为证据的史料记载的那样,他也从来没这样考虑过。这傻瓜(不管是帕莱阿,还是帕莱阿追随的什么其他人)居然没有看出自己所说的内容与他引用的史料并不相符:史料里说,君士坦丁的确宣告要建一座城,但那并非出于自发的想法,而是因为在梦里受到了天主的警示;当时的他并非身处罗马,而是身处拜占庭;且他并非在短短几天之间,而是在数年之后才宣称要建造新城,并按照梦里获得的启示,用自己的名字为那座城命名。① 所以说,还有谁看不出这位《特权篇章》的撰写者的生活年代要远远晚于君士坦丁时期。那人想把他的谎话编得像真的一样,但他自己先前所说的话却出卖了他——他曾说该特权是由君士坦丁在接受洗礼的三天后在罗马颁布的。那句老生常谈的谚语——"说谎者得有好记性"②——用在他身上是再合适不过了。他为何要用"拜占庭行省"(Byzantiam provinciam)这一表述呢? 当时,那里只是一座名为拜占庭的小镇,地方小得无论如何都容不下一座规模如此庞大的城市。事实上,昔日的那个拜占庭是被环绕在君士坦丁堡的城墙之内的,但那家伙却说君士坦丁堡应建立在拜占庭行省里的一块绝佳之地(optimo loco)上。另外,他又是出于何种动机称拜占庭所在的色雷斯位于东方? 它明明靠

---

① 【普注】参见 *Catalogus codicum hagiographicorum bibliothecae regiae Bruxellensis*, vol I, 1886, pp. 119 - 120。该书中关于西尔维斯特的传说里描述了这一事件。

② 【普注】参见 Quintilianus, *Istitutio oratoria*, IV, 2, 91。

近阿奎罗风(aquilonem)①吹来的方向。我猜,君士坦丁对自己选择修建新城的地方根本没有概念,既不知道它位于哪一片天空之下,也不知道那里究竟是一座城市还是一座行省,面积究竟有多大。

十四

(四十五)

"朕已经向供奉有福的宗徒伯多禄和保禄的教堂赐予了占有的地产,确保其烛火长明。朕也已为其增添了多种物品。根据朕的神圣的帝国法令,朕还凭借慷慨之心向这些教堂赠予了东部的土地——其面积不亚于西部的赠予地区,朕甚至还赠予了北部和南部的地区,覆盖犹地亚、希腊、亚细亚、色雷斯、阿非利加和意大利,甚至包括诸多岛屿,前提条件是上述一切都应受朕最有福的父、教宗西尔维斯特及其继任者的支配。"噢,你这该死的无赖,居然说罗马有供奉伯多禄和保禄的"教堂"(ecclesie),也就是庙宇?那都是什么人修建的教堂?谁胆敢修建这样的教堂?历史告诉我们,基督教徒的聚会都是在一些僻静而隐蔽的场所进行的。② 这就说明,即使古罗马的确曾有一些供奉上述宗徒的神庙,也不会烛火通明。因为那只是小小的圣龛,而非高大的圣殿;只是礼拜堂,而非庙宇;只是私宅里的祈祷室,而非公开的神圣建筑。所

---

① 【译注】即从北方吹来的冷风。
② 【普注】参见 Boninus Mombritius, *Sanctuarium sive vitae sanctorum*, vol. II, p. 511, rr. 33–44。关于早期基督教徒在私宅里进行集会的情况,参见 Ambrogio Donini, *Storia del Cristianesimo dalle origini a Giustiniano*, 1975, p. 209。

以说,在连庙宇都不存在的年代,是无需为庙宇里的烛火思前想后的。至于你让君士坦丁称伯多禄和保禄为"有福的"(beatos),却称西尔维斯特为"最有福的"(beatissimum),甚至还称尚且在世的君士坦丁的法令是"神圣的"(sacram),又是出于何种居心呢?就在不久以前,君士坦丁还只是一个异教徒!再说,就为了让教堂里的烛火长明,用得着把整个世界折腾个底朝天吗?

(四十六)

这些"地产"(predia),尤其是所谓的"占有的地产"(possessionum predia)是指什么呢?我们通常说"对地产的占有"(prediorum possessiones),而不是"占有的地产"(possessionum predia)。你说要赐予"产业",却没能说明是何种"产业"。你说增添了"不少物品"(diversis rebus),却没有交代是何时添加的以及具体添加了哪些物品。你想让世界上的那些地区(plagas)接受西尔维斯特的支配(disponi),却没有解释该如何支配。这些东西你早就赐予了。而你为何要说此刻开始尊崇教会,赐予其特权呢?既然是今日赐予特权,今日给予财富,又何来的"已经赐予"(concessimus)和"已经添加"(ditavimus)呢?你这畜生,说的都是些什么话?你的脑子里想的都是些什么东西?需要说明的是,我的这番话是针对编造谎言的人说的,与居功至伟的君士坦丁皇帝不相干。

然而,对于你这样一个毫无天赋也不精通文字的人,我又何苦在你身上寻找什么严谨,寻找什么学问呢?你居然把意为"烛火"的 luminarium 写成了 luminariorum,把意为"迁往东部地区"的 ad orientales transferri regiones 写成了 orientalibus transferri regionibus。

（四十七）

再者,那四个"地区"是指什么？你认为哪个是"东部"地区？难道是色雷斯？可正如我先前指出的,色雷斯在北面。或者是犹地亚？但犹地亚离埃及很近,其实更靠南面。同理,哪里又是你所说的"西部"呢？莫非是意大利？可是,事情就发生在意大利,没有任何人身在意大利还会称意大利是西部地区,只会说西班牙是位于意大利西边的。至于意大利,它一头向南延伸,另一头则是向北,而非向西延伸。说到"北部",究竟是指哪里？是色雷斯吗？可你自己又说,色雷斯是位于东部的。难道是亚细亚？不过亚细亚已经包括了整个东部,且与欧罗巴共同拥有北部。还有所谓"南部"又是哪里？一定是阿非利加吧？可你为什么没有提及某些行省的名字？——至少也该提到埃塞俄比亚人已经处于罗马帝国的统治之下了。无论如何,当我们将地球划分为四大地区,并一一列举那些行省的名称时,亚细亚和阿非利加都不应被列入其中。只有我们将世界分为三大部分的时候,才会说到亚细亚、阿非利加和欧罗巴。除非你所说的"亚细亚"是亚细亚行省,"阿非利加"是盖图利人所在的阿非利加行省——尽管我看不出这些地区为何值得单独一提。当君士坦丁检阅世界的四大地区时,他难道会这样说话吗？他难道只会提及这些地区,而不提及其他地区？他难道会首先提到犹地亚地区？那个地方被认为是叙利亚的一部分,自耶路撒冷被摧毁后,也就不叫犹地亚了(因为犹太人已经被驱逐,几近灭种,我认为,留在故土的人寥寥无几,大部分人都流落他乡)。这样说来,所谓的"犹地亚"究竟是指何处呢？原先的那片土地已不再叫"犹地亚"；今天，这个地名已经消失了。这就好比在迦南人遭到驱逐后，那片地区便不再叫迦南，而是被新来的居民改称为犹地亚；在犹太人遭到驱逐，新的外来人口迁入后，那片地区也就不再被称为犹地亚了。你提到了"犹地亚""色雷斯"和"诸多岛屿"，却认为西班牙、高卢以及日耳曼人的领地不值一提。尽管你提及了不少讲其他语言的族群——如讲希伯来语、希腊语和其他蛮族语言的，却没有提到任何使用拉丁文的行省。我看得出来，你在此处不提上述行省，为的是在后文中将它们拉进来。难道说如此多的西部行省尚不足以让教堂的烛火长明，还要让世界其他地区施以援手？至于你说上述恩赐都是出于"慷慨之心"（largitatem）而施予的，而不是像那些人所说，是为了报答教宗治愈麻风病的恩情，我不作更多评论；不过，若将"酬劳"视为"赠礼"，那也确实是厚颜无耻了。

十五

（四十八）

"朕要立即向他的代理人——有福的西尔维斯特——授予：朕的帝国的拉特兰宫——那是最得朕欢喜的，超越了其他宫殿的皇宫；御冕，即我们领袖的王冠，还有弗里几亚帽以及披带（一种通常环绕在帝王颈部的带子）；还有紫红色外氅、紫红色短袍、所有皇家服饰或符合帝国骑兵战队将领级别的排场；在授予他那些帝皇权杖的同时，朕还将授予他所有的希尼亚、徽章和各类皇家装饰物、最高级别的皇家仪仗和代表朕权力的荣耀。朕规定,无论级别如何,只要是服务于神圣罗马教会的极为令人景仰的神职人员,都将拥有至高的超凡权力和卓越的地位——一如朕尊贵的元老院,貌似被荣耀装点,也就是说元老院成员将被擢升为勋贵或推举为执政官。朕已经宣布,神职人员将饰以其他所有的皇家体面。鉴于皇家士兵是被装点得气派非凡,朕已经宣告神圣罗马教会的神职人员也应被装饰。同理,鉴于皇家权力被各种各样的职位——内侍、看门人和所有的姘头执掌,朕裁定神圣的罗马教会也有同样配备。为了使教会的荣光以最闪亮的方式熠熠生辉,朕还裁定神圣罗马教会的神圣神职人员应骑坐骑,马用洁白无瑕的马派巾和亚麻布装饰。如同元老,他们把以洁白的亚麻制成的毡鞋穿在脚上,以此来彰显身份。如此,天国中的事物便与尘世间的事物一样被装饰,以表对天主的赞美。"

(四十九)

噢,神圣的耶稣,你难道不会以旋风般的猛烈方式回答这个错句连篇的家伙吗?你不会发出雷鸣吗?对于如此严重的毁谤,你不会投射报复的闪电吗?你难道可以对发生在自己家中的如此臭名昭著之事置之不理?你能听到这番话,看到这番举动,却在如此长的时间里视而不见?你可真是"良善又慈悲"①。但我担心你的长期忍耐本就是一种愤怒和责难,就好比你对那些人说出的那番话:"我就听凭他们的心灵顽硬,让他们随自己的私意而行"②;以及"他们既不肯认真地认识我,天主

---

① 【普注】参见《圣咏集》85(86):15。
② 【普注】参见《圣咏集》80(81):13。

也就任凭他们陷于邪恶的心思,去行不正当的事"①。噢,天主,请您授命于我,让我朝他们怒吼,或许能让他们回心转意。噢,罗马的诸位教宗,你们是其他教宗的十恶不赦的典范!噢,你们是最不诚实的"经师和法利塞人",坐在"梅瑟的讲座上"②,行达堂(Dathan)和阿彼兰(Abiron)的叛逆之举。皇帝的服装、仪仗、骑兵队伍的排场,乃至他的整个生活方式,难道可堪与基督的代理人相较吗?教士与皇帝之间有何一致性可言?难道西尔维斯特会穿那些衣服?难道他会安排那样的仪仗耀武扬威?难道他会在一群前呼后拥的奴仆中生活和统治?这群恬不知耻的人,竟不知西尔维斯特穿的应是天主的大祭司——亚郎的服装,而不是异教君主的皇袍。

(五十)

关于上述论题,我自会在别处进行更为深入的探讨。此刻,我们来与这位诽谤者来谈谈他的语言中的不规范现象:是他愚蠢的语言令他无耻的谎言暴露无遗。

他说:"授予"(tradimus)"朕的帝国的拉特兰宫"(palatium imperii nostril Lateranense)。这句话似乎是放错了地方——因为接下来的内容是关于赐予罗马教会的一系列装饰物的。在后文中,他将在细数赠礼的部分再次重提这座宫殿。随后,他说到了"御冕"(diadema),还添了一句解释"即王冠"(videlicet coronam),好像在场的人没见过御冕为何物似的。事实上,他在此处还没有加上"金质"(ex auro)一词。

---

① 【普注】参见《罗马人书》1:28。
② 【普注】参见《玛窦福音》23:2。

不过,在下文里,他便会加上这些说明,称那御冕是"用极纯的黄金和珍贵宝石"(ex auro purissimo et gemmis pretiosis)打造的。真是个不懂行的家伙,他竟不知道教冕是用布料或丝绸制作的。以下便是人们常常说起的那则关于那位明智的国王的故事:"在戴上那顶授予他的御冕以前,他拿着它思虑良久,说:'噢,你这块布,看起来高贵,却不太吉利!倘若人们真正知晓你蕴含着多少焦虑、危险和悲伤,即使见到你躺在地上也不会想要将你拾起。"①然而,那家伙认为王冠只可能是黄金做的,正如当今诸王常常佩戴的饰有宝石的环形黄金冠。但君士坦丁不是国王,他既不敢被称为国王,也不敢以国王的方式打扮自己。他是罗马人的元帅(imperator),而非国王。有国王的地方就没有共和国,但在共和国里却可以同时存在许多元帅。事实上,西塞罗常常这样写道:"马库斯·西塞罗元帅""问候"这位或那位"元帅",②直到晚些时候,罗马的君王才变成所有人的统治者,使用"皇帝"(imperator)这一专属称呼。③

(五十一)

"同时还有弗里几亚帽以及披带(一种通常环绕在帝王颈部的带子)"(Simulque phrygium necnon superhumerale, videlicet lorum,

---

① 【鲍注】参见 Valerius Maximus, *Factorum ac dictorum memorabilium libri IX*, VII 2. ext. 5。

② 【普注】参见 Cicero, *Epistulae ad Atticum*, IX, 11, A。

③ 【译注】罗马帝国最高统治者的称谓及其汉译方式是一个复杂的问题。在共和前期,受命出征的军事指挥官被称为"imperator"(大致相当于元帅),凯旋仪式结束后便不得继续使用;后来,其使用限制放宽,成为一些拥有军功之人长期持有的荣誉称号。进入元首制(帝制)时期后,这一原指军事指挥官的称号逐渐成为最高统治者的专用称谓,即"皇帝"。尽管形式上仍为军官称谓,但其内涵却发生了根本转变。因此,该词的汉译方式应根据具体语境来确定。

quod imperiale circundare solet collum）。有谁听过用拉丁文 phrygium 来描述弗里几亚帽呢？你这语言粗鄙的家伙，还想让人误以为这是君士坦丁或拉克坦提乌斯时期的用语吗？普劳图斯（Plautus）在《孪生兄弟》（*Menechmi*）里使用 phrygionem 一词表示服装刺绣工，老普林尼（Plinius）则将绣花长袍称为 phrygionas——因为它们是由弗里几亚人发明的。phrygium 一词究竟是什么意思？由于它的意思不确定，你没能对其作出解释，而是转而去解释另外一个显而易见的词。你说"披带"（superhumerale）是一种"带子"（lorum），但你却不明白何为 lorum。因为你没有意识到，给皇帝的脖颈上缠上一根皮带作装饰，那才叫作 lorum。我们把辔头和马鞭统称为 lora［马具］，因为它们是皮质的。① 所以，若说是金色的"带子"，那便只能是人们常常套在马匹或其他牲口脖颈处的辔头——无非是包了金而已。依我看，你忽略了这一点，当你写到围绕在皇帝或西尔维斯特脖子上的"带子"时，便是把人，把皇帝，把教宗当成了一匹马或一头驴。

十六

（五十二）

"还有紫红色外氅、紫红色短袍"（Verum et chlamydem purpuream atque tunicam coccineam）：由于玛窦（Mattheus）提到了"紫红色的外氅"（chlamydem coccineam），若望（Ioannes）提到了"紫红

---

① 【译注】在拉丁文中，单数形式的 lorum 意为"装饰物"，复数 lora 可指"马具"。

袍"(vestem purpuream),你便想将这两处描述放在同一句话里。可是,既然两位福音书作者都表明上述两个词汇表明的是同一种颜色,你为何不满足于他们的方式,只用其中的一个词呢?除非你(像如今那些白痴一样)认为 purpura 是指一种白色的丝质面料。可 purpura 其实是指一种鱼,其血液可以用来给羊毛染色,正因如此,这一名词后来被用于形容经过此种染色处理,可被称之为某种红色的面料,尽管这种红色有些发暗,接近"凝血"(sanguinis concreti)的颜色,几乎成了紫色。正因如此,鲜血(sanguis)被荷马和维吉尔形容为"紫红色",斑岩(marmor porphyricam)的色彩十分接近紫水晶,也呈现出紫红色。事实上,希腊人称紫红色为斑岩色(porphyram)。或许你并非不知道 coccineum[猩红色]可表红色之意,但你为何要用 coccineum,而不是我们所说的 coccum 呢?另外,"外氅"(chlamys)是什么样的服装?我敢发誓你一无所知。不过,为了不在具体的服饰品类上过多详述,以免暴露自己在说谎,他便以"所有皇家服饰"(omnia imperialia indumenta)一言蔽之。可究竟是哪些皇家服饰呢?那些在打仗、狩猎、宴饮和戏耍时的服装也算吗?将皇帝穿的所有服饰献给教宗,还有比这更愚蠢的行为吗?可那家伙还添上了这句"或符合帝国骑兵战队将领级别的排场"(seu etiam dignitatem imperialium presidentium equitum)。简直妙不可言!他使用了"或"(seu)这个字眼,意在将前者与后者彼此区分开来,仿佛它们之间原本是十分相似的。他通过一番不知所谓的话,将话题由帝王服饰转移至骑兵排场。此人既想说出点精彩言论,又害怕谎言被人拆穿,于是他鼓起了腮帮,憋粗了嗓子,"出了声,但毫无意义"①。

---

① 【普注】Vergilius, *Aeneis*, X, 640.

（五十三）

"在授予他那些帝皇权杖的同时"（conferentes etiam ei imperialia sceptra）：这是何种语言结构！何其高雅！何其平衡！"那些帝皇权杖"（imperialia sceptra）究竟是哪些帝皇权杖？皇家权杖只有一柄，没有好些。再者，即使皇帝确实执掌权杖，难道教宗手里也要执掌权杖吗？我们为何不干脆给他一把大刀、一幅盔甲和一杆长矛？"朕还将授予他所有的希尼亚、徽章"（simulque cuncta signa atque banna）：你所说的"希尼亚"（signa）是什么东西？所谓希尼亚，要么是指塑像——所以我们常常读到"塑像和木板"（signa et tabulas）①，即雕塑和画像（鉴于古人不是在墙上作画，而是在木板上作画），要么是指旗帜——所以才会有"旗帜以及与之相配的鹰的徽章"（signa, pares aquilas）这样的表述。若取第一重含义，便应将那些小的塑像或雕塑称为"装饰摆设"（小标志物）。这么说来，莫非君士坦丁是将自己的塑像或旗帜给了西尔维斯特？还有比这更荒诞的事吗？至于"徽章"（banna），我不知道他所指的究竟是什么。让天主派你去见鬼吧！你这穷凶极恶之人，竟敢将如此粗鄙的语言用于那个文化昌明的时代。说到"各类皇家装饰物"（diversa ornamenta imperialia），那家伙认为已经提到了"徽章"，表述得足够清晰，便打算将剩下的内容全都塞进一句笼而统之的话里。他用了多少个"皇帝/大元帅"（imperialia），仿佛某些装饰只适用于"皇帝/大元帅"，而非执政官、独裁者和恺撒。

---

① 【普注】参见 Sallustius, *De Coniuratione Catiline*, 11。

（五十四·上）

再看这句"最高级别的皇家仪仗和代表朕权力的荣耀"：这位要么不说话，开口必得用复数的"王中之王、神灵亲眷——大流士"①果然"抛出了浮夸的语句和长度为一尺半的超长词汇"②。这所谓的"皇家仪仗"（processio imperialis）是指什么呢？是在草丛间被扭弯，只好朝肚子里面生长的黄瓜吗？你以为皇帝每每出家门都要摆出凯旋的阵势吗？这倒是当今教宗的做派：前方是装备齐全的白马，身旁簇拥着奴仆。③ 其他细微琐事姑且不论，于一位罗马教宗而言，这是与其身份最不相宜的行为。此外，"荣耀"（gloria）又是什么意思？一个操拉丁语的人难道会用 gloria 一词来形容"豪华"——好比在希伯来语里，用这个词形容阵仗和排场吗？还有，那家伙用的是从犹太人那里借过来的 militia 一词，而非 milites 来指"士兵"，可那些犹太人的书籍，无论是君士坦丁还是他的书吏，都是见也没见过的。

（五十四·下）

皇帝，你的慷慨之心的确是太伟大了，认为光是装饰教宗还不够，必得装饰整个教士阶层。通过拥有"至高的超凡权力和卓越的地位"，你便说"元老院成员将被擢升为勋贵或推举为执政官"（effici patricios

---

① 【普注】参见 Iulius Valerius, *Res Gestae Alexandri Magni*, I, 37。

② 【普注】参见 Horatius, *Ars poetica*, 97。

③ 【普注】关于文艺复兴时期——尤其是安日纳四世担任教宗期间——罗马教会的隆重仪仗，参见 Pio Paschini, *Roma nel Rinascimento*, Bologna, 1940, p. 141 e pp. 152 - 153。同时参见 Carlo Galassi Paluzzi, *La Basilica di San Pietro*, Bologna, 1975, p. 348。在该书的第 165 页，作者展示了菲拉雷特（Filarete）于 1445 年应安日纳四世之委托在青铜门板上的雕刻的画面的复制图像，其中描绘了一次凯旋的场景，教宗的仪仗混合了宗教元素和世俗元素。

consules)。有谁听说过元老或其他人会"被擢升为"勋贵？只有某人"被推举为"执政官的道理，但勋贵身份却并不是这么回事。有的勋贵来自贵族家庭——鉴于"元老"(senator)即为"征召来的父老"，因此，这类家族也被称为元老家族，也有的勋贵来自骑士家族甚至是平民家族。另外，身为元老可比身为贵族重要，因为元老是共和国挑选出的议事会成员之一，而贵族——说句实话——不过意味着具备元老家族的出身而已。所以说，身为元老或元老院成员并不等同于具有勋贵身份。在我看来，如今的罗马人称他们的裁判官(pretor)为"元老"是很可笑的。元老院不是一个人构成的，一个元老必然有其同僚。如今被称为"元老"的人履行的实际上是裁判官之职。不过，你要回答说，许多书都提到了勋贵这一头衔。这我当然了解，不过，那些都是谈论后君士坦丁统治时期的书籍。所以说，这一特权篇章肯定是在君士坦丁的统治结束以后才出现的。再有，难道神职人员可以变成执政官吗？拉丁世界的神职人员禁止自己结婚，难道会允许自己变成执政官？难道会成为兵士，与罗马兵团和后备军一道，按照抽签结果前往各个行省？难道教士和仆从会成为执政官——且不是惯例规定的两名执政官，而是成百上千名执政官？服务于罗马教会的教士难道会被授予元帅的头衔？或许是我孤陋寡闻，才会对教宗被授衔之事感到大惊小怪吧。教士将成为元帅，其他神职人员变成了兵士：神职人员是真的变成了兵士，还是只不过佩戴了兵士的装饰？你若不是打算将"皇帝/大元帅的装饰"(imperialia ornamenta)赐予所有神职人员，我便弄不懂你的意思了。试问谁人看不出这故事的编造者是想为自己争取完全的穿着自由？依我看，倘若生活在空气里的魔鬼也会戏耍，他们一定会模仿那些神职人员的奢侈、高傲和铺张，且必然从此类戏剧表演中获得极大的愉悦。

十七

（五十五）

我将斥责那家伙的什么？是他愚蠢的思想还是他愚蠢的语言？关于他的思想，诸位已经听到了；关于他的语言，他说"貌似装点"（videri adornari）元老院，仿佛元老院并非确实被装点，这还不算，他还说"装点以荣耀"（adornari gloria）；那家伙把待做之事说成已完成之事，譬如，他用的是完成式"promulgavimus"（朕已经宣布），而非现在式"promulgamus"（朕宣布）——只因前一种用法听起来更加顺耳；在谈论同一件事时，他一会儿用现在时，一会儿用过去时，譬如："朕裁定"（decernimus）和"朕已经裁定"（decrevimus）。此段处处皆是"裁定""装饰""皇家的""帝国的""权力""荣耀"等字眼；那家伙还将"是"（est）误写为"存在"（extat）——因为"extare"有更为杰出，高人一等之义；将"也就是"（scilicet）误写为"当然是"（nempe）；将"陪同"（contubernalis）误写为"姘头"（concubitor）。所谓"姘头"是指同床共枕且发生性关系之人，毫无疑问只能被理解为妓女。我想，那人想说的是陪同君王入睡，以免其被夜间幽灵惊扰的人。此外，那家伙还加上了"内侍"和"看门人"。他之所以要增添上述细节，并非全无用处：他是作为一位情深无比的父亲在事无巨细地为自己的儿子或年轻的新手（而非一个经验老到的人）操持，为尚处于幼年的晚辈预备好所需的一切，就好比达味（David）为撒罗满（Salomon）做的那样。

(五十六)

为了让这个编造的故事在各处都显得有血有肉，他还向神职人员赠送了骏马，免得他们像当年的基督那样骑驴出行。且这些白马身上没有"盖着"或"配备着"白色的鞍褥，而是用"白色"来"装饰"。那么究竟是采用什么物料呢？并不是巴比伦式或其他种类的毯子，而是"马派巾和亚麻布"。所谓"马派巾"（mappe），是在餐桌上使用的，亚麻布则是用于制作床品的面料。那家伙担心读者会在颜色上产生迟疑，便解释道："洁白无瑕的颜色"。这语言还真有点像君士坦丁的风格，这雄辩的才华堪比拉克坦提乌斯。这种情况别处也有，在这个段落中也有一句："骑坐骑"（equos equitent）①。尽管那家伙对元老的服饰只字未提，既没有描述其紫红色宽饰带，也没有描述其紫红色衣物及其他配饰，却想到要说一说鞋履。不过，他没有谈到"半月形饰物"（lunulas），却说起了"毡鞋"（udones）；不仅如此，他还说元老们是"把毡鞋穿在脚上"，并凭借他一贯的愚蠢作了一句解释"以洁白的亚麻制成"，好像制作毡鞋的材质是亚麻。此刻，我记不起在其他地方读到过"毡鞋"这一表述，只记得瓦列里乌斯·马提亚尔（Valerius Martialis）曾在那篇题为《毛茸茸的羊毛毡鞋》（Udones Cilicini）的对句短诗里写道："做成鞋子的并非羊毛，而是山羊臭烘烘的胡子；穿上它，脚掌可藏于齐尼佛河湾里。"②

① 【译注】瓦拉认为伪造文献的作者词汇匮乏，所以才会将同源的动词和名词并置。
② 【鲍注】Marcus Valerius Martialis, *Epigrammaton libri*, XIV, 141. 诗句中指的是用产自北非大莱普提斯地区和齐尼佛湾（Cyniphio）附近地区的羊毛制成的毛毡。在马提亚尔的文本里，这首讽喻短诗的原题为"Udones cilicii"（西里西亚的羊毛毡鞋）。后来，洛布丛书收录了马提亚尔的诗集。丛书编辑不解诗人为何将产自北非的毡鞋称为西里西亚的羊毛毡鞋。在本文里，瓦拉对该标题进行了正确的解读"Udones Cilicini"（毛茸茸的毡鞋）。

这么说来,毡鞋根本不是洁白无瑕的亚麻布制成的。关于这一点,那头两脚驴子非但不认为鞋子是用来包裹元老们的双足的,还说元老们凭借鞋子来"彰显"自己的身份。来看看这句"天国中的事物便与尘世间的事物一样被装饰,以表对天主的赞美"。你把天国看成什么?又把尘世看成什么?天国中的那些事物如何装饰?这算是何种对天主的赞美?你或许明白这种赞美会给天主带来什么,可如果人们愿意相信我,我认为无论是对于天主还是对于其他人而言,没有什么比神职人员恣意追逐俗世之物更为可憎的事情了。我为何要与这些细节一一纠缠?就算只把全文走马观花式地看上一遍——更遑论展开探讨,时间都是不够用的。

十八

(五十七)

"此外,根据朕的公告,朕要授予有福的西尔维斯特及其继任者一项比其他权力更为重要的权力,即依据自己的喜好和意志任命神职人员,让其加入虔诚的宗教神职人员的虔诚的队伍。绝对无人胆敢指责他的举止傲慢。"这位降福于亚巴郎(Abraam)族长①的默基瑟德(Melchisedech)是何许人物?刚刚成为基督教徒的君士坦丁竟然会向那个为自己洗礼的、被称作"有福者"的人授予任命神职人员的权力,仿佛西尔维斯特先前从未也无权履行过这项职责?瞧瞧他是如何威胁对

---

① 【译注】又写作 Abraham。

此表示反对之人的:"绝对无人胆敢指责他的举止傲慢。"(nullus ex omnibus presumat superbe agere)另,当他写下"任命神职人员,让其加入虔诚的宗教神职人员的虔诚的队伍"(connumerare in numero religioso religiosorum, clericare clericorum)、"根据公告"(indictu)以及"依据自己的喜好"(placatus)这些句子时,他又是何等精雕细琢。接着,他又再次回到了关于御冕的话题上来。

(五十八)

"所以朕还裁定了这一点:为了向有福的伯多禄致敬,他本人和他的继任者理应佩戴御冕,即朕从头上卸下,已经赐予他的用极纯的黄金和珍贵宝石打造的王冠。"鉴于他在对一些健忘的野蛮人说话,他再次提到了御冕,还补充说是用"极纯的黄金"(auro purissimo)打造的,以免你怀疑其中掺了黄铜或废料。在"宝石"(gemmas)之后,他还了添加形容词"珍贵的"(pretiosas),这同样是因为他担心你怀疑那些宝石是便宜货。不过,既然他用"极纯的"(purissimum)来形容黄金,为何没有用同样的方式,说那些宝石也是"极珍贵的"(pretiosissimas)的呢?事实上,一种宝石和另一种宝石之间的差异可比一种黄金与另一种黄金之间的差异更加明显。那家伙原本想说"饰以宝石"(distinctum gemmis),结果却说成了"用宝石打造"(ex gemmis)。试问有谁看不出这一表述是引自那句"以宝石的冠冕加在他的头上"[①]?——然而,这句话是那位异教徒君王根本没有读过的。皇帝真的会说出这番话吗?即便当年的皇帝会行加冕之举,他真的就会虚荣地炫耀自己的王冠吗?

---

① 【普注】参见《圣咏集》20(21):4。

另外,他真的会担心倘若自己不加以说明,别人便会认为他戴着一顶并非"用极纯的黄金和珍贵宝石打造"(ex auro purissimo et gemmis pretiosis)的王冠吗?听听他之所以说出这番话的理由:"为了向有福的伯多禄致敬。"(pro honore beati Petri)仿佛为教会充当最主要的角色的不是基督,而是伯多禄——那家伙还将在后文里重复提及这一理念。他若如此崇敬伯多禄,为何不将罗马的主教座堂献给他,而要献给施洗者若望(Ioannes Baptista)?怎么,这段错漏百出的言论难道还不足以证明这通胡言乱语并非在君士坦丁生活的年代出现的,而是在后世炮制的?

关于那句"朕裁定他们理应佩戴",那家伙用了"朕裁定他们理应佩戴"(decernimus quod uti debeant),而非正确的"朕裁定他们佩戴"(decernimus, ut utantur)。如今,那些语言粗俗的人们也惯会说出或写下类似的句子:"我命令你应当来"(iussi, quod deberes venire),而非"我命令你来"(iussi, ut venires)。还有"朕已经裁定"(decrevimus)和"朕已经赐予"(concessimus),仿佛这些都不是当时正在实行的举措,而是已在先前某个时刻完成的事情。

(五十九)

"事实上,有福的教宗本人并没有接受将黄金王冠套在教士的头顶削发圈上,他的头顶削发圈是为了彰显极有福的伯多禄的荣光。"噢,君士坦丁,你的愚蠢也太离奇古怪了!就在刚才,你还说为了向有福的伯多禄致敬,要把王冠戴到教宗的头上,此刻又说不准备这么做了,理由是西尔维斯特拒绝佩戴它。尽管你证实了他拒绝佩戴的事实,却要命令他"佩戴金冠"（aurea uti corona），并称他自己认为不该做的事，他的继任者反而应该要做。至于你将教士的头顶削发圈唤作"coronam"而非正确的"rasuram"，①将罗马教宗唤作"papa"——当时，这个词汇还没有被选定为专指教宗的名词②——我就不再多作评论了。

（六十）

"但朕用双手在他无比神圣的头顶放置了闪耀着洁白光芒，象征主辉煌复活的弗里几亚帽。为了表达对有福的伯多禄的尊崇，朕紧握马匹的缰绳，为教宗尽马夫之职。同时，朕裁定他所有的继任者都要在仪式中效仿朕的皇帝之权，各自佩戴同样的弗里几亚帽。"诸位难道不觉得这谎言的编造者并非由于粗心大意才玩忽职守，而是故意甚至是蓄意为之，这才会在所有字眼都留下被他人批驳的机会？就在同一段文字里，他一面说弗里几亚帽象征的是"主的复活"（dominica resurrection），另一面又说佩戴此帽是对"皇帝"之（imperii）权的"效仿"（imitation），这两个原因简直是南辕北辙。我要请天主作证，我找不到任何词语，任何足够强硬的词语，来抨击这个腐化至极、满嘴喷粪的恶棍。他不仅说君士坦丁的职责类似于梅瑟，依据天主之命为大祭司装扮，还

---

① 【普注】根据乔凡尼·安托纳奇（Giovanni Antonazzi）的看法，瓦拉此处对于"corona"一词的批驳过于严苛。参见 Giovanni Antonazzi, *Lorenzo Valla e la polemica sulla donazione di Costantino*, Roma, 1985, p. 96。

② 【鲍注】在早期西方教会里，"papa"一词可以用来指任何一位主教，甚至可以指东方教会的司铎。术语"教宗职位"（papatus）第一次出现在 1047 年——克莱孟二世（Clemens II）在位期间。直到 1059 年以后，教宗们才开始佩戴教冕和其他象征皇权的饰物。参见 Colin Morris, *The Papal Monarchy: The Roman Church from 1050 to 1250*, Oxford, 1989, p. 107, p. 130。【普注】起初，"papa"一词并非官方头衔，直到 4 世纪时，这一头衔才专门用于指罗马主教。参见 Pierre de Labriolle, Papa, *Archivum latinitatis Medii Aevi*, 4 (1928) p. 71。

让他成为诸多宗教奥义的阐释者——即使对于那些经年累月沉浸于宗教典籍阅读的人而言,这些内容也是极其深奥难解的。你何不将君士坦丁直接变成大祭司(很多皇帝的确也身兼这一职衔),以便能够更加方便地将他的服饰挪用到另一位教宗身上?不过,你根本不了解历史。所以说,我要为此感谢天主,唯独只让这个愚不可及的人产生了如此恬不知耻的想法。这一点也体现在后文之中。他提到了向骑在马背上的亚郎"尽马夫之职"(dextratoris exhibuisse officium)的梅瑟。然而,他们当时并不在以色列的中心地带,而是在迦南人和埃及人——即一个不信仰基督教的群体——之中,那里没有什么尘世帝国,只有各路魔鬼以及崇拜魔鬼的民众。

十九

(六十一)

"相应地,为了不让教宗的卓越地位受到任何贬损,而是让他被更胜于帝国统治尊严的荣耀和权力所装饰,朕现向极其有福的大公教宗西尔维斯特交付和授予朕的宫殿、罗马城以及意大利——西部领土——的所有行省、地方和城市。朕根据国事诏书宣布上述地区将处于西尔维斯特及其继任者的支配之下,受神圣罗马教会的律法管辖。"在假想罗马人和西尔维斯特的演说辞部分,我们已经就这一话题探讨了多时。行文至此,我们可以说,没有人会妄想将所有这些国家都塞进一句表达赠予的话里。在上文里,那家伙还在对细枝末节一一尽数:

"披带""鞋子""亚麻布鞍褥";在这一段里,他却没能说出各个行省的名字——如今这些行省都有各自的国王或相当于国王的统治者。显而易见,这个伪造者根本就不知道哪些行省是处于君士坦丁的统治之下,哪些行省不归他管辖,因为并非所有行省都臣服于他。正如我们所见,在亚历山大去世后,某些地区便被他的将领们瓜分了;色诺芬(Xenophon)列出了那些自愿或被迫臣服于居鲁士统治下的帝国的土地和君王;荷马也曾在他的《船名目录》(*Catalogo*)记载了希腊国王和蛮族国王的名字,他们的种族、国家、风俗、实力、美丽、船只数量,甚至是兵士数量。① 荷马的做法不仅被许多希腊人效仿,说实话也被包括埃尼乌斯(Ennius)、维吉尔、卢坎(Lucanus)、斯塔提乌斯(Statius)及其他人在内的我们这些拉丁作家所效仿。在对"应许之地"进行划分的时候,若苏厄(Iosue)和梅瑟竟列出了所有小村庄的名称。而你,只是列举行省便感到劳累了?你只提到了"西部的行省"(occidentales provincias)。西部的边界是哪里?从哪里算起,到哪里为止?难道西部、东部、南部和北部的疆界与亚细亚、阿非利加和欧罗巴大陆的边界一样,是固定且一成不变的吗?你漏掉了必要的话,却增加了许多空洞之语;你说"行省、地方和城市"(provincias, loca, civitates),难道行省和城市不算是"地方"(loca)?在说完"行省"(provincias)之后,你又加上了"城市"(civitates),仿佛城市没有包括在行省的范围之内。不过,这也没什么可大惊小怪的,一个人若要将偌大一部分领土让与他人,定然会对具体的城市和行省名称语焉不详,摆出一副浑浑噩噩的样子,根本意识不到自己说了些什么。这句"意大利——西部地区"(Italie sive occidentali-

---

① 【鲍注】瓦拉曾翻译过《居鲁士的教育》和《伊利亚特》的前16卷。

um regionum),看上去是想谈论前者或后者中的其中一个,但事实上,他是想把它们二者合起来说。他想说"领土上的行省"(provincias regionum)——实际上应该写作"行省的领土"(regiones provinciarum)。此外,他还将"将处于"(permansuram)误写为"应处于"(permanendam)。

(六十二)

"相应地,朕已经认定将朕的帝国和朕的君权迁移至东部地区是相宜之举,在拜占庭行省的一处绝佳之地建城,以朕的名字命名,在那里建立朕的帝国。"关于他所说的"建城"(civitates edificari)——实际上,他们兴建的并非"civitas"(市民群体),而是"urbs"(城池)——以及所谓的"拜占庭行省"(Byzantia provincia),我就不多言了。你若真是君士坦丁,不妨解释一番为何选那个地方作为最适宜兴建城市之所。事实上,你可以认为在让出罗马以后迁居别处是"必要的"(necessarium),但这一做法却不"相宜"(congruum)。既然没了罗马,你便不能名正言顺地顶着罗马的头衔,一面将其拆得七零八落,一面自称为它的皇帝;同时你也不能自称为王,因为在你之前没人行过此举。当然,你也可以自称为王,因为你已经不再是罗马人了。

(六十三)

不过,你总算给出了一个算得上诚恳的原因:"鉴于教士之首和基督宗教之领袖是由天国皇帝确立的,因此,在那样的地方,尘世的皇帝便不该行使权力。"噢!愚蠢的达味,愚蠢的撒罗满,愚蠢的厄则克尔、约西亚以及其他国王,你们既愚蠢又不虔诚,竟然可以忍受与大祭司们一道住在耶路撒冷城,而不是将整座城市拱手让与他们。在短短三天里,君士坦丁学到的东西竟然比他们终其一生学到的东西还要多。你还用到了"天国皇帝"(imperator celestis)这一说法,因为他接受了尘世帝国——除非你是指天主(事实上,你在含糊其辞),否则便是在谎称教士们在罗马城和其他地方建立了的世俗统治。

二十

(六十四)

"此外,朕还已经裁定,先前通过神圣的帝国文书及其他神圣法令使之生效和确认的所有事宜都将分毫不改,亘古不变,直到世界终结。"君士坦丁,你刚刚还在说自己代表的是"尘世"(terrenum)权力,此刻又说自己是"神圣的"(divum sacrumque)。如此一来,你便跌入了异教的陷阱,甚至比那还要糟糕。鉴于你号召全世界承袭你"分毫不改、亘古不变"(illibata et inconcussa)的命令,你便是自诩为神灵,宣称你的话语是圣言,你的法令万世不朽。你却没有想到,你才刚刚接受洗礼,将不虔诚者身上那污秽不堪的烂泥洗净。你为何不加上一句,说"即使天地过去了","一撇或一画也绝不会"从这特权上废去。① 撒乌尔(Saul)的王国原本是受到天主拣选的,但他没能将自己的王国传至他的子嗣,达味的王国在其孙辈统治期间四分五裂,最终消亡。而你,

---

① 【普注】参见《玛窦福音》5:18。

没有征询天主的意愿,就把王国送出去了,还动用自己的权威,要让那个王国万古长存,直至世界终结?别的不说,谁告诉你世界会灭亡得如此之快?当然,那些诗人倒是煞有介事地说过这世界时日无多了,但我认为,此时此刻,你是绝对不会相信诗人们的那套说法的。所以说,你是不会说出这番话的;将这番话加诸你的,另有其人。此外,是谁刚才说得如此声势浩大,此刻又变得诚惶诚恐,开始乞求:"相应地,在命令朕行使统治之权的永生的天主面前,在他令人生畏的审判面前,朕恳请朕所有的继任者、皇帝和所有的显贵,还有萨特拉普、无比尊贵的元老院和全世界的所有民众:将来,他们中的任何人都不得以任何一种方式打破或击垮此项特权。"多么正义而虔诚的号召!好比一头单纯而笃信宗教的狼向其他狼和牧人发出的乞求:乞求前者不要抢走它已经带回家与子女和朋友共享的羊;也乞求后者不要将羊夺回。君士坦丁,你为何如此惶恐?倘若你的计划并非来自天主,必要消散;但若是从天主来的,则不会被消灭。不过,我明白你是想模仿《默示录》的写法。《默示录》里说:"我向一切听本书预言的人警告说:谁若在这些预言上加添什么,天主必要把载于本书上的灾祸,加在他身上;谁若从这书上的预言删除什么,天主必要从本书所载的生命树和圣城中,删除他的名分。"①然而,你从来没有读过《默示录》,可见,这番话也必然不是你说的。

(六十五)

"倘若有人——当然,朕不相信有人——胆敢篡改此项规定,将被惩罚遭受永恒之刑,将在此生和来世与天主神圣的宗徒伯多禄和保禄

---

① 【普注】参见《默示录》22:18—19。

为敌,将与魔鬼和其他所有恶棍一道,在地狱的最深处被烧死。"这些充满恐怖和威胁的言语通常不会出自世俗君主之口。从前,只有老派的僧侣和古代的祭司会这么干;如今,天主教的神职人员也能说得出口。所以说,这番话不是君士坦丁说的,而是某个愚蠢的下等教士说的。那家伙既不知该说什么,也不知该如何说,脑满肠肥,粗俗浅陋,便借着醉意和葡萄酒的热度,将这些概念和词语统统喷了出来。这些话伤害不了他人,而是将矛头对准了他自己。一开始,他说"遭受永恒之刑"(eternis condemnationibus subiaceat),后来又想添上些其他的——仿佛还可以在那基础上罪加一等——说不仅要遭受永恒之刑,还要承受今生(vita presentis)的惩罚。在用来自天主的惩罚吓唬完我们之后,他又以伯多禄的仇恨为由,继续恐吓我们——仿佛那是一种更大的威胁。至于他为何要加上保禄,且只加上他一人,这就不得而知了。接着,他以惯常的昏头昏脑之态再次回到了永恒之刑的话题上来,就好像先前没提过一样。所以说,倘若这些威胁和诅咒都出自君士坦丁之口,那么我作为个人便要诅咒君士坦丁这个僭主和我的共和国的破坏者;作为一个罗马人,我还要威胁对他实施报复。既然如此,有谁会害怕一个贪心不足之人像演员一样戴着君士坦丁的面具,模仿他的口吻,去吓唬其他人呢?倘若我们追溯这个词汇的希腊文,便会发现将自己的身份掩藏在他人的身份之下,这的确是"演员"(hypocrita)的行为。①

---

① 【鲍注】希腊文中的演员一词写作"hupokritēs"。此处,瓦拉就该词的前缀"hupo"(在……下面)进行了一个文字游戏。

二十一

(六十六)

"另外,朕将这份经由朕的双手确认的皇帝诏令页面放置在有福的伯多禄的可敬的躯体上。"不知这份写有上述内容的"页面"(pagina)是写在纸上还是羊皮卷上的呢?我们所说的页面通常是指一张纸的两面,举个例子:5张纸对折后可以得到10张纸,20页面。噢,这事情简直是闻所未闻,令人难以置信!我记得当我还是个小伙子时,曾问某人《约伯传》(Liber Iob)的作者是谁。那人告诉我说是约伯自己。我又继续问他,如何能够描述自己的死亡。这种情况也出现在其他许多书里——此处不宜一一详述。尚未发生的事情,如何能够被讲述?如何能够被包含在那些他自己也承认的已经被埋入土的文字刻板里?这就好比是说所谓的《特权篇章》在诞生以前就已经死亡并被埋葬了,且从未从坟墓里起死回生。换言之,早在被起草以前,《特权篇章》就已经被皇帝用双手(而非一只手)确认过了。是如何"确认"(roborare)的呢?或许通过皇帝的签名?还是通过带印章戒指?无论如何,总归是一种比刻在铜板上长久和可靠得多的确认方式。不过,既然这张纸已经被放置在"有福的伯多禄的躯体上"(super corpus beati Petri),自然不需要刻在铜板上了。只是你为何对保禄只字未提呢?他就与伯多禄长眠在一起,①两具躯体一起看护那张纸,难道不比仅由一具躯体的守护更

---

① 【普注】人们一度认为圣伯多禄和圣保禄是被安葬在一起的。遗骨的一半在梵蒂冈,另一半在城外圣保禄大殿。参见 *Mirabilia Romae*, a cura di Gustavus Parthey, F. Nicolai, Berlino, 1869, par. 54–59。

加稳妥？

（六十七）

你们见识了这位居心险恶的希农的伎俩和恶毒。由于无法展示所谓的"君士坦丁赠礼"，他便说那份《特权篇章》并不是刻在青铜板上，而是写在纸上，与极其神圣的宗徒的身体一道被藏了起来。他的用意就在于警告我们：不要胆大妄为地去掘开那令人景仰的圣墓，寻找那份文献，即使去找了，我们也能猜到那张纸已经腐化损毁了。

有福的伯多禄的遗体当时究竟位于何处？毫无疑问，那时，他的遗体还不在如今所处的那座殿宇里，不在那样一个守卫森严的稳妥之地。所以说，皇帝是不可能将《特权篇章》放在那里的。或许是因为极其有福的西尔维斯特不够神圣，不够谨慎，也不够认真，所以皇帝没有将那页面交于他保管？噢，伯多禄！噢，西尔维斯特！噢，罗马教会的神圣的教宗们！天主将他的羊群都交给了你们，为何你们连那张页面都没能保管好呢？你们如何能够忍受那页面被蛀虫啃啮，被霉菌摧毁？我猜想，那是因为你们自己的躯体也会残尸败蜕。所以说，君士坦丁做了件蠢事：瞧，页面灰飞烟灭，页面上的特权也就随之烟消云散了。

（六十八）

然而，如我们所见，展示在我们眼前的是那页面的一份副本。究竟是哪个胆大包天的家伙从无比神圣的宗徒的胸口取走了页面？依我看，无人敢行此举。既如此，副本是从哪里来的？毫无疑问，一定是出自某位古代作者之手，其生活年代不会晚于君士坦丁所处的年代；然而，谁也没有指出谁是这位作者。或许是某位近代的作者？那么他是从哪里弄到了这份文献的原始材料？任何一位撰写前一时期历史的作者,他遵从的要么是圣灵的口授,要么是前辈作者——那些为自身所处年代撰写历史的人——的权威。换言之,谁不遵照前人所言,就会被列入仗着史实发生年代久远,故而胆敢说谎者的行列。当年,古罗马曾派出代表前往希腊学习法律。这一事件曾被李维(Titus Livius)及其他著名作家所记载。后来,某位注释者阿库修斯也曾写过这件事,但他所写的内容与史实相去甚远。所以说,倘若这东西能够在某处被读到,那么它与古老史实的契合程度并不会比注释者阿库修斯所述的那则愚蠢的故事好到哪里去。

二十二

(六十九)

"四月朔日的前三天,即君士坦丁·奥古斯都第四次担任执政官期间和加里卡努斯第四次担任执政官期间,交于罗马。"那家伙把落款日期写在了三月的倒数第二天,以便让人联想到这份《特权篇章》是在神圣复活节——常常降临在这一时期——的庆祝期间撰写的。不过,"君士坦丁皇帝第四次担任执政官期间和加里卡努斯第四次担任执政官期间"(Constantino Augusto quarto consule et Gallicano quarto consule),这话还真有些蹊跷:这两人竟然都担任过三届执政官,且在第四次执政期间还成为了彼此的同僚;更加奇怪的是,这位身染象皮麻风病(此病之于其他病症,就好比大象之于其他野兽)的奥古斯都竟然接受了担任执政官一职。相较而言,国王阿匝黎雅(Azarias)刚一患上麻风病,便像几乎所有的麻风病患者所做的那样,立刻退隐,将王国交由儿子约堂(Ioatham)管理。仅这一点就足以反驳、拆穿和摧毁整篇《特权篇章》的内容。至于君士坦丁是否是在麻风病痊愈后才出任执政官的，必须同时知道两件事情：一是医学证明麻风病是一种逐渐发展的慢性病症；二是根据古代史书记载，每一届执政期自一月开始，周期为一年。然而，文中却说这些事情是在当年的三月发生的。此外，我不得不指出：除非是文盲，否则不会意识不到，"被交于"（datum）一词通常出现在书信里，却不会出现在其他文本中。要么通过与格（illi）表示信件被交给某人，要么通过介词加宾格（ad illum）表示信件被送至某人处。第一种用法指信件被交给了送信者，例如将信件交给会把信件交到收件人手中的邮差；第二种用法则是指信件交给了送信者要送达的对象，即收件人。不过，鉴于君士坦丁的这份《特权篇章》无需交付给任何人，便不应使用"送出"一词。这清楚地说明说这话的家伙撒了谎，且他根本不知道如何才能逼真地模仿君士坦丁的言行举止。

（七十）

那些认为此人所言属实且为其辩护之人充当了此人愚蠢疯狂之举的帮凶和同谋——尽管在我看来，他们的所作所为不仅与辩护毫无干系，就连诚实地说明自己的观点也算不上。面对一个谬误，虽见真相暴露，却不愿承认，只因某些大人物有不同看法——就没有比这更像样些的理由吗？依我看，那些大人物只是地位显赫，而非知识广博，能力出众。再说，你如何知道，倘若你唯其马首是瞻的那些人物听完了你刚才听到的那番话，究竟会固执己见，还是会改弦更张？无论如何，将对人的信任置于对真理——天主——的信任之上，这是可耻的行为。鉴于某些全无理性头脑之人会这样回应我："为什么许多至高无上的教宗都相信赠礼是真的？"我要请你们作为证人，是你们强拉我去了一个我不愿去的地方：你们强迫我妄议教宗，但我还真想把他们的罪行都一一藏起来。

就让我们一如既往地开诚布公吧:就这件事而言,也只能以这种方式处理。

二十三

(七十一)

我承认,他们是真的相信事实如此,并非恶意为之。不过,既然在毫无利益吸引的情况下,他们就能因为绝无仅有的愚蠢轻信许多事情,那么为了如此巨大的利益,他们相信这类事情,又有什么可奇怪的呢?在天坛圣母堂这样雄伟的庙堂,在其中一处极为显耀的位置,不是有一幅描述女预言家(Sibylla)和屋大维的故事的壁画吗?据称,那幅画是依诺增爵三世(Innocentius III)下令绘制的,且他还为此留下了一篇文字,称和平神庙是在圣母分娩,耶稣降世的那一天被毁的。① 不过,这些故事所言非真,只会摧毁信仰,并不会因其骇人听闻而强化信仰。作为真理的代言人,他竟然胆敢在虔诚的外衣下撒谎,明知故犯此类错误?他难道没有撒谎吗?当他行此举的时候,难道没有意识到自己的言行与极其神圣之人的所作所为是不相符的吗?其他人不论,但当热罗尼莫宣称有10位女预言家时,采用的是瓦罗(Varro)的证据,②但瓦罗却是在奥古斯都主政以前写成他的作品的。同样是热罗尼莫,他曾这样

---

① 【鲍注】参见 Innocentius III, *Sermones de sancti*, in *Patrologia Latina*, CCXVII, 457。

② 【普注】热罗尼莫是在那篇驳斥约维安努斯的论作中提到了瓦罗。参见 Hieronymus, *Adversus Iovinianus*, I, 39, in *Patrologia Latina*, XXIII, 270。

描述和平神庙:"如古希腊和古罗马的史书所述,自和平神庙在罗马建成,韦斯巴芗和提图斯(Titus)把来自犹太人神殿的器皿都供奉起来,与信徒奉献的所有礼物混杂放在了一起。"①这个绝无仅有的蠢货!他想让人们更相信他那本用粗鄙的语言写的册子,而不是那些极为严谨的古代作者所撰写的极为忠实的历史。

(七十二)

既然提到了热罗尼莫,我便无法对他所遭受的侮辱缄口不提:在罗马,有人将一部《圣经》抄本拿出来对外展示,并根据教宗的权威指示,像对待圣骨圣物一样在该抄本的旁边点上了长明灯——因为他们称那部抄本出自热罗尼莫之手。② 你要问何以见得? 理由如维吉尔所说:因它被诸多"锦绣金甲"③所装点——可这一点反而能够表明,该抄本并非热罗尼莫所作。经仔细研读,我发现那抄本是由一个写字水平并不高超的人奉国王罗伯特(Robertus)之命抄写的。④ 无独有偶,尽管罗马有数以万计的宗教圣物,但一块载有伯多禄和保禄形象的木板却脱颖而出:继君士坦丁在梦中受到这两位宗徒的告诫后,西尔维斯特便将其展

---

① 【普注】参见 Hieronymus, *Commento su Gioele profeta*, III, 4 - 6, in *Patrologia Latina*, XXV, 981。

② 【普注】指城外圣保禄大殿内的《圣经》袖珍画插图本。一部撰写于 15 世纪的针对英国朝圣者的罗马导游书也认为该版本为圣热罗尼莫所作。参见 John Capgrave, "Ye solace of pilgrimes", in *Codice topografico della città di Roma*, a cura di Roberto Valentini e Giuseppe Zucchetti, vol. IV in Fonti per la storia d'Italia pubblicate dal R. Istituto italiano per il Medioevo, 91 (1953), pp. 336 - 337。

③ 【普注】Vergilius, *Aeneis*, IX, 26。

④ 【普注】此处指一部加洛林时代的《圣经抄本》,其中有描绘圣热罗尼莫生平事迹的袖珍画。人们认为是 11 世纪时由人称"狡诈者"的罗伯特公爵(Robertus Guiscardus)进献给教宗额我略七世(Gregorius VII)的。不过,瓦拉认为进献者是那不勒斯国王——安茹王朝的罗伯特(Robertus I)。关于该抄本的信息,参见 Viviana Lemolo, Mirella Morelli, *La Bibbia di San Paolo fuori le Mura*, Roma, 1981。

示出来,作为对那幻象的印证。① 我之所以说这些,不是为了否认两位宗徒的画像的存在——但愿那封以伦图鲁斯(Lentulus)之名落款的谈论耶稣形象的书信也是真的(其实,那封信与我们批驳的《特权篇章》一样,都是没羞没臊的无稽之谈),而是想表明那块小木板并没有被西尔维斯特展示给君士坦丁。

面对上述事实,我着实无法抑制内心深深的惊愕。

(七十三)

所以,我要简要概述一番那则关于西尔维斯特的故事。一方面是因为所有问题都与这则故事有关;另一方面,鉴于这番话的听众是诸位罗马教宗,我最好重点谈谈这位罗马教宗,以便诸位能举一反三,推想其他教宗的类似言论。在诸多细碎的传闻中,我只提有关于龙的那一则,②目的是为了表明君士坦丁并没有患过麻风病。③ 事实上,如同翻译者证实的那样,《西尔维斯特行传》(*Gesta Silvestri*)是由一个名叫优西比乌的希腊人撰写的,④而希腊人一直都是一个善于撒谎的民族。如尤维纳利斯在讽刺诗中所批评的那样:"不论是何种信口开河之言,希腊

---

① 【普注】参见 Boninus Mombritius, *Sanctuarium sive vitae sanctorum*, vol. II, p. 511, r. 29-34, p. 512, rr. 12-16。此外,《罗马的奇迹》也提到了拉特兰圣若望大殿里的伯多禄和保禄像,参见 *Mirabilia Romae*, a cura di Gustavus Parthey, F. Nicolai, Berlino 1869, par. 58。

② 【普注】参见 Boninus Mombritius, *Sanctuarium sive vitae sanctorum*, vol. II, p. 529-530, rr. 33-34。

③ 【鲍注】参见 William Pohlkamp, "Tradition und Topographie: Papst Silvester I. (314-335) und der Drache vom Forum Romanum", in *Römische Quartalschrift*, 1983, vol. 78, pp. 1-100。

④ 【普注】参见 Boninus Mombritius, *Sanctuarium sive vitae sanctorum*, vol. II, p. 508, r. 8。

人都敢把它们放在历史里讲。"①那条龙从何而来？罗马是不产龙的。龙的毒是从何而来？据说，只有炎热的非洲才有传播瘟疫的龙。此外，如此大量，以至于毁灭整座大城的毒是从何而来？要知道，那条龙藏在一座幽深的洞穴里，从地面下去要走150级台阶！② 除了巴西利斯克（basiliscus）以外，所有的蛇都不是通过呼吸，而是通过啃咬喷出毒液，致对方于死地的。当加图带领一众士兵从恺撒身边逃跑，来到非洲的沙漠时，无论是行军还是夜宿，都不曾见到任何一个士兵因某条蛇呼出的气息而亡，那些人也并不认为有蛇类出没的地区的空气会传播瘟疫。倘若我们愿意多相信一点传闻，就连客迈拉（Chimera）③、许德拉（Hydra）④和刻耳柏洛斯（Cerberus）⑤也曾被人类看见过和触摸过，且人类毫发无伤。为何罗马人直到那时还没杀死那条龙呢？你想说，他们没有能力杀死？可雷古鲁斯（Regulus）曾在非洲的迈杰尔达河畔杀死过一条更庞大的蛇，况且说句实话，杀死这条龙并不难，只要把它的洞穴口堵死就可以了。莫非是罗马人不想杀死它？我想，是他们把这条龙当作神灵一样来敬拜，就好像巴比伦人那样。既然传闻说达尼尔杀死了一条龙，那么西尔维斯特为何就不能用麻绳将这条龙捆起来，将它彻底杀死在巢穴之中？⑥

所以说，编故事的人并不打算让那条龙死掉，如此才不会留下过于

---

① 【普注】Iuvenalis, *Satires*, X, 174 - 175。
② 【普注】参见 Boninus Mombritius, *Sanctuarium sive vitae sanctorum*, vol. II, p. 540, r. 4。
③ 【普注】古希腊神话中一只混合多种动物形象的喷火怪兽：有着狮子的头、蛇的尾巴，脊背上另有一个山羊头，他最终被柏勒洛丰（Bellerophon）杀死。
④ 【普注】古希腊神话中的九头蛇，最终被赫拉克勒斯（Hercules）杀死。
⑤ 【普注】古希腊神话中看守冥界入口的恶犬，最终被俄尔甫斯催眠并被赫拉克勒斯捕获。
⑥ 【普注】参见 Boninus Mombritius, *Sanctuarium sive vitae sanctorum*, vol. II, pp. 529 - 530。【鲍注】关于贝耳和龙的故事包含在《圣经》的一部伪经或《申命纪》中。

明显的模仿达尼尔的故事的痕迹。

(七十四)

不过,倘若像热罗尼莫这样极为广博的学者和忠实的译者、亚坡里纳(Apollinaris)、奥力振(Origenes)以及优西比乌和其他作家都声称贝耳的故事是虚构的;①倘若犹太人不承认这个部分是《旧约》的正经;换言之,倘若每一位博学的拉丁作家、为数众多的希腊人和所有犹太人都认为那是一则无稽之谈,难道我不该谴责这则依样画葫芦的故事吗?——这个故事不仅没有任何一位权威作家所写的材料作为支撑,且就其荒谬程度而言,比起它的模板可谓有过之而无不及。是啊,是谁为那怪兽修建了地下洞穴?是谁将它安顿在那里,命令它不能出去或飞走(有人认为,龙是会飞的——当然,也有人不承认这一点)?是谁想出了那样的食物?是谁命令那些原本献身于天主的处女下到它的洞穴,且仅在每月朔日才行此举?难道那条龙还能算出究竟哪天是朔日?它会满足于如此少量而珍稀的食物?面对如此幽深的洞穴和如此残暴而饥饿的怪兽,少女们难道不会害怕?我想,那条龙或许还会诱惑那些女子,因为她们既是女人,又是处女,还是送食物的人;我想,那条龙会与她们聊天。为什么不呢?——说句不敬之语——没准那条龙还会与她们交媾?据说,亚历山大和西庇阿(Scipio)都是一条龙或蛇与其母亲交配后产下的孩子。假如哪一天食物断绝,它难道不会跑出洞外,或者在洞内被饿死?噢,世人的疯狂真是让人吃惊啊!居然会相信那些老妇人的无稽传言!

---

① 【普注】参见 Hieronymus, "Commento su Daniele, prologo", 39, in *Patrologia Latina*, XXII, 492, 580。

此种情形已经持续了多久？是从什么时候开始的？是在救主降临之前还是之后？我们无从知晓。我们应该感到羞耻，为这些令人生厌的说辞，为这种甚于滑稽剧演员的轻率感到汗颜。自称真理和光明之子的基督教徒真应该为此感到脸红，他们所说之事不仅不是真的，就连貌似是真的也算不上。

二十四

（七十五）

"但是"，他们要说："恶魔保持着这种针对异教徒的能力，糊弄那些信奉神灵的人。"你们这些四六不通（姑且不说你们卑鄙下流）之人，总想用这样的面纱来掩盖你们的谎言。基督教的虔诚无需虚伪来保护；它凭借自带的光明和真理就足以保护自己，无需依靠那些无中生有的欺骗性谎言对天主、对基督、对圣灵发难。难道这样天主就会将人类交由恶魔耍弄，使其被恶魔用如此明显、如此强大的奇迹所诱惑？难道这样人们就可以控诉那个将羊群交给饿狼的人行事不公，人们也能为自身的过错找到绝佳的借口？倘若从前的恶魔就可以肆意妄为，那么如今他在非信徒群体中的能量理应更胜从前；不过，这样的情形，我们根本没有看出来，此类谎言也不是由他们杜撰的。其他民族不论，我只谈罗马。他们流传的奇闻轶事数量极少，且都年代久远，含糊其辞。

瓦莱里乌斯·马克西姆斯（Valerius Maximus）说古罗马广场中央出现了一条大缝，披挂整齐的库尔提乌斯策马扬鞭纵身跃入了裂缝，大地合拢，迅速恢复了先前的模样；类似的例子还有"警示女神朱诺"（Junonem Monetam）的塑像：维伊陷落后，一个罗马士兵开玩笑地问她是否想搬去罗马,那尊女神塑像居然回答说是。作为所处年代最久远,也最权威的历史作家,李维对上述两则传闻均不认可。他认为那道裂缝一直都有,并不是突然出现的。它古已有之,甚至在罗马建城以前就已经存在了。至于以库尔提乌斯命名的湖泊,乃是因为萨宾人梅提乌斯·库尔提乌斯(Mettius Curtius)曾在躲避罗马人进攻期间藏身于此。至于朱诺神像,李维认为神像并没有回答,只是摆出了表示肯定的姿势,是后人给这个故事添油加醋,说神像开口用语言作答。至于这个姿势,很显然,那些编造者也撒了谎。他们要么是把神像的姿态诠释为一种即兴的动作(他们正在将它搬走),要么就是以向女神塑像(它代表了战败的敌方)提问时的那种轻率,开玩笑一般假装它摆出了某种姿态。此外,李维还指出塑像也没有摆出什么姿态,而是士兵们高喊着塑像摆出了姿态。

(七十六)

然而,好的作家都不会像捍卫史实那般捍卫这些故事的真假,而会推说这些故事都只是传闻。按照李维本人的观点:"人们容许古代把人间的事情与神明活动嫁接在一起,以使城的起源变得更加神圣"①,以及"关于如此古老的事件,只要它们与真实的情形有几分相似,便可以把它们当成实情来接受,这些故事更适合用作热衷于奇迹的戏剧表演,而非表明信仰,因此用不着费心确认,也无需劳师动众地反驳"②。泰伦提乌斯·瓦罗(Terrentius Varro)比上述两位作者的生活年代更为久远,在我看来,也更为见多识广、威望素著。他说有三位作者讲述过三

---

① 【普注】参见 Titus Livius, *Ab Urbe Condita*, praef, 7。
② 【普注】参见 Titus Livius, *Ab Urbe Condita*, V, 21, 9。

个不同的故事,解释库尔提乌斯湖的由来:普罗库罗斯(Proculus)认为该湖得名于纵深跃入地缝的库尔提乌斯;皮索(Piso)认为该湖的名称来自萨宾人梅提乌斯;科尔内留斯·苏拉(Cornelius Silla)——卡图鲁斯(Quintus Luctatius Catulus)也认同其说法——则认为该湖得名于执政官库尔提乌斯(Curtius)——他是马尔库斯·杰努提乌斯(Marcus Genutius)的同僚。

（七十七）

事实上,我不应隐瞒我的想法:瓦莱里乌斯的言论亦不应遭到全然指责。在后文中,他以严肃持重的口吻补充道:"我并非察觉不到,这些被凡人所目睹和耳闻的关于神灵的事迹和言论有多么似是而非。不过,既然一切都不是凭空编造的,而是来自对传统的复述,那么各位作者自可断其真假。"①关于神灵的言论,他谈到了"警示女神朱诺"和机运女神的塑像——人们假想她曾两次开口说出以下这番话:"妇人们,你们依照仪式拜访了我,也依照仪式供奉了我。"

（七十八）

但是实际上,我们的故事编造者们总会四处把那些会说话的雕像请进来,这些雕像甚至连异教徒和偶像崇拜者都不会提及,且他们对这些雕像的决然拒绝更甚于基督徒们对这些雕像的认可。在异教徒时期,几桩极少的奇迹传闻并不取决于作者的信誉,而是——比如说——取决于远古年代神圣的宗教的威望;在基督教徒群体中,人们讲述的则

---

① 【普注】参见 Valerius Maximus, *Factorum ac dictorum memorabilium libri*, IX, I 8.7.

是年代较近,却不为当时人所知的奇迹。我这么说,并非要让圣人们的威信扫地,也不是想否认他们神圣的功绩。我知道,仅凭芥子大的信仰,就足以使大山挪移。恰恰相反,我要支持并捍卫这些奇迹。不过,我不允许它们与编造的谎言相混淆。我着实无法相信那些作者不是一些心无信仰之人:他们看着这些骗子胡编的谎言被无知者信以为真,从而嘲笑基督教徒;又或者他们的确是基督教信徒,有着对天主的赤诚,却不按科学的教义行事,毫无畏惧地写下那些无耻之言,甚至是伪福音,不仅编造圣人的事迹,竟然还编排起圣母,甚至是基督本人。然而,教宗竟然把这些东西称作"外典",仿佛它们的唯一缺陷就是作者的身份不明,而其中的内容却是可信的、神圣的且有助于稳固基督教信仰的。所以说,纵容恶行之人的罪过并不亚于实施恶行之人的罪过。既然我们认得出假币,继而将其挑出,抛弃,为何识别不出假的教义,而要将其保留呢?是要将其与真正的教义混为一谈吗?是要将其当成真正的教义来捍卫吗?

(七十九)

坦率地说说我的看法。我并不认为《西尔维斯特行传》属于"外典",因为那个叫优西比乌的人已被认定为该作品的作者。但是,我认为那作品中的内容是虚假且不值得一读的。其他部分姑且不论,单从该书中关于龙、公牛、麻风病的描述,就可看出其内容不可信。尤其是针对最后一点,我已从多方面进行反驳。因为,即使纳阿曼是麻风病人,我们也无需称君士坦丁同样患有此病。许多作者曾提及前者的病况,但关于这位全世界的君主,却无人就他这方面的疾病写过只言片语——至少当地人没有写过,至于外乡人,我倒是不得而知了。倘若相信优西比乌,还不如相信另外一个作者:他曾说黄蜂在韦斯芭芗的鼻孔里筑巢,尼禄诞下了青蛙——分娩之地便被称作"拉特兰",因为那只青蛙就"潜藏"在他的坟墓里。① 就算黄蜂和青蛙会说话,也说不出这些无稽之谈吧。至于男童鲜血对治疗麻风病有效的传闻,我就不作评价了。这一疗法并不曾得到医学的证实。当然,若说这是卡比托利欧神殿里那些神灵的做法,这或许说得通——大约因为他们常常这样说,并命令人们行此举。

他们说"伯多禄"(Petrus)被称为"刻法"(Cephas),因为他是众宗徒之首,②仿佛这个词如那句希腊文表述(ἀπὸ τοῦ κεφαλή,意为"来自头")所说,其词源不是希伯来文或古叙利亚文,而是希腊文的"头"。其实,希腊人写成 Κηφασ 的词,在他们那里被解释为"磐石"(petra,也是"伯多禄"这个名字),而不是"头"。③ 这便是"伯多禄"的含义;至于 petra,这个希腊文词汇却被愚蠢地按照拉丁文的词源来解释:所谓 petra,意思是"被践踏于脚下的"。④ 他们还称 metropolitanum(都主教)与 archiepiscopo(总主教)不同,并认为是否算作"都主教"取决于城市规模的大小⑤——尽管希腊文中所使用的词并非 metropolis(大都市),而是 μητρόπολις("母城"或"城市")。他们将"宗主教"(patriar-

---

① 【鲍注】瓦拉利用拉丁文中的两个词 rana(青蛙)和 latere(潜藏)虚构了 laterarum(拉特兰)的词源。
② 【普注】关于两种词源解释之间的关系,参见 Isidorus, *Etimologie*. VII, 9, 3。后来,在关于教会的权力之争中,路德(Lutherus)和其他宗教改革家并不承认这一说法。
③ 【普注】参见《若望福音》1:42。耶稣注视着他说:"你是若望的儿子西满,你要叫'刻法'——意即伯多禄。"【鲍注】"Cephas"是阿拉姆语的"伯多禄","Petrus"是希腊文中的伯多禄。
④ 【普注】参见 Papias, *Elementarium doctrinae rudimentum*, "petra"。
⑤ 【普注】参见 Isidorus, *Etimologie*, VII, 12, 7。同时参见 Johannes Balbus, *Catholicon*, "metropolitanus"。

cham)解释为众父之父;①将"教宗"(papa)解释为感叹词"该死的!"(pape);②将"正统信仰"(fides orthodoxa)解释为"正确的荣光"(recte glorie);③还将"Simonem"(西满)一词按照中短音节发音——其实应按照中长音节发音,如同"Platonem"(柏拉图)和"Catonem"(加图)。此类错误我就不一一尽数了,以免人们认为我在攻击所有的教宗,而那些谬误只是其中一些人犯下的。

我之所以要说这些,只是想告诉诸位:若说许多教宗没有能力发现《君士坦丁赠礼》乃是出于伪造,这并不令人惊讶——尽管在我看来,这一谎言恰恰是由他们中的某一位编造的。

二十五

(八十)

不过,诸位要问,既然这份文献有损帝王的利益,为何诸位皇帝不仅不否认《君士坦丁赠礼》,反而要承认它、肯定它和保存它呢?"一语中的"④,精彩的辩护!可你说的是哪位皇帝呢?若是那位堪称真皇帝的希腊皇帝,我要说他不曾认可所谓的赠礼;若说是拉丁世界的皇帝,我倒是非常乐意承认这一事实。没错,正如我所相信的那样,有谁不知

---

① 【普注】参见 Isidorus, *Etimologie*, VII, 12, 5。
② 【普注】参见 Johannes Balbus, *Catholicon*, "papae"。巴布斯根据该词所表达的惊讶情绪给出了上述词源解释。
③ 【普注】参见 Isidorus, *Etimologie*, X, 195。同时参见 Isidorus, *Etimologie*, VII, 14, 5。
④ 【普注】参见 Vergilius, *Aeneis*, VII, 791。昆体良也曾引用这一表述。参见 Quintilianus, *Istitutio oratoria*, V, 10, 10。

那位罗马皇帝是由斯德望教宗（Stephanus）①施恩确立的呢？那位教宗见希腊皇帝无助于意大利，便废了希腊皇帝，立了一个拉丁皇帝。这样一来，皇帝从教宗那里获得的利益便比教宗从皇帝那里获得的利益还要多。这可真是堪比阿喀琉斯（Achilles）和帕特罗克洛斯（Patroclus）：他们通过类似的协议便私下瓜分了特洛伊的财富。我认为，路易所说的这番话正是指这种事："我，路易，罗马帝国皇帝和奥古斯都，通过此项得到我们确认的约定，向你——有福的伯多禄、众宗徒之首——和你的代理人——教宗巴斯加（Paschalis）及其绵延不绝的诸位继任者——表明，正如你们从我们的先辈那里获得了延续至今的权力和权威，我向你们确立并赐予罗马城和附属于它的公爵领地以及所有郊区和所有周边的村落、山地、海滨和港口地区，更确切地说，是图西亚地区所有的城市、城堡、带城防设施的地域和庄园。"

（八十一）

你，路易，是在与巴斯加签署约定吗？倘若这些东西属于你，或者说属于罗马帝国，你为何要将其赐予他人？倘若这些东西是他的，已经为他所有，又何需你来确认？更何况你连帝国的都城都弄丢了，剩下的部分还能有多少分量？罗马帝国皇帝的头衔可是得名于罗马的。至于其他的东西，究竟是属于你还是属于巴斯加？我想，你一定会说，它们是属于你的。这样说来，既然君士坦丁赠予教宗的东西属于你，那么他颁布的《君士坦丁赠礼》文件就丝毫不具备效力。若说那份文件有效，巴斯加又凭什么只给自己留下他现有的一切，将其余部分都留给你？

---

① 【鲍注】800年圣诞节当日，教宗利奥三世（Leo III）将皇帝的头衔"转移"到了查理大帝手中。

关于罗马帝国的这些大事,不论是你送给他,还是他送给你,竟然都可以如此慷慨,这算怎么回事? 正因如此,你才稳妥地使用了"pactum"(约定)一词,使之更接近于一种心照不宣的谋划。"我究竟如何是好?"你要说:"使用武力去讨还教宗已经占有的一切? 可他的实力已经比我强大了。或者通过法律去讨还一切? 可我的法律权利大小取决于他愿意认可的程度。由于我并非通过世袭,而是通过约定取得的皇权,这就意味着假如我想当皇帝,就必须向教宗许诺些什么。我应该说君士坦丁从来不曾赠予帝国的任何领土吗? 可若是这样,我便是在给希腊皇帝提供依据,让自己丢了皇帝的尊严。教宗正是出于这一缘由才立我为皇帝的,让我成为他的代理人,倘若我不如此许诺,他便不会立我为皇帝,倘若我不遵从他,他便会将我废黜。为了让他授予我皇帝的权力,我将认可一切,接受任何约定。相信我,假如罗马和图西亚已经归我所有,我绝不会按照现在的方式行事的,巴斯加如何就所谓的'赠礼'老调重弹(cantilenam)也是枉然(因为我知道那份赠礼文件是伪造的)。此刻,我只能将我目前并不占有也不奢望在将来占有的一切送给教宗。至于如何与教宗争夺权利,自有君士坦丁堡的皇帝琢磨,不是我该操心的。"

如此一来,路易,无论是你,还是面临类似处境的其他君王,都应该得到谅解。

(八十二)

只要我们对西吉斯蒙德(Sigismondus)在这件事情上的遭遇有所了解,那么,关于其他皇帝与教宗签署的约定,我们还有什么好质疑的呢? 我们知道,西吉斯蒙德在各方面都堪称杰出且勇敢无畏,只是后来随着年龄的增长,其勇气不如从前。我们眼见他曾在意大利日复一日地苦熬,只有一小队随从护卫左右,在罗马时甚至差点死于饥饿,多亏安日纳给他送去了吃食（但那并非免费的餐食，而是以此为条件，向他敲诈赠礼）。当他抵达罗马并被加冕为罗马人的皇帝时，为了得到教宗的加冕，只得承认"君士坦丁赠礼"的内容，将同样的东西再次赠予教宗。① 一个将罗马放弃的人，却被加冕为罗马人的皇帝，还有什么比这更加荒谬的吗？且实施加冕的，还是那个他凭借自身权威认定的，打造罗马帝国君王的人？更何况他认可的这份赠礼——倘若是真的——并没有给皇帝留下帝国的任何一个部分？在我看来，就连毛孩子也做不出这样的事情。

（八十三）

至于加冕皇帝的权利被教宗包揽——这权利原本是属于罗马民众的——也就不那么令人惊讶了。请问教宗，既然你有权从希腊皇帝手中夺走意大利和西部行省，又确立一位拉丁皇帝，你要这约定何用？你为何要把皇帝的财产给分掉？为何要将帝国转移到你手里？依我看，无论何人号称罗马人的皇帝，他都应该知道：若他手中没有执掌罗马的权力，便既不是奥古斯都，也不是恺撒，更算不上是皇帝；且假如他不想方设法收复罗马城，便显而易见地成了伪誓者。以君士坦丁为首的历任皇帝倒不必像如今的皇帝那样宣誓。只要帝国的人力足够充足，他们不仅不能让罗马帝国的疆域损伤分毫，还应满怀豪情地开疆拓土。然而，这并不是他们被称为"Augustus"（奥古斯都）一词的理由（某些对拉丁文一知半解的人认为该词来自"augere"，意味着让帝国扩张）。② 所谓

---

① 【鲍注】1433 年 5 月 31 日，卢森堡的西吉斯蒙德被加冕为神圣罗马帝国皇帝。
② 【普注】根据依西多禄的解释，屋大维之所以被称为"奥古斯都"，乃是因为他"拓展了共和国的领土"（IX, iii, 16）。同样的解释也出现在 Iacopus Varaginensis, *Legenda aurea*, cap. 6 中。

"Augustus",来自"ab avium"(鸟类)与"gustu"(品尝食物的方式)①——这些鸟常常被用于占卜仪式,人们根据鸟类选择的食物来作出相应的判断。关于这一点,希腊人的语言便是证据,他们将"奥古斯都"称为"Σεβαστός"(Sebastos,意为"至尊者"),"Sebastia"这一地名便源自于此。② 倒是教宗,他们更适合被称为来自"augere"(扩张)这一含义的"奥古斯都"——虽说他在增加教会的世俗权力的同时也削弱了其精神力量。正因如此,你会发现越是恶劣的教宗越要不遗余力地捍卫这份赠礼。在墙壁里安装音管,诱骗策肋定(Caelestinus V)的波尼法爵八世(Bonifacius VIII)便是其中一例。他曾就《君士坦丁赠礼》撰文,又剥夺了法兰克国王的权力,宣称法兰克王国本身就属于罗马教会,理应受其支配,仿佛要将君士坦丁的赠礼付诸实施。③ 不过,这一决策很快就被其继任者本笃和克莱孟认定为不仁不义之举,从而被撤销了。

不过,罗马的教宗们,你们究竟是出于何种担心才会如此不信任你们的这项权利,才会要求每一位皇帝都将这份《君士坦丁赠礼》重新确认一遍呢?可你们的行为恰如谚语所说,好比用水洗砖块:因为那份赠礼根本不存在,所以"无证据之事则为乌有"。历任皇帝无论赠予过什么,都是因君士坦丁这个幌子才会陷入骗局。他们是不能够将帝国拱手送人的。

---

① 【普注】参见 Sventonio, *Augusto*, 7;同时参见 Papia, "Augustus"。
② 【普注】参见 Isidoro, XIV, iii, 22。该希腊文词语与"奥古斯都"对应,意为"值得被尊崇"。
③ 【普注】波尼法爵八世强烈鼓吹教会的精神权力和世俗权力,与法国国王"美男子"腓力四世陷入纷争。腓力四世被波尼法爵八世处以"绝罚",后来,两位较为随和的继任者本笃十一世(Benedetto XI, 1303—1304)和克莱孟五世(Clemens V, 1305—1314)撤销了这一处罚。

二十六

（八十四）

现在，我们假设以下这种情形：君士坦丁的确施行了赠予，西尔维斯特也确实一度占有过赠礼。不过后来，他或他的继任者又被剥夺了对那些赠礼的占有。我将首先探讨那些教宗如今并不拥有的部分，随后再探讨那些他如今拥有的部分。事实上，除了认可那些根本不曾存在也不可能存在的事物是存在过的，我还能如何更大程度地支持你们呢？不过，即使如此，无论是按照神法还是人法，你们都无权收回先前失去的东西。《旧约》的法则尚且禁止一个希伯来人服侍另一个希伯来人超过6年，且在第50年后，所有的财产都要返还给最初的所有者；难道在承蒙恩典的时代，一个基督教徒要被基督的代理人所创建的永恒的奴役体制所压迫吗？基督可是将我们从奴役体制中解救出来的救主！难道在被解救以后，在获得长久的自由以后，我们要再次受到奴役体制的压迫吗？

（八十五）

至于那些教士们的统治是何其凶狠、暴力和野蛮，我暂且缄口不提。那个堪称怪物和祸害的乔瓦尼·维特莱斯基①的劣迹先前人们并

---

① 【普注】乔瓦尼·维特莱斯基（Ioanne Vitellesco）是一位效力于教廷的残暴的将领，也是被教廷派驻那不勒斯的总督。教宗安日纳四世曾命他镇压罗马的暴动，并于1437年任命他为枢机。后来，他被控意欲背叛教宗，因此被囚禁，最终于1440年被处以死刑。

不知晓，直到最近才被公之于众。当年，伯多禄用剑削下了玛尔曷（Malchus）的耳朵，如今，这位枢机主教和宗主教却乐此不疲地使用伯多禄之剑令基督教徒血流成河，最终让自己也死在这把剑下。事实上，以色列人也曾被允许在达味和撒罗满的家中起义——尽管这两个人已经被天主派来的先知膏立为王，但由于他们施以重赋，天主也对民众的做法表示了许可。既然如此，难道当我们面对如此严重的暴政时，就不被允许发起抗议吗？尤其是针对那些并非君王，也不可能成为君王的人，他们原本是羊群的牧人，灵魂的向导，如今却变成了小偷和强盗。

二十七

（八十六）

现在来谈谈人法。众所周知，没有任何权利是靠战争夺来的，即使是那些来自战争的权利，其有效性也仅限于对战争掠夺物的占有期间。因为一旦丧失了对掠夺物的占有，也就丧失了相应的权利。所以说，倘若战俘逃离了监狱，没有人会将他们诉诸法庭；同理，倘若原来的主人夺回了被抢走的战利品，抢掠者也无权抗议。倘若蜜蜂和其他飞行类动物从我的住处飞走，落入了其他人的手中，我是不能为此提出抗议，要求归还的。那么说到人——不仅是自由动物，而且是万物之主，倘若有人通过武力获得了自由，难道你能使用所谓的法律，而非武力，去恢复你对那些人的权利吗——仿佛只有你是人，而其他人都是牲口？你说罗马人向其他民族开战，剥夺其自由乃是正义之举，我也不同意这一说法。你不必逼我谈论这一话题，免得我非议我的罗马同胞。没有任何罪行可以严重到令各个民族陷入永恒的奴役：民族间的战争往往是因某位君王或共和国的显赫人物的过错而起,一旦战败,民众便会蒙受本不应遭受的奴役。这类事例数不胜数。

事实上,自然法也不允许一个民族压迫另一个民族。我们可以向其他民族提建议和劝勉,却不能使用暴力对其发号施令,除非我们丧失了人性,要向那些凶猛的野兽学习,针对更为弱小的群体实施血腥统治:好比狮子之于其他四足动物,老鹰之于其他飞禽,海豚之于其他鱼类。即使是这些禽兽,它们欺凌的对象也不是自己的同类,而是比自身弱小的其他物种。我们人类更应如此,一个人对另外一个人,要有良心,要懂得尊重。正如昆体良所言:"若不懂得尊重同类,那便是地球上最狠毒的动物。"

(八十七)

所以说,引发战争的原因通常有以下四种:要么是为了复仇或捍卫友人的利益;要么是害怕纵容对方的实力增长将在日后给自己招致灾祸;要么是出于劫掠的野心;要么是出于对荣耀的追求。在这四种原因之中,第一种最为诚实,第二种次之,而后两种则纯粹是虚伪的借口。实际上,外族人针对罗马人发起的战争也是屡见不鲜的。但是,当罗马人成功地捍卫自身以后,便会向侵略他们的民族以及其他民族开战,且没有一个民族不是因为战败才臣服于罗马的统治的。至于战事因何而起以及是否具有正义性,只有他们自己知道。我既不想指责他们发起不义的战争,也不想为他们开脱,说他们发动战争是正义之举。我只想说,罗马人针对其他民族开战的理由与其他民族和国王发起战争的理由并无差别;且在战争中被进攻和征服的民族同样有权反抗罗马人,如同他们有权反抗此前的其他民族的统治,除非——没有人敢这么说——所有国家的统治权都应交还给最古老的主人,即最早掠夺他人之物的那批人。然而,针对战败民族的统治权理应属于罗马人民,而不属于那些摧毁共和国的历任皇帝。所以说,倘若其他民族有权反抗君士坦丁以及(更为重要的)反抗罗马人民,他们自然也有权利反抗君士坦丁认定的继任者。说句更大胆的话,倘若罗马人有权像驱逐塔克文那样驱逐君士坦丁,或像杀死尤里乌斯·恺撒那样杀死君士坦丁,那么罗马人或其他行省的人便有更充分的理由去杀死君士坦丁的继任者——无论他是何许人也。

不过,即便以上所说都是实话,那也超出了我的论述范畴。因此,我不打算在这一话题上过多停留,作出与先前所述内容不相关的结论。我只说一点:在武力说话的地方谈言论的权利实乃愚蠢之举,凭借武力所得的事物,最终会因武力丧失。当然,还有一些新来的民族(例如我们所了解的哥特人),他们先前从不曾受罗马帝国的统治,后来他们驱逐了帝国的原有居民,占领了意大利和许多行省。说到底,若要使其他民族,尤其是获胜的民族再度陷入他们从来不曾认可的奴役制度,让他们接受那些战败民族的压迫,这又有什么正义可言呢?

(八十八)

现如今,某些城市和民族——如我们所知道的情形那样——一度被皇帝弃之不顾,由于蛮族入侵而不得不选举出自己的国王,并在他的领导下取得了胜利。既然如此,他们又怎会将这位领袖罢黜呢?难道他们会让自己的子嗣——无论是看在其父功绩的份上,还是看在他们自身才华品性的份上——变成一无所有的臣民?难道他们应该再度臣服于罗马君王的统治,尤其是在他们无法指望其他人的援助,只能依靠本民族领袖的子嗣创建功业的时刻?即使那位皇帝或君士坦丁起死回生,即使元老院和罗马人民将他们唤至公审大会——如古希腊的安菲克提翁集会，只要经过第一轮论辩，其针对上述群体恢复奴役制度的要求也会被立刻驳回：要么是因为他们尽管先前曾得到他的保护，但后来被遗弃；要么是因为他们长久以来已臣服于另外一位君主；要么是因为他们从未被外族君王统治过；又或者是因为他们生来自由，且能够凭借灵魂和身体的力量捍卫其自由权利。显而易见，倘若连皇帝和罗马人民都无权要求收回对上述群体的统治，教宗就更加没有权利行此举了。同理，倘若其他曾被罗马帝国统治的民族有权选举自己的国王，建立自己的共和国，那么罗马人民自然也有权作出同样的决定，尤其是为了反抗教宗实施的新型暴政统治。

二十八

（八十九）

我们的敌人，眼见无法捍卫这份（从来不曾存在，且即使有过，也早已随岁月流逝而失效的）赠礼，便选择用另一种方式来维护它。这一策略仿佛丢弃大城，退守小城，很快就会因为粮草短缺而被迫投降。他们说，罗马教会是通过长期时效（prescripsit）取得了它的占有物。那么，它凭什么要求收回它并没有通过长期时效取得的另一部分？——那一部分数量更大，且已经被他人通过长期时效获取了。除非只有教会反抗他人是合法的，而他人反抗教会就是不合法的。

"罗马教会是通过长期时效取得了它的占有物。"若果真如此，它为何要殚精竭虑地让诸位皇帝确认这份权利？它为何以同时拥有"赠礼"文书和诸位皇帝的确认为傲，哪怕两者之中的一项已经足够？若是要援引后者，就必然会违背前者。那么为何不能对后者缄口不提呢？显而易见,仅凭《赠礼》文书,是无法站住脚的。

"罗马教会是通过长期时效取得了它的占有物。"这一举动并非基于正当的名义,而是出于恶意,如何能够取得它的占有物?即使你不承认那是出于恶意取得的占有,也必然无法否认那是由于愚蠢才以信以为真的方式取得的占有。这是如此重要,如此明显的一桩事情,难道教会能够以自己对事实和律法的不知作为借口为自己开脱?就事实层面而论:君士坦丁根本不曾赠送罗马和诸行省(普通人或许不知晓,但教宗一定心知肚明);就律法层面而论,罗马和诸行省根本不能被赠予,也不能被接受——若不知道这一点,便不配称为基督教徒。所以说,是愚蠢的盲从让你以为拥有针对那些事物的权利,对吗?倘若你先前能谨慎一些,便会明白那些事物从来就不属于你。至少在此刻,当我表明你曾是通过无知和愚蠢获取了那些事物,那么即使你曾经拥有,此刻还不会丧失这一权利吗?如今,你知道了,那些由于无知而非法获取的东西,难道不应被拿走,被合法地、连本带利地由非法的主人归还给合法的主人吗?倘若你依旧不肯对这份占有物放手,那么"无知"就会转变为"恶毒"和"狡诈",毫无疑问,你也就变成了一个心怀恶意的占有者。

(九十)

"罗马教会是通过长期时效取得了它的占有物。"噢,你们这些对于神法一无所知的白痴!无论年头有多久,都不会抹除一个合法的名义。假如我被野蛮人掳走,众人皆以为我丧命,然而,在被囚禁一百年后,我又回到了祖国,意欲收复祖业,这一要求难道会被拒绝吗?还有什么比拒绝这一要求更不人道的处置?不妨再举另一个例子,面对阿孟子民提出的"交还从阿尔农河到雅波克河,直到约旦河"的要求,以色列人的统帅衣弗大(Iephte)难道会答应?——早在300年前,以色列就通过长期时效获得了那片地方。他难道没有表明阿孟子民试图讨还的那片领土其实从来就不曾属于他们,而是原属阿摩黎人?他难道没有表明,既然在漫长的岁月里,阿孟子民从没要求收回那片土地,这一事实本身就构成了那片土地根本不属于他们的证据?

"罗马教会是通过长期时效取得了它的占有物。"住口,你这毒舌!所谓"长期时效"针对的是没有语言和理性的事物,你却将它应用在人的身上!对于人类而言,奴役越是长久,就越会令人心生憎恶。飞禽走兽尚且不遵守所谓的"长期时效",不管被囚禁多长时间,一旦有机会,就会遵循自身的本性,夺笼而逃;难道身陷奴役的人反而没有逃跑的自由?

(九十一)

瞧瞧,那些以战争而非法律为手段的罗马教宗们是如何展现出他们的狡诈和欺骗(而非仅仅是无知)的。我认为,最初几位占领罗马和其他城市的教宗采取的就是类似的手段。就在我出生前不久(我援引当年那些人的回忆作为证据),罗马——尽管在很长一段时间以来一直是一座自由的城市——在某种非常手段之下,遭受了教宗的统治,甚至是非法统治。那位教宗就是波尼法爵九世(Bonifacius IX),此人的狡诈与同名的波尼法爵八世不相上下(或许只有最坏的人才会叫"波尼法爵"这个名字)。骗局被揭穿后,罗马人群情激愤。那位"善良"的教宗则按照塔克文的做法,用权杖敲落了长得最高的罂粟花。晚些时候,他的继任者依诺增爵七世(Innocentius VII)试图依样效仿,却被逐出了罗马城。至于其他的教宗,我就不一一尽数了,他们总是凭借武力压迫罗马,尽管罗马曾不止一次竭力反抗——六年前的那次就是其中一例。罗马民众一方面无力抵抗围城的敌军,另一方面又无法通过教宗安日纳为城市谋得和平,只好将教宗围困在他的宫殿里,并向他提出要求:

要么答应与敌军达成和平协议,要么将城市的管理权交还给罗马市民,否则便不让他出门。然而,安日纳却没有答应罗马市民正义且合理的要求,而是打算离开罗马:他乔装打扮,只在一名随从的陪同下逃出了城。若是有选择,谁会否认罗马民众定会选择自由,而非受他人奴役呢?我们可以推断,其他遭受教宗奴役的城市亦是如此,它们本应借助教宗的力量从奴役中被解救出来。

(九十二)

若要一一尽数罗马人民曾解放过多少遭受敌军奴役的城市,那就太多了。提图斯·弗拉米努斯(Titus Flamininus)甚至下令解放处于安条克(Antiochus III)统治下的整个希腊。[①] 然而,如诸位所见,教宗热衷于破坏各民族的自由,这才会导致这些民族一有机会就相继愤然反抗(例如现今的博洛尼亚)。就算他们有时也曾自愿屈从于教宗的统治(当其他危险从别处逼近,此种情况便会发生),此举也不应被理解为他们甘愿为奴,永远不想将他们的脖子从枷锁中解脱出来,且他们的子孙就真的不想主宰自身的命运了。这种不公正的状况肯定是令人无法接受的。

(九十三)

至高无上的教宗,以前,我们曾自愿来到你身边,接受你的管辖;如今,我们却自愿远离你,让你无法再管辖我们。若说我们在某种意义上亏欠了您,那便请您针对那些亏欠和恩惠算一笔账。你总想逆我们的意愿而治,仿佛我们是尚未长大的孩子,殊不知我们完全能够比你统治

---

① 【鲍注】参见 Titus Livius, *Ab Urbe Condita*, XXXIII, 32, 5。同时参见 Valerius Maximus, *Factorum ac dictorum memorabilium libri*, IX, IV 8.5。

得更加高明。

除此以外,这座城市所遭受的欺凌全都是拜你或你的属下所赐。请天主作证:是这欺凌逼迫我们揭竿而起,一如从前雅洛贝罕统治下的以色列。然而,背负更为沉重的赋税——这已然是对我们的欺凌——只是我们所承受的灾难的一部分。倘若你要拖垮我们的共和国,会发生什么?——可你已经拖垮了!倘若你要洗劫庙宇?——可你已经洗劫了!倘若你要强暴处女和为人之母者?——你已经这么做了!倘若你要让城市浸泡在市民的鲜血之中?——你已经将其血洗了!难道我们要隐忍这一切吗?既然你已不再是我们的父亲,我们不如也忘了是您的子民?至高无上的教宗,人民之所以曾将你召唤至此,是让你作他们的父亲或主人(倘若这一说法更能讨你的欢心),而不是让你成为敌人或刽子手。然而,你不愿像父亲或主人那样行事,偏要当敌人和刽子手。尽管如此,我们作为基督徒教徒,也不会效仿你的穷凶极恶之行。尽管律法已被破坏,我们不必有所顾忌,但我们仍然不会将复仇之剑刺向你的头颅,而是要让你请辞,将你驱逐,随后再拥立另一位父亲或主人。既然子女有权逃离曾生养他的歹毒父母,难道我们就无权逃离你这个父亲吗?——你并非我们的亲爹,而是对我们百般虐待的继父!你还是管好自己的教士队伍,不要将自己的大本营置于北境,从那里制造雷鸣电闪,去吓唬这个民族和其他民族。

二十九

(九十四)

对于如此不言自明之事,我何须再费唇舌?我认为,不仅君士坦丁不会送出如此多赠礼,不仅罗马教宗无权以长期时效为由将其占有,就算前两者都是事实,上述权利也都会因为占有者的累累罪恶而一笔勾销。如我们所见,整个意大利和诸多行省所遭受的摧残和践踏都是来自这唯一的源头。倘若源头苦涩,溪流必定同样苦涩;倘若树根肮脏,枝条必然肮脏;倘若第一枚果实不纯,那么所有的果实都会不纯。反过来说,倘若溪水苦涩,源头就应被堵住;倘若枝条肮脏,就应从根基处查找问题所在;倘若所有的果子都不纯,那么第一个果子也应被抛弃。既然我们已经明白,教宗权力是诸多罪行和灾祸的源头,难道还要将此种权力视作律法吗?

(九十五)

因此,我要表明,且要疾呼(既然我信仰天主,便无惧世俗凡人):在我所处的时代,没有任何一位教宗堪称"忠信及精明的管家"①,不仅如此,他们根本不曾向天主的家人配给食粮,而是"吞我民如食面包"②和配菜。教宗亲自发动针对顺民的战争,在城市和王侯之间挑拨离间,贪恋他人之财,消耗自身财富,恰如阿喀琉斯评价阿伽门农,说他是"δημοβόρος βασιλεύς"——"吃人的国王"③。教宗从共和国渔利——哪怕是维勒斯(Verres)、喀提林(Catilina)及其他贪污者也不敢为之,也从教会和圣灵那里谋取厚利——就连臭名昭著的术士西满也会唾弃这样的行为。当他因上述缘由遭到批评或某些正直之人的责备,他并不否认,而是公开承认,甚至以此为荣。在他看来,他完全有权不择手段地将君士坦丁赐予教会的财产从时任占有者手中抢夺过来,仿佛只

---

① 【普注】《路加福音》12:42。
② 【普注】《圣咏集》52(53):5。
③ 【普注】参见 Homere, *Iliade*, I, 231。

要夺回了那笔赠礼,基督宗教就能获得真福,而不是更加被所有的罪行及骄奢淫逸之举重压。然而事实上,教会的确遭到了更加严重的重压,且为犯下更深的罪行留下了可能。

(九十六)

为了能够夺回赠礼的其他部分,教宗变本加厉地挥霍从老实人那里抢来的钱财,供养骑兵和步兵,劳民伤财,而基督却与万千劳苦民众一道,被饥饿和困顿折磨。他丝毫不明白(这行为多么卑鄙啊):当他忙于从世俗之人手中抢夺原本就属于他们的财富之时,那些世俗之人也会效仿他这个糟糕至极的榜样,或者是出于无奈的必需(尽管并非一种真正的必需),抢夺属于教职人员的财富。

三十

(九十七)

如此一来,在世上的任何地方,都不存在所谓的宗教信仰、神圣感,以及对天主的敬畏了。("说起来真让人毛骨悚然"①),邪恶之人会以教宗为范例,为自己的所有罪行开脱。因为在教宗及其同僚的身上,可以寻到每一种罪行的榜样。我们可以用依撒意亚(Esaia)和保禄的话来形容教宗及他身边的人:"天主的名在异民中因你们而受了亵渎"②;"你们这教导别人的,却不教导你们自己;你们宣讲不可偷盗,你们自己

---

① 【鲍注】参见 Virgil, *Aeneid* 2.204。
② 【普注】参见《罗马人书》2:24。同时见《依撒意亚》52:5。

却去偷盗;你们憎恶偶像,自己却干着亵渎之事,指着法律夸口",指着教宗的职位夸口,"自己却因违反法律"而使"天主(真正的君主)受侮辱"①。既然罗马人民因财富过剩而丧失了真正的罗马品格;撒罗满也出于同样的原因,因对女人的宠爱而陷入了神灵崇拜,难道我们想象不到,目前,同样的情形也发生在至高无上的教宗及其他教士身上?

(九十八)

既然如此,我们难道应该认为天主会允许西尔维斯特接受那笔会让他犯罪的财富?若要诋毁这位圣洁无比的人物,我可不答应;我绝不能容忍有人向这位至善的教宗泼脏水,说他接受了帝国、王国和行省——通常说来,哪怕只是为了担任教士,都会将这些东西统统放弃的。无论是西尔维斯特还是其他神圣的教宗,他们都是两袖清风的,即使在敌人眼中也显得至圣至明:好比那位利奥教宗(Leo I),成功地震慑并战胜了那位蛮族国王的残暴灵魂——此前,就算是罗马铁骑也没能将其吓退和击败。然而,近年来的那些教宗,却被财富和享乐所累,乐此不疲:古人有多睿智和神圣,他们就显得多贪婪和荒谬,其恶名的传扬程度远远超过古人的美誉。试问哪一个自称基督教徒的人能够对此忍气吞声?

(九十九)

需要说明的是,尽管教宗目前仍在他那条路上不受约束地疾驰,但在这第一篇演说辞中,我并不想鼓动各国的王公贵族和民众对教宗围追堵截,迫使他不再越界,而只是想对他发出警告。在认识到真相以

---

① 【普注】参见《罗马人书》2:21—23。

后，教宗也许会自觉地从他人的住处搬离，自觉地远离惊涛骇浪、雨骤风狂，重返安全的港湾。假如他拒不悔改，我便会准备第二篇更为犀利的演说辞。愿老天保佑，愿老天保佑我能看到有一天（对我来说，没有什么比这一愿望更为强烈，尤其是当它因我的建议而成真）——教宗只是基督的代表，不再充当皇帝的代表；再也听不到那些可怕的说法，"支持教会派""反对教会派""教会攻打佩鲁贾人""教会攻打博洛尼亚人"。教会并不攻打基督徒——只有教宗才干这种事；教会攻打的是"天界里邪恶的鬼神"①。到那时，教宗才算是名副其实的教宗，他将是神圣的父亲，所有人的父亲，教会的父亲；他不会挑唆基督教徒之间的内战，只会凭借使徒式的训诫和教宗本身的庄重威严让他人引发的各种战争归于平静。

---

① 【普注】参见《厄弗所书》6:12。

君士坦丁赠礼

一

以神圣且不可分割的三位一体——圣父、圣子和圣灵——的名义。

恺撒·弗拉维乌斯·君士坦丁皇帝信仰的基督耶稣是来自神圣三位一体的我们的救主和天主；他忠实、宽厚、卓越、仁慈；他战胜阿勒曼尼亚人、哥特人、萨尔马提亚人、日耳曼人、不列颠尼亚人、匈人；他虔诚且幸运，无往不胜，凯歌常奏，君威常在。他向最神圣、最有福的众父之父西尔维斯特——罗马城的主教和教宗——致意；向西尔维斯特的所有继任者致意——他们将端坐于圣伯多禄的宝座之上，直至时间的尽头；向诸位教宗和所有最可敬的、最受天主爱护的信奉公教的现任、历任和未来即将上任的主教致意——根据朕这项通行于全世界的帝国诏令，主教们应听命于同样神圣的罗马教会；愿出自全能的圣父天主、圣子耶稣基督和圣灵的恩典、和平、仁爱、欢乐、忍耐和慈悲与你们所有人同在。

二

我们的救主和救赎者基督耶稣——至高无上的圣父之子,通过其神圣的宗徒伯多禄和保禄的行动,并在至尊和大公的教宗、我们的父西尔维斯特的参与下,取得了超凡神奇的成果。为了将以下讯息传达至全世界各族民众,朕作为最宽厚的君主在这份皇帝诏书的页面之中以清晰明了的文字就此进行诏告。

朕的信仰是从上述那位极为杰出且最有福的父、向朕布道之人、大公教宗西尔维斯特那里领受而来的。朕首先要做的,是表达发自内心深处的忏悔,以教育你们所有人的思想,进而向世人宣告天主恩赐于朕的慈悲。

三

愿诸位能够知晓,正如朕在早前颁布的帝国诏令中表明的那样,朕已弃绝偶像崇拜,已弃绝凡人手作的又聋又哑的崇拜道具,已弃绝邪恶的人造之物和所有属于撒旦的奢华排场;朕已企及纯粹的基督徒信仰,那才是真正的光明和永恒的生命。秉承给予朕精神滋养的至尊的父和导师——西尔维斯特教宗的教诲:朕信奉圣父——他是天与地以及一切可见之物和不可见之物的全能的创造者;信奉耶稣基督——圣父唯一的儿子、我们的主宰和天主,一切事物均经由他而创造;信奉圣灵——赋予一切造物以生命力的主。朕公开信奉圣父、圣子和圣灵。如此,神圣的完美和权能的统一便可同时存于完美的三位一体。圣父是天主,圣子是天主,圣灵是天主,且这三者在耶稣基督身上合而为一:因此,虽有三种形式,却只有一种权能。

四

事实上,充满智慧的天主自始至终都是亲自发布圣言,所有的世代依据圣言产生。当他仅通过代表其智慧的圣言从无到有地完成了一切创造的时候,他与圣言一道,在玄奥的秘境之中安排了万事万物。于是,当诸天的一切荣光和尘世的一切质料都被安排妥当之后,他又以来自其智慧的慈悲之举用地上的泥浆依照自身的形象首先创造了人,将他安置在一片乐园里;然而,那条古老的蛇和恶魔这个心怀嫉妒的敌人却通过那棵被禁的果树上的苦涩至极的尝试,使人遭到放逐,远离了原先享有的喜乐。被驱逐后,恶魔仍然通过各种方式不断投出毒镖,试图通过将人类带离追寻真理之路,屈从于偶像崇拜,诱导人类崇拜造物,而非造物主。通过那些崇拜道具,恶魔让陷入他圈套的人在永恒之刑中与他一起被焚烧。

但是我们的主怜惜他的造物,他派出神圣的先知,借由他们之口宣布生命之光即将来临。这便是圣子——我们的天主和救主耶稣基督——的降临。我们的主派出了他唯一的儿子和代表智慧的圣言。圣子为了我们的救赎才从天国来到人间,通过圣灵和童贞女玛利亚降生,他与圣言一样,化作肉身,生活在我们中间。

他并未失去先前的身份,同时亦开始拥有先前不曾有过的身份,他既是完美的天主,又是完美的人:作为天主,他创造奇迹;作为人,他承受人类的疾苦。

经由至尊的教宗、朕的父西尔维斯特的教诲,朕得以理解他是真人和真天主,且朕毫不怀疑真天主曾是真人。他选择了 12 位宗徒,在他们和无数民众的面前闪耀奇迹之光。

朕认可主耶稣基督亲自完成了律法和先知们传达的事项:根据《圣经》所述,他承受了痛苦,被钉上十字架,于第三天从亡者之中复活;他升上了天国,坐在圣父的右侧,并将在那里审判生者和死者,他的王国永存不朽。

五

这便是朕的正统信仰,由最有福的父、至尊的教宗西尔维斯特传递给朕。因此,朕敦劝一切人等和各种各族,须坚持、践行和宣扬此种信仰;须奉神圣的三位一体之名领受洗礼的恩典;须以虔诚的心灵敬拜耶稣基督——我们的救主:他与圣父和圣灵一道,永世生存,永世统治。这便是朕最有福的父、至尊的教宗西尔维斯特传布的信仰。

六

由于我们的天主本人怜悯身为罪人的我,便派出了他的神圣的宗徒们来看望朕,让他的光辉在朕的身上闪耀。你们应为我感到欢欣,因为我摆脱了黑暗,获得了真正的光明,认识了真理。

曾经,一场来势汹汹、肮脏龌龊的麻风病侵袭了我的整个肉体。众多医生聚集在一起为我治疗,却没人能让我康复。随后,来了好些卡比托利欧山丘的祭司,他们告诉我须在卡比托利欧山丘上修建一处浴池,并用无邪的婴儿的热血将其填满,我只有在热血中洗浴,身体才能恢复洁净。

按照他们的建议,为数众多的纯洁的婴儿被带到了一起。正当那些渎圣的异教祭司要将他们杀死,用他们的鲜血填满浴池的时候,朕作为尊贵的君主看到了母亲们的泪花,便立刻对那残忍的行径感到惊恐万状。出于对她们的同情,朕下令将孩子送还至他们的父母身边。在安排好车马,并以礼品相赠后,朕将他们送回了各自的家。

七

那一天就这样过去了,夜晚的宁静降临。就寝时分,宗徒圣伯多禄和圣保禄出现在我的面前,他们对我说:"既然你终止了邪恶之举,且对让无辜者流血这一做法感到惊恐,我们便受天主基督的派遣,向你指明恢复健康的方法。你要听取我们的忠告,完全依照我们的建议行事。此前,为了躲避你的迫害,罗马城的主教西尔维斯特与他手下的教士跑到了索拉泰山,在山洞里藏身。若你将此人请来,他便会告诉你一处垂怜之池。当他将你浸入池水三次,麻风病症便会彻底离你而去。此事完成后,你要报答你的救主。有了你的命令,整个世界的所有教会都可复活。此外,你要净化自身:抛弃所有的偶像迷信,尊崇永生的真正的天主——唯一的真正的神,从而完成他的旨意。"

八

于是,从睡梦中醒来后,我立即按照那两位神圣宗徒的吩咐去做。我召见了那位杰出的父——他是朕的滋养者和启迪者、大公教宗西尔维斯特,将神圣宗徒给我的所有指示都告诉了他,并问他伯多禄和保禄是何方神灵。

但他说,事实上,他们并非神灵,而是我们的救主和天主耶稣基督的宗徒。朕又开始问这位最有福的教宗,他是否有那些宗徒的明确的画像,以便朕能够确认他们是不是向朕展现天启的那两个人。

那位可敬的父便命令他的执事展示了那两位宗徒的画像。当我看着他们,并且在这些形象中认出了我在梦里看到的那些人的容貌后,我当着我的所有萨特拉普的面,大声承认他们就是我在梦中见过的人。

九

于是,朕的父,罗马城的主教,也就是那位最有福的西尔维斯特命朕在朕的拉特兰宫内的一个房间里忏悔一段时期,身穿苦衣,通过守夜、斋戒、泪水和祷告求得我们的救主、我们的天主耶稣基督的原谅;原谅我先前做下的所有不敬之事和下达的不公正的命令。

我被教士们连推带拽地带到了主教本人面前。在那里,我宣布弃绝撒旦的奢华排场和他做的那些事情,弃绝所有人造的崇拜道具,当着所有人的面自愿宣告信仰全能的圣父天主,他是天与地以及一切可见之物和不可见之物的创造者;信仰耶稣基督,他是天主的独子,出自圣灵和童贞女玛利亚,是我们的主。当我三次浸入那受到祝福的水中,救恩的水波将我净化。当我身处于水下时,亲眼看到一只来自天国的手触碰了我;当我以洁净之身浮出水面时,你们要知道,我已经清除了麻风病的一切污秽。当我从那尊贵的水中站起身,穿上洁白的衣服,西尔维斯特为我涂抹祝圣过的膏油,在我身上涂上圣灵的标记,且先后涂了七次。接着,他又在我的前额划了圣十字符号,说:"天主以圣父、圣子和圣灵之名,用他的信仰之印记在你身上做了标记,以此表明你的信仰。"所有教士回应道:"阿门。"主教补充道:"平安与你同在。"

十

如此,在我领受圣洗奥秘后的第一天,在我的身体从麻风病的污秽中痊愈后,我认识到:除了圣父、圣子和圣灵以外,别无其他天主;这就是最有福的教宗西尔维斯特所教导的:三位一体,一体三位。事实上,我此前敬拜的所有异教的神灵,都被证明是魔鬼;他们是人造的物件。论及我们的救主在审问有福的宗徒圣伯多禄并发现他的忠心后授予他天上地下的权力有多大,他说:"你是伯多禄,在这磐石上,我要建立我的教会,阴间的门决不能战胜她。"①诸位拥有权能的人,请你们注意,用心聆听善良的老师和天主后来嘱咐他的宗徒的那些话语:"我要将天国的钥匙交给你:凡你在地上所束缚的,在天上也要被束缚;凡你在地上所释放的,在天上也要被释放。"②在地上束缚和释放,并让其在天国也被束缚和释放,这简直太神奇,太值得赞颂了。

十一

当我从有福的西尔维斯特的布道中得知这些,并意识到我得益于有福的伯多禄的恩惠,完全康复了的时候:朕与所有萨特拉普、整个元老院、贵人派和所有臣服于朕的帝国荣光之下的人民一致认为以下做法是有益的:鉴于有福的伯多禄被认定为圣子在人间的代表③,那么作为众宗徒的领袖,诸位教宗也应在取得朕及朕的帝国的赐予的前提下,获得比朕平静的尘世帝国所具有的宽厚性更为广泛的至尊权力。④ 选众宗徒之首或其诸位代理人前去担当朕在天主面前的忠实的代言人。

---

① 【鲍注】参见《玛窦福音》16,18。
② 【鲍注】参见《玛窦福音》16,19。
③ 【译注】瓦拉在《〈君士坦丁赠礼〉辨伪》的相关文段中引用的是"天主在人间的代表"[terris vicarius dei],而非原文中的"圣子在人间的代表"[terris vicarius filii]。为方便读者理解,下文"鲍注"中涉及此类文本分析处,均以"[ ]"简单指出拉丁文语意和语法特征。为免繁冗,后文不再说明。
④ 【鲍注】瓦拉在《〈君士坦丁赠礼〉辨伪》的相关文段中引述此段文字时,其文本内容与原文文本略有出入。瓦拉引用的是"cuncto populo imperio romane ecclesie subiacenti"[所有臣服于罗马教会的人民],而非原文中的"cuncto populo Romano gloriae imperii nostri subiacenti"[所有处于我们帝国的荣光之下的人民]。此外,在瓦拉引述的文本中,在 apostolorum 一词后,仅有 vicem,没有原文中的 qui 和 gerunt vices。

如同朕所享的尘世帝国权力,朕裁定要毕恭毕敬地尊崇神圣的罗马教会,高度赞颂有福的伯多禄所在的无上圣地的超越帝国和世俗王座的荣耀,授予其帝国的权力、荣耀的尊严①、力量以及荣誉。

十二

另外,朕通过裁定使他的权威生效,不仅是相对于安塔基亚、亚历山德里亚、君士坦丁堡和耶路撒冷四大宗主教区的权威,而且是相对于整个地球所有以天主为信仰的教会的权威。一直以来以神圣罗马教会领袖身份露面的教宗也将以更崇高和权威的形象呈现,成为属于全世界所有教士们的统领者。众人应依照他的裁决行事,以谋求对天主的崇拜或基督教徒稳定的信仰。②

的确,神圣法律的创建者——我们的救主——指派有福的伯多禄将宗座安置在哪里,神圣法律就理应在哪里保持其至高无上的权力:在那里,圣伯多禄背负着十字架,喝下那杯神圣的赴死之酒,以他的主和导师的效仿者形象出现;在那里,人们俯首认可基督之名,因为他们的

---

① 【鲍注】瓦拉在《〈君士坦丁赠礼〉辨伪》的相关文段中引述此段文字时,其文本内容与原文文本略有出入。瓦拉引用的是"gloriam et dignitatem"[荣耀和尊严],而非福尔曼本中的原文文本"gloriae dignitatem"[荣耀的尊严]。

② 【鲍注】瓦拉在《〈君士坦丁赠礼〉辨伪》的相关文段中所引述的文本省略了"教区"前的形容词"主要的"[praecipuas]。更有意思的是,在被引述的文本中,四大教区的列举顺序与原文有所不同:亚历山德里亚、安塔基亚、耶路撒冷和君士坦丁堡。此外,瓦拉引用的是"ad cultum Dei et fidem christianorum vel stabilitatem procurandam"[以谋求对天主的信仰及基督教徒的虔诚或稳定],而非福尔曼版印本中的原文文本"ad cultum dei vel fidei Christianorum stabilitate procuranda"[以谋求对天主的信仰或基督教徒稳定的信仰]。瓦拉对文本中出现的"vel"一词进行了嘲讽。

导师,宗徒圣保禄也是在那里为基督引颈受死,接受了殉道者的冠冕。以往,他们服侍的是一位傲慢的尘世君主,如今,就让他们在那里去追寻那位导师——他的圣体安息于此;就让他们在那里谦卑地俯身,效力于天国的君王——我们的救主耶稣基督,直到世界的终结。

十三

同时,朕要求各种各族的一切人等都应知晓:朕在朕自己的拉特兰宫内部,为我们的救主、我们的天主、我们的耶稣基督建造了一座带有洗礼池的教堂。

你们还应知晓,在为教堂奠基之时,朕已经用自己的肩膀扛出了12筐泥土,与12位宗徒的数目对应。

朕宣布,那座教堂应被视作全世界所有教堂之首和最高典范,被提及、珍视、崇敬和宣扬——正如朕在其他一些谕令中所规定的那样。

朕还为有福的圣伯多禄和圣保禄——他们是最早的两位宗徒——分别建造了教堂,并用金和银加以装饰。为了以极大的荣耀安葬他们至为神圣的遗体,朕用琥珀为他们打造了棺椁,它拥有能够战胜任何元素①的力量。在每一尊棺椁上,朕还放置了一枚用纯金和宝石制作的十字架,用金色的钉子将其固定。开锁的钥匙是用黄金做成的。

朕已经向这些教堂赐予了占有的地产,确保其烛火长明。朕也已为其增添了多种物品。根据朕神圣的谕令,朕还凭借慷慨之心向这些

---

① 【译注】此处指可能使棺椁腐朽的各种自然因素。

教堂赠予了东部的土地——其面积不亚于西部的赠予地区,朕甚至还赠予了北部和南部的地区,覆盖犹地亚、希腊、亚细亚、色雷斯、阿非利加和意大利,甚至包括诸多岛屿,前提条件是上述一切都应受朕最有福的父、教宗西尔维斯特及其继任者的支配。①

十四

所以说,朕要让所有人,让普天之下的各个种族和民族都与朕同享喜乐;朕要严正要求你们所有人与朕一道无限感谢我们的天主和救主耶稣基督。因为他是天上和地下的主,经由他的神圣宗徒们来拜访朕,使朕配得接受洗礼的圣礼,获得身体的健康。

作为回报,朕要向神圣的宗徒、朕的主人、最有福的伯多禄和保禄赠礼,并通过他们传给朕有福的父西尔维斯特——罗马城至尊的大公教宗以及他的继任者们,他们将坐镇于圣伯多禄的宝座,直到世界的终结。朕要立即授予:朕的帝国的拉特兰宫——那是最得朕欢喜的,超越了其他宫殿的皇宫;御冕:我们领袖的王冠,同时还有弗里几亚帽以及披带(一种通常环绕在帝王颈部的带子);还有紫红色外氅、紫红色短

---

① 【鲍注】瓦拉在《〈君士坦丁赠礼〉辨伪》的相关文段中引述的文本内容与原文文本略有出入。他引述的并非原文中的"concinnatione"[筹备],而是"continuatione"[继续];并非原文中的"per nostras imperialium iussionum sacras",而是"per nostrum imperialem iussionem sacram"[两者的基本含义均为"根据朕神圣的谕令"]。这两处改写都比原文更可取。关于瓦拉所使用的《格拉提安教令集》的文稿版本,参见 Johanna Petersmann, "Die kanonistische Überlieferung des Constitutum Constantini bis zum Dekret Gratians", in *Deutsches Archiv für Erforschung des Mittelalters* 30 (1974), pp. 356-449,尤其见第389页及以下关于格拉提安的部分。

袍、所有皇家服饰或符合帝国骑兵战队将领级别的排场；在授予他那些帝皇权杖的同时，朕还将授予他账册、希尼亚、旗帜①和各类皇家装饰物、最高级别的皇家仪仗和代表朕权力的荣耀。

十五

朕规定，无论级别如何，只要是服务于神圣罗马教会的极为令人景仰的神职人员，都将拥有至高的超凡权力和卓越的地位——一如朕尊贵的元老院，貌似被荣耀装点，也就是说元老院成员将被擢升为勋贵或推举为执政官。朕宣布，神职人员将饰以其他所有的皇家体面。鉴于皇家士兵被装点得气派非凡，朕裁定神圣罗马教会的神职人员也应被装饰。同理，鉴于皇家权力被各种各样的职位、内侍、看门人和所有的卫兵装点，朕希望神圣的罗马教会也有同样配备。②为了使教会的荣光以最闪亮的方式熠熠生辉，朕还裁定神圣罗马教会的神圣神职人员应

---

① 【鲍注】瓦拉在《〈君士坦丁赠礼〉辨伪》的相关文段中引述的文本内容与原文文本略有出入。他引述的并非原文中的"conta atque"[账册]，而是"cuncta atque"[所有的]；并非原文中的"banda"[旗帜]，而是"banna"[徽章]。两处改写都比原文更可取，可能是由抄写员完成的。

② 【鲍注】瓦拉在《〈君士坦丁赠礼〉辨伪》的相关文段中引述的文本内容与原文文本存在明显差异。在本段的开头，瓦拉的引文为"Viris etiam diversi ordinis"，而非原文的"Viris enim ... diversis ordinibus"[两者的基本含义均为"无论级别如何"]；在瓦拉引述的文本中，原文中的"culmen... praecellentiam"被改写为"culmen singularis potentie et precellentie"[两者的基本含义均为"至高的超凡权力和卓越的地位"]；"promulgantes"["宣布"的现在分词]被改写为"promulgavimus"["宣布"的完成时]；福尔曼印本中的原文文本"decernimus"["裁定"，现在时]被改写作"decrevimus"["裁定"，完成时]。瓦拉所嘲笑的"concubitorum"（姘头）一词，在《君士坦丁诏令》的原文中是"excubiorum"[守卫]；原文中的"ornatu decoratur"[被装点]被改写为"ordinatur"[被执掌]。

用洁白无瑕的亚麻制成的马派巾装饰坐骑。如同元老,他们把洁白的亚麻制成的毡鞋穿在脚上,以此来彰显身份。如此,天国中的事物便与尘世间的事物一样被装饰,以表对天主的赞美。① 此外,为了彰显我们的天主——耶稣基督的荣光,朕要授予我们极其神圣的父、罗马城的主教、教宗西尔维斯特和在他之后上任,接续不断直至永远的各位极有福的继任教宗一项比其他权力更为重要的权力,即依据自己的喜好和意志从朕的元老院任命神职人员,让其加入虔诚的宗教神职人员的虔诚的队伍。绝对无人胆敢指责他的举止傲慢。②

十六

所以朕还裁定了这一点:为了赞美天主,同时向有福的伯多禄致

---

① 【鲍注】瓦拉在《〈君士坦丁赠礼〉辨伪》的相关文段中引述的文本内容与原文文本存在若干不同之处。首先,少数几处动词的形式存在微小的差异;此外,瓦拉读到的并非原文中的"mappulis ex linteaminibus"[亚麻制成的马派巾],而是"mappulis et linteaminibus"[马派巾和亚麻布]。瓦拉嘲讽的那句令人惊愕的"decoratos equos equitent"[骑装饰有……的坐骑],在原文文本中实为"decorari equos et ita equitari"[装饰坐骑且骑着它]。福尔曼版印本的原文文本中的"uti"["使用",不定式]被改写作"utitur"["使用",第三人称单数],"illustrari"["被彰显",不定式]被改写作"illustrentur"["被彰显",第三人称复数]。瓦拉引述的文本再次反映出手稿在誊抄传播过程中发生的修正。

② 【鲍注】第15节的内容在瓦拉的《〈君士坦丁赠礼〉辨伪》中被显著地缩减和扩写。原文中对西尔维斯特及其继任者和整个教会的命名方式十分冗长,这一部分在瓦拉的引述文本中被缩减为寥寥数语。在提及西尔维斯特的继任者后,瓦拉引述的文本中又增添了"ex nostro indictu"[根据我们的公告]这一表述。通过研读福尔曼印本,可以提出一种假设,这是对《君士坦丁诏令》原文中的"ex nostra synclitu"[从元老院]的修正。因为"synclitu"有时会被替换为"inclitu""inclitis"或"inclyto"。在福尔曼版的列奥-洪贝特组手稿(Leo-Humbert group)中,均可读到"ex nostro indictu"字样。就总体而言,瓦拉引述的文本与上述手稿有着十分接近的相似度。

敬,他本人和他的继任者理应佩戴御冕,即朕从头上卸下,已经赐予他的用极纯的黄金和珍贵宝石打造的王冠。①

事实上,极其神圣的教宗本人并没有接受将黄金王冠套在教士的头顶削发圈上,②他的头顶削发圈是为了彰显极有福的伯多禄的荣光。但朕用双手在他无比神圣的头顶放置了闪耀着洁白光芒,象征主辉煌复活的弗里几亚帽。为了表达对有福的伯多禄的尊崇,朕紧握马匹的缰绳,为教宗尽马夫之职。同时,朕裁定他所有的继任者都要在仪式中效仿朕的皇帝之权,各自佩戴同样的弗里几亚帽。③

十七

相应地,为了不让教宗的卓越地位受到任何贬损,而是让他被更胜于帝国统治尊严的荣耀的权力所装饰,朕现向前文多次提及的极其有福的教宗、大公主教、朕的父西尔维斯特,交付和授予朕的宫殿(如上文

---

① 【鲍注】瓦拉在《〈君士坦丁赠礼〉辨伪》的相关文段中引述的文本再次针对原文进行了有益的删减(如"为了赞美天主")。不过,引述文本中保留了"videlicet"[即]一词。此外,原文中令瓦拉颇感愤然的关于黄金和宝石的描述,也都被保留了下来。

② 【鲍注】"coronam clericatus"是"tonsura"的同义词[两者的含义均为"头顶削发圈"]。瓦拉在《〈君士坦丁赠礼〉辨伪》相关段落中引述的句子基本与原文相同,只是将"sanctissimus"[极其神圣的]改写作"beatus"[有福的]。

③ 【鲍注】瓦拉在《〈君士坦丁赠礼〉辨伪》的相关文段中引述的文本将"splendidam"改写作"splendidum"[含义均为"闪耀"],将"posuimus"改写作"imposuimus"[含义均为"放置"]。此外,引述文本还对句末部分的语序进行了微调,将"ad imitationem imperii nostri"改写作"ad imperii nostri imitationem"[效仿朕的皇帝之权]。

所述)①、罗马城以及意大利——西部领土——的所有行省、地方和城市。通过朕神圣的谕旨和国事诏书,朕通过了一项毫不含糊的决议,②令上述地区将处于西尔维斯特及其继任者的权力和统治之下,受神圣罗马教会的律法管辖。

十八

相应地,朕已经认定将朕的帝国和朕的君权迁移并变更③至东部地区是相宜之举,在拜占庭行省的一处绝佳之地建城,以朕的名字命名,在那里建立朕的帝国。

鉴于教士之首和基督宗教之领袖是由天国皇帝确立的,因此,在那样的地方,尘世的皇帝便不该行使权力。

---

① 【鲍注】本段文本包含大量粗鄙的拉丁文表述,这些表述在福尔曼版印本中得以还原。然而,在瓦拉当年读到的《君士坦丁诏令》手稿中,这些粗鄙的表述已经被誊抄者清除了。以下是若干较为显著的例子:"gloriae potentia"[荣耀的权力]被替换为"gloria et potentia"[荣耀和权力];"Romae urbis"被替换为"Romanam urbem"[含义均为"罗马城"];"contradentes atque relinquentes"被替换为"tradimus atque relinquimus"[含义均为"交付和授予"]。最为典型的例子是将"eius vel successorum"替换为"ab eo et a successoribus eius per"[含义均为"及其继任者"]。【译注】此外,较之《君士坦丁诏令》原文的相关段落而言,瓦拉在《〈君士坦丁赠礼〉辨伪》中对教宗的称呼进行了简化处理。

② 【译注】较之《君士坦丁诏令》原文的相关段落而言,瓦拉在《〈君士坦丁赠礼〉辨伪》中对此句的引述进行了简化处理,将"ditioni firma imperiali censura per hanc nostrum divalem sacram et pragmaticum constitutum"[通过我们神圣的谕旨和国事诏书,我们通过了一项毫不含糊的决议]简略地表述为"per pragmaticum constitutum"[根据国事诏书]。

③ 【鲍注】瓦拉在《〈君士坦丁赠礼〉辨伪》中对此句的引述与《君士坦丁诏令》原文十分接近,只有"transmutari"(变更)一词被略去了。

十九

　　此外,朕裁定①,先前通过神圣的帝国文书及其他神圣法令所规定和确认的所有事宜都将分毫不改,亘古不变,直到世界终结。

　　相应地,在命令朕行使统治之权的永生的天主面前,在他令人生畏的审判面前,朕通过朕的此项帝国诏令②恳请朕所有的继任者、皇帝或所有的显贵,还有萨特拉普、无比尊贵的元老院和全世界所有在现在和将来处于朕的统治之下的民众,无论是现在,还是将来,他们中的任何人都不得以任何一种方式妨碍打破或击垮此项特权——它已经过朕的帝国批准,被授予神圣的罗马教会及其所有教宗。③

　　倘若有人——当然,朕不相信有人——胆敢篡改或藐视此项规定,将被捆绑,遭受永恒之刑,将在此生和来世与天主神圣的宗徒伯多禄和保禄为敌,将与魔鬼和其他所有恶棍一道,在地狱的最深处被烧死。④

---

　　① 【鲍注】瓦拉在《〈君士坦丁赠礼〉辨伪》中引述的文本对动词时态进行了细小的改写,如将"decernimus"["裁定",现在时]改写作"decrevimus"["裁定",完成时]。
　　② 【鲍注】瓦拉在《〈君士坦丁赠礼〉辨伪》中引述的文本略去了"per hoc nostrum imperialem constitutum"[通过我们的此项帝国诏令]。
　　③ 【鲍注】瓦拉在《〈君士坦丁赠礼〉辨伪》中引述的文本对句子的后半部分进行了实质性缩减。"nunc et in posterum cunctis retro temporibus imperio nostro subiacenti"[在现在和将来处于我们的统治之下的]被整句省略,只保留了"in posterum"[在将来]。"hac"被改写作"hoc"[含义均为"这种"];"quae… concessa sunt"[它已经过我们的帝国批准,被授予神圣的罗马教会及其所有教宗]被整句省略。"refragare"[妨碍]一词也被省略。
　　④ 【鲍注】瓦拉在《〈君士坦丁赠礼〉辨伪》中引述的文本针对原文做了两处有趣的改动:"contemptor"[藐视]被省略,"innodatus"[被捆绑]被替换为"condemnatus"[被惩罚]。

二十

另外,朕将这份经由朕的双手确认的皇帝诏令页面放置在有福的伯多禄的可敬的躯体上。在那里,朕向这位天主的宗徒本人承诺,上述一切事项都将得到完好无损的遵守,并命令朕的所有继任皇帝继续维护其效力。经由天主和我们的救主耶稣基督的许可,朕确实将上述权力交予了我们最有福的父、大公的至尊教宗西尔维斯特,并通过他交予了所有后继的教宗,使他们得以恒久而愉快地拥有上述权力。

以下为皇帝落款:最神圣且最有福的众父,愿天主年年岁岁保佑你们。

四月朔日的前三天,即我们的君主、奥古斯都弗拉维乌斯·君士坦丁第四次与加里卡努斯担任极为尊贵的执政官期间,交于罗马。①

---

① 【鲍注】瓦拉在《〈君士坦丁赠礼〉辨伪》中引述的落款信息更为确切地表明当年君士坦丁和加里卡努斯同为第四次担任执政官。瓦拉引述的文本省略了尊称"viris clarissimus"[极为尊贵的]。事实上,上述落款的内容恰恰能证实该文献实属伪造,其确凿程度甚至超过了瓦拉的想象。君士坦丁皇帝从未与加里卡努斯在同一年共同担任执政官一职。加里卡努斯的任职时间在 330 年,其同僚为奥勒留·瓦列里乌斯·图里安努斯·西玛克(Aurelius Valerius Tullianus Symmachus)。君士坦丁曾在 329 年担任执政官,但并非第四次,而是第八次担任这一职务。在那一年,君士坦丁皇帝的同僚只有自己的儿子,名字也叫君士坦丁——他是第四次担任执政官。参见 BARNES, T. D., *The New Empire of Diocletian and Constantine*, Cambridge, 1982, p. 96。

De falso credita et ementita Constantini donatione

I

1

Plures a me libri compluresque emissi sunt in omni fere doctrinarum genere, in quibus quod a nonnullis magnisque et longo iam evo probatis auctoribus dissentio, cum sint, qui indigne ferant meque ut temerarium sacrilegumque criminentur, quid tandem nunc facturi quidam putandi sunt? Quantopere in me debacchaturi? Et, si facultas detur, quam avide me ad supplicium festinanterque rapturi? Qui non tantum adversus mortuos scribo, sed adversus etiam vivos, nec in unum alterum ve, sed in plurimos, nec contra privatos modo, verum etiam contra magistratus. At quos magistratus? Nempe summum pontificem, qui non temporali solum armatus est gladio regum ac principum more, sed ecclesiastico quoque, ut ab eo neque supter ipsum, ut sic loquar, clipeum alicuius principum protegere te possis, quominus excommunicatione, anathemate, execratione feriare. Quod si prudenter ut dixit sic fecisse existimatus est, qui inquit: nolo "scribere in eos, qui possunt proscribere", quanto mihi magis idem faciendum esse videatur in eum, qui ne proscriptioni quidem relinquat locum? Quique invisibilibus me potestatis sue iaculis persequatur, ut iure possim dicere: "Quo ibo a spiritu tuo et quo a tua fugiam facie?" nisi forte putamus patientius hec esse laturum summum sacerdotem, quam ceteri facerent.

2

Nihil minus, siquidem Paulo, quod bona se conscientia conversatum esse diceret, Ananias, princeps sacerdotum, coram tribuno, qui iudex sedebat, iussit os verberari, et Phasur, eadem preditus dignitate, Ieremiam ob loquendi libertatem coniecit in carcerem. Sed illum tribunus ac preses, hunc rex adversus iniuriam pontificis tutari et potuit et voluit, me vero quis tribunus, quis preses, quis rex e manibus summi sacerdotis, si me rapuerit ille, etiam ut velit, eripere poterit?

Verum non est causa, cur me duplex hic periculi terror conturbet arceatque a proposito. Nam neque contra ius fasque summo pontifici licet aut ligare quempiam aut solvere, et in defendenda veritate atque iustitia profundere animam summe virtutis, summe laudis, summi premii est. An vero multi ob terrestrem patriam defendendam mortis adiere discrimen: ego ob celestem patriam assequendam (assequuntur autem eam, qui Deo placent, non qui hominibus) mortis discrimine deterrebor? Facessat igitur trepidatio, procul abeant metus, timores excidant. Forti animo, magna fiducia, bona spe defendenda est causa veritatis, causa iustitie, causa Dei. Neque enim is verus est habendus orator, qui bene scit dicere, nisi et dicere audeat. Audeamus itaque accusare, quicunque digna committit accusatione, et qui in omnes peccat, unius pro omnium voce carpatur.

3

At non debeo palam obiurgare fratrem, sed "inter [me] et ipsum": immo publice peccans et qui privatum consilium non admitteret, publice arguendus est, "ut ceteri timorem habeant". An non Paulus, cuius verbis modo sum usus, in os Petrum coram ecclesia reprehendit, "quia reprehensibilis erat", et hoc ad nostram doctrinam scriptum reliquit? At non sum Paulus, qui Petrum possim reprehendere: immo Paulus sum, qui Paulum imitor, quemadmodum, quod multo plus est, unus cum Deo spiritus efficior, cum studiose mandatis illius optempero. Neque aliquem sua dignitas ab increpationibus tutum reddit, que Petrum non reddidit multosque alios eodem preditos gradu, ut Marcellum, quod diis libasset, ut Celestinum, quod cum Nestorio heretico sentiret, ut quosdam etiam nostra memoria, quos ab inferioribus (quis enim non est inferior papa?) reprehensos scimus, ut taccam condomnatos.

4

Neque vero id ago, ut quenquam cupiam insectari et in eum quasi Philippicas scribere (hoc enim a me facinus procul absit), sed ut errorem a mentibus hominum convellam, ut eos a vitiis sceleribusque vel admonendo vel increpando summoveam. Non ausim dicere, ut alii per me edocti luxuriantem nimiis sarmentis papalem sedem, que Christi vinea est, ferro coerceant et plenas uvas, non graciles labruscas ferre compellant. Quod cum facio, nunquis erit, qui aut mihi os aut sibi aures velit occludere, ne dicam supplicium mortemque proponere? Hunc ego, si hoc faciat, etiam si papa sit, quid dicam esse: "bonum" ne "pastorem" an "aspidem surdam, que nolit exaudire vocem incantantis", velit eiusdem membra morsu venenoque prestringere?

II

5

Scio iandudum expectare aures hominum, quodnam pontificibus Romanis crimen impingam: profecto ingens sive supine ignorantie sive immanis avaritie, que est "idolorum servitus", sive imperandi vanitatis, cuius crudelitas semper est comes. Nam aliquot iam seculis aut non intellexerunt donationem Constantini commenticiam fictamque esse aut ipsi finxerunt sive posteriores in maiorum suorum dolis vestigia imprimentes pro vera, quam falsam cognoscerent, defenderunt, dedecorantes pontificatus maiestatem, dedecorantes veterum pontificum memoriam, dedecorantes religionem christianam, et omnia cedibus, ruinis flagitiisque miscentes. Suam esse aiunt urbem Romam, suum regnum Sicilie Neapolitanumique, suam universam Italiam, Gallias, Hispanias, Germanos, Britannos, suum denique occidentem: hec enim cuncta in ipsa donationis pagina contineri. Ergo hec omnia tua sunt, summe pontifex? Omnia tibi in animo est recuperare? Omnes reges ac principes occidentis spoliare urbibus aut cogere, ut annua tibi tributa pensitent, sententia est? At ego contra existimo iustius licere principibus spoliare te imperio omni quod optines. Nam (ut ostendam) donatio illa, unde natum esse suum ius summi pontifices volunt, Silvestro pariter et Constantino fuit incognita.

6

Verum antequam ad confutandam donationis paginam venio, quod unum istorum patrocinium est non modo falsum, verum etiam stolidum, ordo postulat, ut altius repetam. Et primum dicam non tales fuisse Constantinum Silvestrumque: illum quidem, qui donare vellet, qui iure donare posset, qui, ut in manum alteri ea traderet, in sua haberet potestate; hunc autem, qui vellet accipere quique iure accepturus foret. Secundo loco: si hec non essent, que verissima atque clarissima sunt, neque hunc acceptasse neque illum tradidisse possessionem rerum, que dicuntur donate, sed eas semper in arbitrio et imperio Cesarum permansisse. Tertio: nihil datum Silvestro a Constantino, sed priori pontifici, antequam etiam baptismum acceperat, donaque illa mediocria fuisse, quibus papa degere vitam posset. Quarto: falso dici donationis exemplum aut apud *Decreta* reperiri aut ex historia Silvestri esse sumptum, quod neque in illa neque ulla in historia invenitur, in eoque quedam contraria, impossibilia, stulta, barbara, ridicula contineri. Preterea loquar de quorundam aliorum Cesarum vel simulata vel frivola donatione, ubi ex abundanti adiiciam: si Silvester possedisset, tamen (sive illo sive quovis alio pontifice a possessione deiecto) post tantam temporis intercapedinem nec divino nec humano iure posse repeti. Postremo: ea, que a summo pontifice tenentur, nullius temporis longitudine potuisse prescribi.

III

7

Atque quod ad primam partem attinet (loquemur autem de Constantino prius, deinde de Silvestro), non est committendum, ut publicam et quasi Cesaream causam non maiore, quam private solent, ore agamus. Itaque quasi in contione regum ac principum orans (ut certe facio, nam mea hec oratio in manus eorum ventura est) libet tanquam presentes et in conspectu positos alloqui. Vos appello, reges ac principes, difficile est enim privatum hominem animi regii concipere imaginem, vestram mentem inquiro, conscientiam scrutor, testimonium postulo: nunquid vestrum quispiam, si fuisset Constantini loco, faciendum sibi putasset, ut urbem Romam, patriam suam, caput orbis terrarum, reginam civitatum, potentissimam, nobilissimam, ditissimam populorum, triumphatricem nationum et ipso aspectu sacram, liberalitatis gratia donaret alteri et se ad humile oppidum conferret, deinde Byzantium? Donaret preterea una cum Roma Italiam, non provinciam, sed provinciarum victricem? Donaret tres Gallias, donaret duas Hispanias, donaret Germanos, donaret Britannos, totum donaret occidentem et se altero ex duobus imperii oculis orbaret? Hoc ego, ut quis faciat compos mentis, adduci non possum ut credam.

8

Quid enim vobis expectatius, quid iocundius, quid gratius contingere solet quam accessionem imperiis vestris vos regnisque adiungere et longe lateque quam maxime proferre dicionem? In hoc, ut videre videor, omnis vestra cura, omnis cogitatio, omnis labor dies noctesque consumitur, ex hoc precipua spes glorie, propter hoc voluptates relinquitis, propter hoc mille pericula aditis, propter hoc carissima pignora, propter hoc partem corporis equo animo amittitis. Siquidem neminem vestrum aut audivi aut legi a conatu ampliandi imperii fuisse deterritum, quod aut luminis aut manus aut cruris aut alterius membri iacturam fecisset: quin ipse hic ardor atque hec late dominandi cupiditas, ut quisque maxime potens est, ita eum maxime angit atque agitat. Alexander non contentus deserta Libye pedibus peragrasse, orientem ad extremum usque oceanum vicisse, domuisse septentrionem inter tot vulnera, tot casus, recusantibus iam detestantibusque tam longinquas, tam asperas expeditiones militibus, ipse sibi nihil effecisse videbatur, nisi et occidentem et omnes nationes aut vi aut nominis sui auctoritate sibi tributarias reddidisset. Parum dico: iam oceanum transire et, si quis alius orbis esset, explorare ac suo subiicere arbitrio destinaverat, in celum tandem, ut opinor, temptasset ascendere.

9

Talis fere est omnium regum voluntas, et si non omnium talis audacia. Taceo quanta scelera, quot abominanda propter imperium assequendum ampliandum ve admissa sunt, ut nec fratres a fratrum nec filii a parentum nec parentes a filiorum sanguine nefarias abstineant manus. Adeo nusquam magis, nusquam atrocius grassari solet humana temeritas, et, quod mirari possis, non segniores ad hoc videas animos senum quam iuvenum, orborum quam parentum, regum quam tyrannorum. Quod si tanto conatu peti dominatus solet, quanto maiore necesse est conservetur? Neque enim tantopere miserum est non ampliare imperium quam imminuere, neque tam deforme tibi alterius regnum non accedere tuo quam tuum accedere alieno. Nam quod ab rege aliquo aut populo legimus nonnullos prepositos regno aut urbibus, id factum est non de prima nec de maxima, sed de postrema quodammodo ac minima imperii parte, atque ea ratione, ut donantem, qui donatus est, quasi dominum et se ministrum illius semper agnosceret.

10

Nunc queso, nonne abiecto animo et minime generoso videntur esse, qui opinantur Constantinum meliorem a se imperii alienasse partem (non dico Romam Italiamque et cetera, sed Gallias, ubi ipse prelia gesserat, ubi solum diu dominatus fuerat, ubi sue glorie suique imperii rudimenta posuerat), hominem, qui cupiditate dominandi nationibus bella intulisset, socios affinesque bello civili persecutus imperio privasset; cui nondum perdomite ac profligate reliquie essent alterius factionis; qui cum multis nationibus bella gerere non modo soleret spe glorie imperiique, sed etiam necesse haberet utpote quotidie a barbaris lacessitus; qui filiis, qui coniunctis sanguine, qui amicitiis abundaret; qui senatum populumque Romanum huic facto repugnaturum nosset; qui expertus esset instabilitatem victarum nationum et ad omnem fere Romani principis mutationem rebellantium; qui se meminisset more aliorum Cesarum non electione patrum consensuque plebis, sed exercitu, armis, bello dominatum occupasse: que tam vehemens causa et urgens aderat, ut ista negligeret et tanta liberalitate uti vellet?

IV

11

Aiunt: quia effectus erat christianus. Ergo ne imperii optima parte se abdicaret? Credo scelus erat, flagitium, nefas: iam regnare nec cum christiana religione coniungi poterat regnum? Qui in adulterio sunt, qui usuris rem auxerunt, qui aliena possident, ii post baptismum alienam uxorem, alienam pecuniam, aliena bona reddere solent: hanc cogitationem si habes, Constantine, restituere urbibus libertatem, non mutare dominum debes. Sed non id in causa fuit, tantum in honorem religionis ut faceres adductus es: quasi religiosum sit magis regnum deponere quam pro tutela religionis illud administrare. Nam quod ad accipientes attinet, neque honesta erit illis neque utilis ista donatio. Tu vero, si christianum te ostendere, si pietatem indicare tuam, si consultum non dico Romane ecclesie vis, sed ecclesie Dei, nunc, precipue nunc principem agas, ut pugnes pro iis, qui pugnare non possunt nec debent, ut eos tua auctoritate tutos reddas, qui insidiis iniuriisque obnoxii sunt. Nabuchodonosor, Cyro, Assuero multisque aliis principibus sacramentum veritatis Deus aperiri voluit, a nullo tamen eorum exegit, ut imperio cederet, ut partem regni donaret, sed tantum libertatem Hebreis redderet eosque ab infestantibus finitimis protegeret. Hoc satis fuit Iudeis, hoc sat erit et christianis. Factus es, Constantine, christianus? At indignissima res est christianum te nunc imperatorem minori esse principatu, quam fueras infidelis. Est enim principatus precipuum quoddam Dei munus, ad quem gentiles etiam principes a Deo eligi existimantur.

12

At erat levatus a lepra, ideo verisimile est referre gratiam voluisse et maiore mensura reddere quam acceperat. Ita ne? Naaman ille Syrus ab Heliseo curatus munera tantum offerre voluit, non dimidium bonorum: Constantinus dimidium imperii optulisset. Piget me impudenti fabelle tanquam indubitate historie respondere, sic enim hec fabula ex historia Naaman et Helisei ut altera draconis ex fabuloso dracone Beli adumbrata est. Sed ut ista concedam, nunquid in hac historia de donatione fit mentio? Minime! Verum de hoc commodius postea.

  Levatus est a lepra, cepit ob id mentem christianam, Dei timore, Dei amore imbutus est, illi honorem habere voluit: non tamen persuaderi possum eum tanta donare voluisse, quippe cum videam neminem aut gentilem in honorem deorum aut fidelem in honorem Dei viventis imperium deposuisse sacerdotibusque donasse. Siquidem ex regibus Israel nemo adduci potuit, ut pristino more ad templum Ierusalem populos sacrificaturos ire permitteret, eo videlicet timore, ne forte ad regem Iude, a quo defecerant, redirent sacro illo cultu religionis admoniti ac templi maiestate. Et quanto hoc maius est, quod fecisse dicitur Constantinus! Ac nequid tibi propter curationem lepre blandiaris: Ieroboam primus a Deo in regem Israel electus est et quidem ex infima condicione (quod mea sententia plus est quam esse lepra levatum), et tamen is non est ausus regnum suum Deo credere. Et tu vis Constantinum regnum Deo donasse, quod ab illo non accepisset? Qui presertim (id quod in Ieroboam non cadebat) offenderet filios, deprimeret amicos, negligeret suos, lederet patriam, merore omnes afficeret, sui quoque oblivisceretur.

V

13

Qui si etiam talis fuisset et quasi in alium hominem versus, certe non defuissent, qui eum admonerent, et imprimis filii, propinqui, amici. Quos quis est, qui non putet protinus imperatorem fuisse adituros? Ponite igitur illos ante oculos mente Constantini audita trepidos, festinantes, cum gemitu lacrimisque ad genua principis procumbentes et hac voce utentes:

"Ita ne, pater antehac filiorum amantissime, filios privas, exheredas, abdicas? Nam, quod te optima maximaque imperii parte exuere vis, non tam querimur quam miramur. Querimur autem, quod eam ad alios defers cum nostra et iactura et turpitudine. Quid enim cause est, quod liberos tuos expectata successione imperii fraudas, qui ipse una cum patre regnasti? Quid in te commisimus? Qua in te, qua in patriam, qua in nomen Romanum ac maiestatem imperii impietate digni videmur? Quos precipua optimaque prives principatus portione, qui a patriis laribus, a conspectu natalis soli, ab assueta aura, a vetusta consuetudine relegemur. Penates, fana, sepulcra exules relinquemus, nescio ubi aut qua terrarum regione victuri? Quid, nos propinqui, quid, nos amici, qui tecum totiens in acie stetimus, qui fratres, parentes, filios hostili mucrone confossos palpitantesque conspeximus nec aliena morte territi sumus et ipsi pro te parati mortem oppetere, nunc abs te universi deserimur? Qui Rome gerimus magistratus, qui urbibus Italie, qui Galliis, qui Hispaniis, qui ceteris provinciis presumus aut prefuturi sumus, omnes ne revocamur, omnes privati iubemur esse? An iacturam hanc aliunde pensabis? Et quomodo pro merito ac pro dignitate poteris tanta orbis terrarum parte alteri tradita? Num, qui preerat centum populis, eum tu, Cesar, uni preficies? Quomodo tibi istud in mentem venire potuit? Quomodo subita tuorum te cepit oblivio, ut nihil te misereat amicorum, nihil proximorum, nihil filiorum? Utinam nos, Cesar, salva tua dignitate atque victoria in bello contigisset occumbere potius quam ista cernamus. Et tu quidem de imperio tuo ad tuum arbitratum agere potes atque etiam de nobis uno duntaxat excepto, in quo ad mortem usque erimus contumaces: ne a cultu deorum immortalium desistamus magno etiam aliis exemplo, ut scias tua ista largitas quid mereatur de religione christiana. Nam si non largiris Silvestro imperium, tecum christiani esse volumus multis factum nostrum imitaturis; sin largiris, non modo christiani fieri non sustinebimus, sed invisum, detestabile, execrandum nobis hoc nomen efficies talesque reddes, ut tandem tu et vite et mortis nostre miserearis nec nos, sed te ipsum duritie accuses".

14

Nonne hac oratione Constantinus, nisi "extirpatam" ab eo volumus "humanitatem", si sua sponte non movebatur, motus fuisset? Quid, si hos audire noluisset, nonno orant, qui huic facto et oratione adversarentur et manu? An senatus populusque Romanus sibi tanta in re nihil agendum putasset? Nonne oratorem, ut ait Virgilius, "gravem pietate ac meritis" advocasset? Qui apud Constantinum hanc haberet orationem:

"Cesar, si tu tuorum immemor es atque etiam tui, ut nec filiis hereditatem nec propinquis opes nec amicis honores nec tibi imperium esse integrum velis, non tamen senatus populusque Romanus immemor potest esse sui iuris sueque dignitatis. Etenim quomodo tibi tantum permittis de imperio Romano, quod non tuo, sed nostro sanguine partum est? Tu ne unum corpus in duas secabis partes et ex uno duo efticies regna, duo capita, duas voluntates? Et quasi duobus fratribus gladios, quibus de hereditate decernant, porriges? Nos civitatibus, que de hac urbe bene merite sunt, iura civitatis damus, ut cives Romani sint: tu a nobis dimidium imperii aufers, ne hanc urbem parentem suam agnoscat? Et in alveis quidem apium, si duo reges nati sunt, alterum, qui deterior est, occidimus: tu in alveo imperii Romani, ubi unus et optimus princeps est, alterum et hunc deterrimum et non apem, sed fucum collocandum putas? Prudentiam tuam vehementer desideramus, imperator, nam quid futurum est, si vel te vivo vel post tuam mortem aut huic parti, quam alienas, aut alteri, quam tibi relinquis, bellum a barbaris nationibus inferatur? Quo robore militum, quibus copiis occurremus? Vix nunc totius imperii viribus possumus, tunc poterimus? An perpetuo membrum hoc cum illo in concordia erit? Ut reor, nec esse poterit: cum Roma dominari velit, nolit pars illa servire. Quin et te vivo breve intra tempus revocatis veteribus presidibus, suffectis novis, te in tuum regnum profecto et longe agente, hic altero dominante nonne omnia nova, idest diversa atque adversa erunt? Regno fere inter duos fratres diviso protinus et populorum animi dividuntur, et prius a se ipsis quam ab externis hostibus bellum auspicantur: idem eventurum in hoc imperio quis non videt? An ignoras hanc olim imprimis fuisse causam optimatibus, cur dicerent citius se in conspectu populi Romani esse morituros, quam rogationem illam ferri sinerent, ut pars senatus ac pars plebis ad incolendum Veios mitteretur duasque urbes communes populi Romani esse? Si enim in una urbe tantum dissensionum esset, quid in duabus urbibus futurum?

15

Ita hoc tempore, si tantum discordiarum in uno imperio (testor conscientiam tuam ac labores), quid in duobus imperiis fiet? Age vero, putas ne hinc fore, qui tibi bellis occupato esse auxilio aut velint aut sciant? Ita ab armis atque ab omni re bellica abhorrentes erunt, qui preficientur militibus atque urbibus, ut ille, qui preficit. Quid, nonne hunc tam imperitum regnandi et iniurie facilem aut Romane legiones aut ipse provincie spoliare temptabunt ut quem sperabunt vel non repugnaturum vel penas non repetiturum? Credo, mehercule, ne unum quidem mensem illos in officio mansuros, sed statim et ad primum profectionis tue nuntium rebellaturos. Quid facies, quid consilii capies, cum duplici atque adeo multiplici bello urgebere? Nationes, quas subegimus, continere vix possumus: quomodo illis accedente ex liberis gentibus bello resistetur?

Tu, Cesar, quid ad te spectet, ipse videris, nobis autem hec res non minus quam tibi cure esse debet. Tu mortalis es, imperium populi Romani decet esse immortale et, quantum in nobis est, erit, neque imperium modo, verum etiam pudor:

16

scilicet, quorum religionem contemnimus, eorum accipiemus imperium? Et principes orbis terrarum huic contemptissimo homini serviemus? Urbe a Gallis capta Romani senes demulceri sibi barbam a victoribus passi non sunt: nunc sibi tot senatorii ordinis, tot pretorii, tot tribunicii, tot consulares triumphalesque viri eos dominari patientur, quos ipsi tanquam servos malos omni contumeliarum genere suppliciorumque affecerunt? Isti ne homines magistratus creabunt, provincias regent, bella gerent, de nobis sententias capitis ferent? Sub his nobilitas Romana stipendia faciet, honores sperabit, munera assequetur? Et quod maius quodque altius penetret vulnus accipere possumus? Non ita putes, Cesar, Romanum degenerasse sanguinem, ut istud passurus sit equo animo et non quavis ratione devitandum existimet, quod, mediusfidius, neque mulieres nostre sustinerent, sed magis se una cum dulcibus liberis sacrisque penatibus concremarent, ut non Carthaginenses femine fortiores fuerint quam Romane. Etenim, Cesar, si regem te delegissemus, haberes tu quidem magnum de imperio Romano agendi arbitrium, sed non ita, ut vel minimum de ipsius imminueres maiestate. Alioquin, qui te fecissemus regem, eadem facultate abdicare te regno iuberemus, nedum posses regnum dividere, nedum tot provincias alienare, nedum ipsum regni caput peregrino atque humillimo homini addicere. Canem ovili preficimus, quem, si lupi mavult officio fungi, aut eiicimus aut occidimus: nunc tu, cum diu canis officio in ovili Romano defendendo sis functus, ad extremum in lupum nullo exemplo converteris?

17

Atque ut intelligas (quandoquidem nos pro iure nostro cogis asperius loqui) nullum tibi in populi Romani imperio ius esse: Cesar vi dominatum occupavit, Augustus et in vitium successit et adversariarum partium profligatione se dominum fecit, Tiberius, Gaius, Claudius, Nero, Galba, Otho, Vitellius, Vespasianus ceterique aut eadem aut simili via libertatem nostram predati sunt, tu quoque aliis expulsis aut interemptis dominus effectus es, sileo, quod ex matrimonio natus non sis. Quare, ut tibi nostram mentem testificemur, Cesar, si non libet te Rome principatum tenere, habes filios, quorum aliquem in locum tuum nobis quoque permittentibus ac rogantibus nature lege substituas, sin minus, nobis in animo est publicam amplitudinem cum privata dignitate defendere. Neque enim minor hec iniuria Quiritum quam olim fuit violata Lucretia, neque nobis deerit Brutus, qui contra Tarquinum se ad libertatem recuperandam huic populo prebeat ducem. Et in istos primum, quos nobis preponis, deinde et in te ferrum stringemus, quod in multos imperatores et quidem leviores ob causas fecimus".

Hec profecto Constantinum, nisi lapidem eum aut truncum existimamus, permovissent, que, si populus non dixisset, tamen dicere apud se et his passim verbis fremere credibile erat.

VI

18

Eamus nunc et dicamus Constantinum gratificari voluisse Silvestro, quem tot hominum odiis, tot gladiis subiiceret, ut vix, quantum sentio, unum Silvester diem in vita futurus fuisset, nam eo paucisque aliis absumptis videbatur omnis sublatum iri de pectoribus Romanorum tam dire iniurie contumelieque suspicio. Age porro, si fieri potest, concedamus neque preces neque minas neque ullam rationem aliquid profecisse perstareque adhuc Constantinum nec velle a suscepta semel persuasione recedere: quis non ad Silvestri orationem, si res vera fuisset, unquam commotum assentiatur? Que talis haud dubie fuisset:

19

"Princeps optime ac fili, Cesar, pietatem quidem tuam tam pronam tamque effusam non possum non amare atque amplecti, veruntamen, quod in offerendis Deo muneribus immolandisque victimis nonnihil erres, minime demiror, quippe qui adhuc es in christiana militia tiro. Ut non decebat olim a sacerdote omnem pecudem feramque et avem sacrificari, ita non omne ab eodem accipiendum est munus. Ego sacerdos sum ac pontifex, qui dispicere debeo, quid ad altare patiar offerri, ne forte non dico immundum animal offeratur, sed vipera aut serpens. Itaque sic habeas: si foret tui iuris partem imperii cum regina orbis, Roma, alteri tradere quam filiis (quod minime sentio), si populus hic, si Italia, si cetere nationes sustinerent, ut, quos oderunt et quorum religionem adhuc respuunt, capti illecebris seculi eorum imperio obnoxii esse vellent (quod impossibile est), tamen, si quid mihi credendum putas, fili amantissime, ut tibi assentirer ulla adduci ratione non possem, nisi vellem mihi ipsi esse dissimilis et condicionem meam oblivisci ac propemodum dominum Iesum abnegare. Tua enim munera sive, ut tu vis, tue remunerationes et gloriam et innocentiam et sanctimoniam meam atque omnium, qui mihi successuri sunt, polluerent ac prorsus, everterent viamque iis, qui "ad cognitionem veritatis" venturi sunt, intercluderent.

20

An vero Heliseus Naaman Syro a lepra curato mercedem accipere noluit ego te curato accipiam? Ille munera respuit: ego regna mihi dari sinam? Ille personam prophete maculare noluit: ego personam Christi, quam in me gero, maculare potero? Cur autem ille accipiendis muneribus personam prophete maculari putavit? Nempe quod videri poterat vendere sacra, fenerare donum Dei, indigere presidiis hominum, elevare atque imminuere beneficii dignitatem. Maluit ergo sibi principes ac reges beneficiarios facere quam ipse beneficiarius illorum esse, immo ne mutua quidem beneficentia uti. "Beatius est enim multo," ut inquit Dominus, "dare quam accipere".

21

Eadem mihi atque adeo maior est causa, cui etiam a Domino precipitur dicente: "Infirmos curate, mortuos suscitate, leprosos mundate, demones eiicite; gratis accepistis, gratis date." Ego ne tantum flagitium admittam, Cesar, ut Dei precepta non exequar, ut gloriam meam polluam? Melius est, ut inquit Paulus, "mihi mori quam ut gloriam meam quis evacuet". Gloria nostra est apud Deum honorificare ministerium nostrum, ut idem inquit: "Vobis dico gentibus, quandiu ego quidem sum gentium apostolus, glorificabo ministerium meum." Ego, Cesar, aliis quoque sim et exemplum et causa delinquendi? Christianus homo, sacerdos Dei, pontifex Romanus, vicarius Christi.

22

Iam vero innocentia sacerdotum quomodo incolumis erit inter opes, inter magistratus, inter administrationem secularium negotiorum? Ideo ne terrenis renuntiavimus, ut eadem uberiora assequamur? Et privata abiecimus, ut aliena possideamus et publica? Nostre erunt urbes, nostra tributa, nostra vectigalia? Et cur clericos, si hoc fecerimus, nos vocari licebit? Pars nostra sive sors, que grece dicitur κλῆρος, Dominus est, non terrena, sed celestis. Levite, qui iidem clerici sunt, partem cum fratribus non fuere sortiti: et tu nos iubes etiam fratrum sortiri portionem? Quo mihi divitias atque opes? Qui Domini voce iubeor nec de crastino esse sollicitus, et cui dictum est ab illo: "Nolite thesaurizare super terram", "nolite possidere aurum neque argentum neque pecuniam in zonis vestris", et: "Difficilius est divitem introire in regnum celorum quam camelum per foramen acus transire." Ideoque pauperes sibi ministros elegit et qui omnia reliquerunt, ut eum sequerentur, et paupertatis ipse fuit exemplum. Usque adeo divitiarum pecuniarumque tractatio innocentie inimica est, non modo possessio illarum atque dominatus: unus Iudas, qui "loculos habebat et portabat que mittebantur", prevaricatus est et amore pecunie, cui assueverat, magistrum, dominum, Deum et reprehendit et prodidit. ltaque vereor, Cesar, ne me ex Petro facias Iudam. Audi etiam, quid Paulus dicat: "Nihil intulimus in hunc mundum, haud dubium quod nec auferre quid possumus. Habentes autem alimenta et quibus tegamur, his contenti simus. Nam qui volunt divites fieri, incidunt in temptationem et in laqueum diaboli et desideria multa et inutilia et nociva, que mergunt homines in interitum et perditionem. Radix enim omnium malorum est cupiditas, quam quidam appetentes erraverunt a fide et inseruerunt se doloribus multis. Tu autem, homo Dei, hec fuge." Et tu me accipere iubes, Cesar, que velut venenum effugere debeo?

  Et quis preterea (pro tua prudentia, Cesar, consideres), quis inter hec divinis rebus faciendis locus?

VII

23

Apostoli quibusdam indignantibus, quod vidue ipsorum in ministerio quotidiano despicerentur, responderunt non esse equum relinquere se verbum Dei et ministrare mensis: et tamen mensis viduarum ministrare quanto aliud est quam exigere vectigalia, curare erarium, stipendium numerare militibus et mille aliis huiusmodi curis implicari. "Nemo militans Deo implicat se negotiis secularibus", inquit Paulus. Nunquid Aaron cum ceteris Levitici generis aliud quam Domini tabernaculum procurabat? Cuius filii, quia ignem alienum in thuribula sumpserant, igni celesti conflagraverunt: et tu iubes nos ignem secularium divitiarum, vetitum ac profanum, in sacrata thuribula, idest in sacerdotalia opera sumere? Num Eleazar, num Phinees, num ceteri pontifices ministrique aut tabernaculi aut templi quicquam, nisi quod ad rem divinam pertineret, admini-strabant? Administrabant dico, immo administrare poterant, si officio suo satisfacere volebant? Quod si nolint, audiant execrationem Domini dicentis: Maledicti, qui opus Domini faciunt negligenter. Que execratio cum in omnes tum in pontifices maxime cadit. O quantum est pontificale munus! Quantum est caput esse ecclesie! Quantum est preponi pastorem tanto ovili, e cuius manu uniuscuiusque agni ovisque amisse sanguis exigitur, cui dictum est: Si amas me plus quam alii, ut fateris, pasce agnos meos; iterum: si amas me, ut fateris, pasce oves meas; tertio: si amas me, ut fateris, pasce oves meas. Et tu me iubes, Cesar, capras etiam pascere et porcos, qui nequeunt ab eodem pastore custodiri?

24

Quid, quod me regem facere vis aut potius Cesarem, idest regum principem? Dominus Iesus Christus, deus et homo, rex et sacerdos, cum se regem affirmaret, audi de quo regno locutus est: "Regnum meum", inquit, "non est de hoc mundo. Si enim de hoc mundo esset regnum meum, ministri mei utique decertarent." Et que fuit prima vox ac frequentior clamor predicationis eius? Nonne hic?: "Penitentiam agite, appropinquavit enim regnum celorum", "appropinquavit regnum Dei". Cui comparabitur regnum celi? Nonne, cum hec dixit, regnum seculare nihil ad se pertinere declaravit? Eoque non modo regnum huiusmodi non quesivit, sed oblatum quoque accipere noluit. Nam cum intelligeret aliquando populos destinasse, ut eum raperent regemque facerent, in montium solitudines fugit. Quod nobis, qui locum ipsius tenemus, non solum exemplo dedit imitandum, sed etiam precepto, inquiens: "Principes gentium dominantur eorum, et qui maiores sunt, potestatem exercent in eos. Non ita erit inter vos, sed quicunque voluerit inter vos maior fieri, sit vester minister, et qui voluerit primus inter vos esse, erit vester servus. Sicut filius hominis non venit, ut ministretur ei, sed ut ministret et det animam suam redemptionem pro multis". Iudices olim Deus, ut scias, Cesar, constituit super Israel, non reges, populumque sibi nomen regium postulantem detestatus est, nec aliter ob duritiam cordis illorum regem dedit, quam quod repudium permiserat, quod in nova lege revocavit. Et ego regnum accipiam, qui vix iudex esse permittor? "An nescitis", inquit Paulus, "quod sancti de hoc mundo iudicabunt? Et si in vobis iudicabitur mundus, indigni estis, qui de minimis iudicetis? Nescitis quod angelos iudicabimus? Quanto magis secularia! Secularia igitur iudicia si habueritis, contemptibiles qui sunt in ecclesia, eos constituite ad iudicandum." Atqui iudices de rebus controversis tantummodo iudicabant, non etiam tributa exigebant: ego exigam? Qui scio a Domino interrogatum Petrum a quibusnam reges terre acciperent tributum censum ve, a filiis an ab alienis? Et, cum hic respondisset ab alienis, ab eodem dictum: "ergo liberi sunt filii." Quod si omnes filii mei sunt, Cesar, (ut certe sunt) omnes liberi erunt, nihil quisquam solvet. Igitur non est opus mihi tua donatione, qua nihil assecuturus sum preter laborem, quem ut minime debeo, ita minime possum ferre.

25

Quid, quod necesse haberem potestatem exercere sanguinis, punire sontes, bella gerere, urbes diripere, regiones ferro ignique vastare? Aliter non est, quod sperem posse me tueri que tradidisses. Et si hec fecero, sacerdos, pontifex, Christi vicarius sum? Ut illum in me tonantem audiam atque dicentem: "Domus mea domus orationis vocabitur omnibus gentibus et tu fecisti eam speluncam latronum." "Non veni in mundum," inquit Dominus, "ut iudicem mundum, sed ut liberem eum." Et ego, qui illi successi, causa mortium ero? Cui in persona Petri dictum est: "Converte gladium tuum in locum suum, omnes enim, qui acceperint gladium, gladio peribunt". Ne defendere quidem nobis ferro nos licet (siquidem defendere Dominum Petrus volebat, cum auriculam abscidit servo): et tu divitiarum aut comparandarum aut tuendarum causa uti ferro nos iubes? Nostra potestas est potestas clavium dicente Domino: "Tibi dabo claves regni celorum, quodcunque ligaveris super terram, erit ligatum et in celis, et quodcunque solveris super terram, erit solutum et in celis, et porte inferi non prevalebunt adversus eas." Nihil ad hanc potestatem, nihil ad hanc dignationem nihil ad hoc regnum adiici potest. Quo qui contentus non est, aliud sibi quoddam a diabolo postulat, qui etiam Domino dicere ausus est: "Tibi dabo omnia regna mundi, si cadens in terram adoraveris me."

26

Quare, Cesar, (cum pace tua dictum sit) noli mihi diabolus effici, qui Christum, idest me regna mundi a te data accipere iubeas, malo enim illa spernere quam possidere; et (ut aliquid de infidelibus, sed ut spero futuris fidelibus loquar) noli me de angelo lucis reddere illis angelum tenebrarum, quorum corda ad pietatem inducere volo, non ipsorum cervici iugum imponere, et "gladio, quod est verbum Dei", non gladio ferreo mihi subiicere, ne deteriores efficiantur, ne recalcitrent, ne cornu me feriant, ne nomen Dei meo irritati errore blasphement. Filios mihi carissimos volo reddere, non servos; adoptare, non emere; generare, non manu capere; animas eorum offerre sacrificium Deo, non diabolo corpora. "Discite a me," inquit Dominus, "qui mitis sum et humili corde. Capite iugum meum et invenietis requiem animabus vestris. Iugum enim meum suave et pondus meum leve." Cuius ad extremum, ut iam finem faciam, illam de hac re sententiam accipe, quam quasi inter me et te tulit: "Reddite, que sunt Cesaris, Cesari, et que sunt Dei, Deo", quo fit, ut nec tu, Cesar, tua relinquere neque ego, que Cesaris sunt, accipere debeam, que, vel si millies offeras, nunquam accipiam.

27

Ad hanc Silvestri orationem apostolico viro dignam, quid esset, quod amplius Constantinus posset opponere? Quod cum ita sit, qui aiunt donationem esse factam, nonne iniuriosi sunt in Constantinum, quem suos privare imperiumque Romanum voluisse convellere? Iniuriosi in senatum populumque Romanum, Italiam totumque occidentem, quem contra ius fasque mutari imperium permisisse? Iniuriosi in Silvestrum, quem indignam sancto viro donationem acceptam habuisse? Iniuriosi in summum pontificatum, cui licere terrenis potiri regnis et Romanum moderari imperium arbitrantur? Hec tamen omnia eo pertinent, ut appareat Constantinum inter tot impedimenta nunquam fuisse facturum, ut rem Romanam Silvestro ex maxima parte donaret, quod isti aiunt.

VIII

28

Age porro, ut credamus istam donationem, de qua facit pagina vestra mentionem, debet constare etiam de acceptatione Silvestri. Nunc de illa non constat. At credibile est, dicitis, ratam hunc habuisse donationem. Ita credo, nec ratam habuisse modo verum etiam petiisse, rogasse, precibus extorsisse credibile est. Quid, vos credibile, quod preter opinionem est hominum, dicitis? Nec quia in pagina privilegii de donatione fit mentio, putandum est fuisse acceptatum, sed e contrario, quia non fit mentio de acceptatione, dicendum est non fuisse donatum. Ita plus contra vos facit hunc donum respuisse quam illum dare voluisse, et "beneficium in invitum non confertur".

Neque vero tantum donata respuisse Silvestrum suspicari debemus, sed tacite etiam indicasse nec illum dare iure nec se iure accipere posse. Sed o cecam semper inconsultamque avaritiam! Demus, ut tabulas quoque de assensu Silvestri proferre possitis veras, incorruptas, sinceras: num protinus donata sunt, que in tabulis continentur? Ubi possessio? Ubi in manus traditio? Nam si chartam modo Constantinus dat, non gratificari Silvestro voluit, sed illudere. Verisimile est, dicitis, qui donat quippiam, eum et possessionem tradere. Videte, quid loquamini, cum possessionem non esse datam constet et, an datum sit ius, ambigatur. Verisimile est, qui possessionem non dedit, eum ne ius quidem dare voluisse.

29

An non constat possessionem nunquam fuisse traditam, quod negare impudentissimum est? Nunquid Silvestrum Constantinus in Capitolium quasi triumphantem inter frequentium Quiritum, sed infidelium plausum duxit? In sella aurea assistente universo senatu collocavit? Magistratus pro sua quenque dignitate regem salutare et adorare iussit? Hoc erga novos principes fieri solet, non tantum aliquod palatium velut Lateranense tradi. Num postea per universam Italiam circunduxit? Adiit cum illo Gallias, adiit Hispanos, adiit Germanos ceterumque occidentem? Aut si gravabantur ambo tantum obire terrarum, quibus nam tam ingens officium delegarunt, qui et Cesaris vice traderent possessionem et Silvestri acciperent? Magni ii viri atque eximie auctoritatis esse debuerunt, et tamen qui fuerint ignoramus. Et quantum in his duobus verbis *tradere* et *accipere* subest pondus! Nostra memoria, ut exempla vetusta omittam, nunquam aliter factitatum vidimus, cum quis aut urbis aut regionis aut provincie dominus factus est, ita demum traditam existimari possessionem, si magistratus pristini summoveantur novique surrogentur. Hoc si tune Silvester fieri non postulasset, tamen magnificentie Constantini intererat, ut declararet non verbo se, sed re possessionem tradere, suos presides amovere aliosque ab illo substitui iubere. Non traditur possessio, que penes eosdem remanet, qui possidebant, et novus dominus illos summovere non audet. Sed fac istud quoque non obstare et nihilominus putari Silvestrum possedisse atque omnia preter morem preterque naturam tunc esse dicamus administrata. Postquam ille abiit, quos provinciis urbibusque rectores Silvester preposuit? Que bella gessit? Quas nationes ad arma spectantes oppressit? Per quos hec administravit? Nihil horum scimus, respondetis. Ita puto nocturno tempore hec omnia gesta sunt et ideo nemo vidit.

30

Age, fuit in possessione Silvester. Quis eum de possessione deiecit? Nam perpetuo in possessione non fuit neque successorum aliquis, saltem usque ad Gregorium Magnum, qui et ipse caruit possessione. Qui extra possessionem est nec se ab ea deiectum probare potest, is profecto nunquam possedit et, si se possedisse dicat, insanit. Vides ut te insanum etiam probo, alioquin dic, quis papam deiecit: ipse ne Constantinus an eius filii an Iulianus an quis alius Cesar? Profer nomen expulsoris, profer tempus, unde primum, unde secundo ac deinceps expulsus est. Num per seditionem et cedes an sine his? Coniurarunt in eum pariter nationes an que prima? Quid, nemo omnium auxilio fuit, ne illorum quidem, qui per Silvestrum alium ve papam prepositi urbibus ac provinciis erant? Uno die universa amisit an paulatim et per partes? Restitit ipse suique magistratus an ad primum tumultum se abdicarunt? Quid, ipsi victores non in eam fecem hominum, quam indignam imperio ducebant, ferro grassati sunt in ultionem contumelie, in tutelam occupate dominationis, in contemptum religionis nostre, in ipsum etiam posteritatis exemplum? Omnino eorum, qui victi sunt, nemo fugam cepit, nemo latuit, nemo timuit? O admirabilem casum! Imperium Romanum tantis laboribus, tanto cruore partum tam placide, tam quiete a christianis sacerdotibus vel partum est vel amissum, ut nullus cruor, nullum bellum, nulla querela intercesserit, et (quod non minus admirari debeas) per quos hoc gestum sit, quo tempore, quomodo, quandiu prorsus ignotum. Putes in silvis inter arbores regnasse Silvestrum, non Rome et inter homines, et ab hibernis imbribus frigoribusque, non ab hominibus eiectum. Quis non habet cognitum, qui paulo plura lectitarit, quot reges Rome, quot consules, quot dictatores, quot tribuni plebis, quot censores, quot ediles creati fuerint? Nemoque ex tanta hominum copia, ex tanta vetustate nos fugit. Scimus item, quot Atheniensium duces, quot Thebanorum, quot Lacedemoniorum extiterint, Pagnas eorum terrestres navalesque universas tenemus; non ignoramus, qui reges Persarum, Medorum, Chaldeorum, Hebreorum fuerint aliorumque plurimorum, et quomodo horum quisque aut acceperit regnum aut tenuerit aut perdiderit aut recuperaverit: Romanum autem sive Silvestrianum imperium, qua ratione inceperit aut qua desierit, quando, per quos, in ipsa quoque urbe nescitur. Interrogo: num quos harum rerum testes auctoresque proferre possitis? Nullos, respondetis: et non pudet vos, non tam homines quam pecudes, dicere verisimile esse possedisse Silvestrum?

IX

31

Quod quia vos non potestis, ego e contrario docebo ad ultimum usque diem vite Constantinum et gradatim deinceps omnes Cesares possedisse, ut nequid habeatis, quod hiscere possitis. At perdifficile est et magni, ut opinor, operis hoc docere. Evolvantur omnes Latine Grecheque historie, citentur ceteri auctores, qui de illis meminere temporibus, ac neminem reperies in hac re ab alio discrepare. Unum ex mille testimoniis sufficiet: Eutropius, qui Constantinum, qui tres Constantini filios a patre relictos dominos orbis terrarum vidit, qui de Iuliano, filio fratris Constantini, ita scribit: "Hic Iulianus rerum potitus est ingentique apparatu Parthis intulit bellum, cui expeditioni ego quoque interfui." Nec de donatione imperii occidentis tacuisset nec paulo post de Ioviano, qui successit Iuliano, ita dixisset: "Pacem cum Sapore necessariam quidem, sed ignobilem fecit mutatis finibus ac nonnulla imperii Romani parte tradita, quod ante, ex quo Romanum imperium conditum erat, nunquam accidit. Quin etiam legiones nostre apud Caudium per Pontium Telesinum et in Hispania apud Numantiam et in Numidia sub iugo misse sunt, ut nihil tamen finium traderetur".

32

Hoc loco libet vos nuperrimi, licet defuncti estis, convenire, pontifices Romani, et te, Eugeni, qui vivis cum Felicis tamen venia: cur donationem Constantini magno ore iactatis frequenterque vos ultores erepti imperii quibusdam regibus principibusque minamini? Et confessionem quandam servitutis a Cesare, dum coronandus est, et a nonnullis aliis principibus extorquetis? (veluti ab rege Neapolitano atque Sicilie), id quod nunquam aliquis veterum Romanorum pontificum fecit, non Damasus apud Theodosium, non Syricius apud Archadium, non Anastasius apud Honorium, non Ioannes apud Iustinianum, non alii apud alios, sanctissimi pape apud optimos Cesares, sed semper illorum Romam Italiamque cum provinciis, quas nominavi, fuisse professi sunt. Eoque nomismata aurea, ut de aliis monumentis sileam templisque urbis Romane, circunferuntur non Grecis, sed Latinis litteris inscripta Constantini iam christiani et deinceps cunctorum ferme imperatorum, quorum multa penes me sunt, cum hac plerunque subscriptione super imaginem crucis: CONCORDIA ORBIS. Qualia infinita reperirentur summorum pontificum, si unquam Rome imperassetis, que nulla reperiuntur, neque aurea neque argentea, neque ab aliquo visa memorantur, et tamen necesse erat illo tempore proprium habere nomisma, quisquis imperium Rome teneret, saltem sub imagine Salvatoris aut Petri.

33

Proh imperitiam hominum! Non cernitis, si donatio Constantini vera est, Cesari (de Latino loquor) nihil relinqui? En qualis imperator, qualis rex Romanus erit, cuius regnum si quis habeat nec aliud habeat, omnino nil habeat? Quod si itaque palam est Silvestrum non possedisse, hoc est Constantinum non tradidisse possessionem, haud dubium erit ne ius quidem, ut dixi, dedisse possidendi, nisi dicitis ius quidem datum, sed aliqua causa possessionem non traditam. Ita plane dabat, quod minime profuturum intelligebat? Dabat, quod tradere non poterat? Dabat, quod non prius venire in manus eius, cui dabatur, possibile erat, quam esset extinctum? Dabat donum, quod ante quingentos annos aut nunquam valiturum foret? Verum hoc loqui aut sentire insanum est.

X

34

Sed iam tempus est, ne longior fiam, cause adversariorum iam concise atque lacerate letale vulnus imprimere et uno eam iugulare ictu. Omnis fere historia, que nomen historie meretur, Constantinum a puero cum patre Constantio christianum refert multo etiam ante pontificatum Silvestri, ut Eusebius, *Ecclesiastice* scriptor *historie*, quem Rufinus, non in postremis doctus, in Latinum interpretatus duo volumina de evo suo adiecit, quorum uterque pene Constantini temporibus fuit. Adde huc testimonium etiam Romani pontificis, qui his rebus gerendis non interfuit, sed prefuit, non testis, sed auctor, non alieni negotii, sed sui narrator. Is est Melchiades papa, qui proximus fuit ante Silvestrum, qui ita ait: "Ecclesia ad hoc usque pervenit, ut non solum gentes, sed etiam Romani principes, qui totius orbis monarchiam tenebant, ad fidem Christi et fidei sacramenta concurrerent. E quibus vir religiosissimus Constantinus primus fidem veritatis patenter adeptus licentiam dedit per universum orbem suo degentibus imperio non solum fieri christianos, sed etiam fabricandi ecclesias, et predia constituit tribuenda. Denique idem prefatus princeps donaria immensa contulit et fabricam templi prime sedis beati Petri instituit, adeo ut sedem imperialem relinqueret et beato Petro suisque successoribus profuturam concederet." En nihil Melchiades a Constantino datum ait, nisi palatium Lateranense et predia, de quibus Gregorius in *Registro* facit sepissime mentionem. Ubi sunt, qui nos in dubium vocare non sinunt, donatio Constantini valeat nec ne, cum illa donatio fuerit et ante Silvestrum et rerum tantummodo privatarum? Que res quanquam plana et aperta sit, tamen de ipso, quod isti stolidi proferre solent, privilegio disserendum est.

XI

35

Et ante omnia non modo ille, qui Gratianus videri voluit, qui nonnulla ad opus Gratiani, adiecit, improbitatis arguendus est, verum etiam inscitie, qui opinantur paginam privilegii apud Gratianum contineri, quod neque docti unquam putarunt, et in vetustissimis quibusque editionibus *Decretorum* non invenitur. Et si quo in loco huius rei Gratianus meminisset, non in hoc, ubi isti collocant seriem ipsam orationis abrumpentes, sed in eo, ubi agit de Ludovici pactione, meminisset. Preterea duo milia locorum in *Decretis* sunt, que ab huius loci fide dissentiant, quorum unus est, ubi (que superius retuli) Melchiadis verba ponuntur. Nonnulli eum, qui hoc capitulum adiecit, aiunt vocatum Paleam vel vero nomine vel ideo quod, que de suo adiunxit, ad Gratianum comparata instar palearum iuxta frumenta existimentur. Utcunque sit, indignissimum est credere, que ab hoc adiecta sunt, ea *Decretorum* collectorem aut ignorasse aut magnifecisse habuisseque pro veris.

Bene habet, sufficit, vicimus: primum, quod hoc Gratianus non ait, ut isti mentiebantur, immo adeo (prout ex infinitis locis datur intelligi) negat atque confutat; deinde, quod unum et ignotum et nullius auctoritatis ac numeri hominem afferunt, ita etiam stolidum, ut ea Gratiano affinxerit, que cum ceteris illius dictis congruere non possent. Hunc ergo vos auctorem profertis? Huius unius testimonio nitimini, huius chartulam ad tante rei confirmationem contra sexcenta probationum genera recitatis? At ego expectaveram, ut aurea sigilla, marmoratos titulos, mille auctores ostenderetis.

36

Sed ipse, dicitis, Palea auctorem profert, fontem historie ostendit et Gelatium papam cum multis episcopis in testimonium citat. "Ex gestis," inquit, "Silvestri, que beatus papa Gelatius in concilio LXX episcoporum a catholicis legi commemorat et pro antiquo usu multas hoc dicit ecclesias imitari, in quibus legitur Constantinus etc." Multo superius, ubi de libris legendis et non legendis agitur, etiam dixerat: "Actus beati Silvestri presulis, licet eius qui scripsit nomen ignoremus, a multis tamen ab urbe Roma catholicis legi cognovimus, et pro antiquo usu hoc imitantur ecclesie."

Mira hec auctoritas, mirum testimonium, inexpugnabilis probatio! Dono vobis hoc Gelatium, dum de concilio LXX episcoporum loquitur, id dixisse: num idem dixit paginam privilegii in beatissimi Silvestri gestis legi? Is vero tantum ait gesta Silvestri legi et hoc Rome, cuius ecclesie auctoritatem multe alie sequuntur, quod ego non nego, concedo, fateor, me quoque una cum Gelatio testem exhibeo. Verum quid vobis ista res prodest, nisi ut in adducendis testibus mentiri voluisse videamini? Ignoratur nomen eius, qui hoc in *Decretis* ascripsit: et solus hoc dicit; ignoratur nomen eius, qui scripsit historiam: et solus is et falso testis affertur. Et vos, boni viri atque prudentes, hoc satis superque esse ad tante rei testimonium existimatis? At videte, quantum inter meum intersit vestrumque iudicium: ego ne si hoc quidem apud gesta Silvestri privilegium contineretur pro vero habendum putarem, cum historia illa non historia sit, sed poetica et impudentissima fabula (ut posterius ostendam) nec quisquam alius alicuius duntaxat auctoritatis de hoc privilegio habeat mentionem. Et Iacobus Varaginensis, propensus in amorem clericorum ut archiepiscopus, tamen in gestis sanctorum de donatione Constantini ut fabulosa nec digna, que inter gesta Silvestri poneretur, silentium egit, lata quodammodo sententia contra eos, si qui hec litteris mandavissent.

37

Sed ipsum falsarium ac vere paleam, non triticum, "optorto collo in iudicium trahere" volo. Quid ais falsarie? Unde fit, quod istud privilegium inter Silvestri gesta non legimus? Credo, rarus hic liber est difficilisque inventu nec vulgo habetur, sed tanquam fasti olim a pontificibus aut libri Sibyllini a decemviris custoditur, lingua Greca aut Syriaca aut Chaldaica scriptus est. Testatur Gelatius a multis catholicis legi, Varaginensis de eo meminit, nos quoque mille et antique scripta exemplaria vidimus, et in omni fere cathedrali ecclesia, cum adest Silvestri natalis dies, lectitantur, et tamen nemo se illic legisse istud ait, quod tu affingis, nemo audisse, nemo somniasse. An alia quedam fortassis historia est? Et quenam ista erit? Ego aliam nescio nec abs te aliam dici interpretor, quippe de ea tu loqueris, quam Gelatius apud multas ecclesias lectitari refert. In hac autem tuum privilegium non invenimus. Quod si istud in vita Silvestri non legitur, quid tu ita legi tradidisti? Quid in tanta re iocari es ausus et levium hominum cupiditatem eludere?

Sed stultus sum, qui illius potius insector audaciam quam istorum dementiam, qui crediderunt. Si quis apud Grecos, apud Hebreos, apud barbaros diceret hoc esse memorie proditum, nonne iuberetis nominari auctorem, proferri codicem et locum ab interprete fideli exponi, antequam crederetis? Nunc de lingua vestra, de notissimo codice fit mentio, et vos tam incredibile factum aut non inquiritis aut, cum scriptum non reperiatis, tam prona estis credulitate, ut pro scripto habeatis atque pro vero. Et hoc titulo contenti terras miscetis et maria et, quasi nullum subsit dubium, eos, qui vobis non credunt, terrore bellorum aliisque minis prosequimini. Bone Iesu, quantavis, quanta divinitas est veritatis, que per sese sine magno conatu ab omnibus dolis ac fallaciis se ipsa defendit, ut non immerito, cum esset apud Darium regem exorta contentio, quid foret maxime validum, et alius aliud diceret, tributa sit palma veritati. Quia cum sacerdotibus, non cum secularibus mihi res est, ecclesiastica magis quam secularia sunt exempla repetenda: Iudas Maccabeus, cum dimissis Romam legatis fedus amicitiamque a senatu impetrasset, curavit verba federis in es incidenda Ierosolimamque portanda. Taceo de lapideis decalogi tabulis, quas Deus Moysi dedit. Ista vero tam magnifica Constantini et tam inaudita donatio nullis, neque in auro neque in argento neque in ere neque in marmore neque postremo in libris, probari documentis potest, sed tantum, si isti credimus, in charta sive membrana. Iobal, primus musices auctor, (ut est apud Iosephum) cum esset a maioribus per manus tradita opinio res humanas semel aqua, iterum igni delendas, doctrinam suam duabus columnis inscripsit (latericia contra ignem, lapidea contra aquas, que ad Iosepbi evum, ut idem scribit, permansit), ut suum in homines beneficium semper extaret. Et apud Romanos rusticanos adhuc et agrestes, cum parve et rare littere essent, tamen leges XII tabularum in es fuere incise, que in capta atque incensa a Gallis urbe incolumes postea sunt reperte. Adeo duo maxima in rebus humanis, diuturnitatem temporis et fortune violentiam, vincit circumspecta providentia. Constantinus vero orbis terrarum donationem papyro tantum et atramento signavit? Cum presertim machinator fabule, quisquis ille fuit, faciat Constantinum dicentem se credere non defore, qui donationem hanc impia aviditate rescinderent. Hoc times, Constantine, et non caves, ne ii, qui Romam Silvestro eriperent, chartulam quoque surriperent? Quid, ipse Silvester pro se nihil agit? Ita omnia Constantino remittit, ita securus ac segnis est in tanto negotio? Nihil sibi, nihil ecclesie sue, nihil posteritati prospicit? En cui imperium Romanum administrandum committas? Qui tam magne rei tantoque aut lucro aut periculo indormit, siquidem sublata chartula privilegii donationem utique etate procedente probare non poterit.

XII

38

Paginam privilegii appellat homo vesanus. *Privilegium* ne tu (libet velut presentem insectari) vocas donationem orbis terrarum? Et hoc in *pagina* vis esse scriptum et isto genere orationis usum esse Constantinum? Si titulus absurdus est, qualia cetera existimemus? *Constantinus imperator quarto die sui baptismatis privilegium Romane ecclesie pontifici contulit, ut in toto orbe Romano sacerdotes ita hunc caput habeant, sicut iudices regem.* Hoc in ipsa Silvestri historia continetur, ex quo dubitari non potest, ubinam scriptum significetur privilegium. Sed more eorum, qui mendacia machinantur, a vero incepit, ut sequentibus, que falsa sunt, conciliet fidem, ut Sinon apud Virgilium: "Cuncta equidem tibi, rex, fuerint quecunque, fatebor / vera, inquit, nec me Argolica de gente negabo; / hoc primum." Deinde falsa subiecit. Ita hoc loco noster Sinon facit, qui, cum a vero incepisset, adiecit: *In eo privilegio ita inter cetera legitur: Utile iudicavimus una cum omnibus satrapis nostris et universo senatu, optimatibus etiam et cum cuncto populo imperio Romane ecclesie subiacenti, ut, sicut beatus Petrus in terris vicarius Dei videtur esse constitutus, etiam et pontifices ipsius principis apostolorum vicem, principatus potestatem amplius, quam terrene imperialis nostre serenitatis mansuetudo habere videretur, concessam a nobis nostroque imperio optineant.*

39

O scelerate atque malefice, eadem, quam affers in testimonium, refert historia longo tempore neminem senatorii ordinis voluisse accipere religionem christianam et Constantinum pauperes sollicitasse pretio ad baptismum: et tu ais intra primos statim dies senatum, optimates, satrapes quasi iam christianos de honestanda ecclesia Romana cum Cesare decrevisse. Quid, quod vis interfuisse *satrapes*? O caudex, o stipes! Sic loquuntur Cesares? Sic concipi solent decreta Romana? Quis unquam satrapes in consiliis Romanorum nominari audivit? Non teneo memoria unquam legisse me ullum non modo Romanum, sed ne in Romanorum quidem provinciis satrapem nominatum. At hic imperatoris satrapes vocat eosque senatui preponit, cum omnes honores, etiam qui principi deferuntur, tantum a senatu decernantur aut iuncto populoque Romano. Hinc est, quod in lapidibus vetustis aut tabulis ereis aut nomismatis duas litteras videmus scriptas: sc, idest senatus consulto, vel quatuor: SPQR, hoc est senatus populusque Romanus. Et, ut Tertullianus meminit, cum Pontius Pilatus de admirandis Christi actionibus ad Tiberium Cesarem, non ad senatum scripsisset (siquidem ad senatum scribere de magnis rebus magistratus consueverant), senatus hanc rem indigne tulit Tiberioque prerogativam ferenti, ut Iesus pro deo coleretur, repugnavit ob tacitam tantummodo indignationem offense senatorie dignitatis, et (ut scias, quantum senatus valeat auctoritas), ne pro deo coleretur, optinuit.

40

Quid, quod ais *optimates?* Quos aut primarios in re publica viros intelligimus (qui cur nominentur, cum de ceteris magistratibus silentium sit?) aut eos, qui populares non sunt, benivolentiam populi aucupantes, sed optimi cuiusque et bonarum partium studiosi ac defensores, ut Cicero quadam oratione demonstrat. Ideoque Cesarem ante oppressam rem publicam popularem fuisse dicimus, Catonem ex optimatibus, quorum differentiam Salustius explicavit. Neque hi optimates magis quam populares aut ceteri boni viri dicuntur in consilio adhiberi. Sed quid mirum, si adhibentur optimates, ubi *cunctus populus,* si homini credimus, cum senatu et Cesare iudicavit, et is quidem

Romane ecclesie subiacens? Et quis iste est populus, Romanus ne? At cur non dicitur populus Romanus potius quam populus subiacens? Que nova ista contumelia est in Quirites? De quibus optimi poete elogium est: "Tu regere imperio populos, Romane, memento." Qui regit alios populos, ipse vocatur populus subiacens, quod inauditum est. Nam in hoc, ut in multis epistolis Gregorius testatur, differt Romanus princeps a ceteris, quod solus est princeps liberi populi. Ceterum ita sit ut vis: nonne et alii populi subiacent? An alios quoque significas? Quomodo fieri istud triduo poterat, ut omnes populi subiacentes imperio Romane ecclesie illi decreto adessent? Tam et si num omnis fex populi iudicabat? Quid, antequam subiecisset Romano pontifici, populum Constantinus subiectum vocaret? Quid, quod ii, qui subiacentes vocantur, faciendo dicuntur prefuisse decreto? Quid, quod hoc ipsum dicuntur decrevisse, ut sint subiacentes et ut ille, cui subiacent, hos habeat subiacentes? Quid agis aliud, infelix, nisi ut indices te voluntatem fallendi habere, facultatem non habere?

XIII

41

Eligentes nobis ipsum principem apostolorum vel eius vicarios firmos apud Deum esse patronos. Et sicut nostra est terrena imperilis potentia, ita eius sacrosanctam Romanam ecclesiam decrevimus veneranter honorare et, amplius quam nostrum imperium terrenumque thronum, sedem sacratissimam beati Petri gloriose exaltari, tribuentes ei potestatem et gloriam et dignitatem atque vigorem et honorificentiam imperialem. Revivisce paulisper, Firmiane Lactanti, resisteque huic asino tam vaste immaniterque rudenti. Ita verborum turgentium strepitu delectatur, ut eadem repetat et inculcet, que modo dixerat. Hunc ne in modum evo tuo loquebantur Cesarum scribe, ne dicam agasones? Elegit sibi illos Constantinus non *patronos,* sed *esse patronos,* interposuit illud *esse,* ut numerum redderet concinniorem. Honesta ratio barbare loqui, ut venustius currat oratio, si modo quid in tanta scabritia venustum esse potest. *Eligentes principem apostolorum vel eius vicarios:* non eligis Petrum et eius deinceps vicarios, sed aut hunc exclusis illis aut illos hoc excluso? Et pontifices Romanos appellat *vicarios Petri,* quasi vel vivat Petrus vel minori dignitate sint ceteri, quam Petrus fuit.

42

Nonne et illud barbarum est: *a nobis nostroque imperio,* quasi imperium habeat animum concedendi et potestaiem? Nec fuit contentus dicere *optineant,* nisi etiam diceret *concessam,* cum satis alterum esset. Et illud *firmos patronos:* perquam elegans est. Scilicet firmos vult, ne pecunia corrumpantur aut metu labantur. Et illud *terrena imperialis potentia:* duo adiectiva sine copula. Et illud *veneranter honorare,* et illud *nostre imperialis serenitatis mansuetudo!* Lactantianam eloquentiam redolet cum de potentia agatur imporii, *serenitatem* nominare et *mansuetudinem,* non amplitudinem et maiestatem.

Quod etiam tumida superbia inflatum est, ut in illo quoque *gloriose exaltari* per *gloriam et potestatem et dignitatem et vigorem et honorificentiam imperialem,* quod ex Apocalypsi sumptum videtur, ubi dicitur: "Dignus est agnus, qui occisus est, accipere virtutem et divinitatem et sapientiam et fortitudinem et honorem et benedictionem." Frequenter, ut posterius liquebit, titulos Dei sibi arrogare fingitur Constantinus et imitari velle sermonem sacre scripture, quem nunquam legerat.

XIV

43

Atque decernentes sancimus, ut principatum teneat tam super quatuor sedes, Alexandrinam, Antiochenam, Ierosolimitanam, Constantinopolita nam, quam etiam super omnes in universo orbe terrarum Dei ecclesias. Etiam pontifex; qui per tempora ipsius sacrosancte Romane ecclesie extiterit, celsior et princeps cunctis sacerdotibus et totius mundi existat, et eius iudicio, que ad cultum Dei et fidem christianorum vel stabilitatem procurandam fuerint, disponantur. Omitto hic barbariem sermonis, quod *princeps sacerdotibus* pro *sacerdotum* dixit; et quod in eodem loco posuit *extiterit* et *existat;* et, cum dixerit *in universo orbe terrarum,* iterum. addit *totius mundi,* quasi quiddam diversum aut celum, que mundi pars est, complecti velit, cum bona pars orbis terrarum sub Roma non esset; et quod *fidem christiano-*

rum vel stabilitatem procurandam, tanquam non possent simul esse, distinxit; et quod *decernere* et *sancire* miscuit et, veluti prius cum ceteris Constantinus non iudicasset, decernere eum et, tanquam penam proponat, sancire et quidem una cum populo sancire facit. Quis hoc christianus pati queat et non papam, qui hoc patitur ac libens audit et recitat, censorie severeque castiget? Quod, cum a Christo primatum acceperit Romana sedes et id Gratiano testante multisque Grecorum octava synodus declararit, accepisse dicatur a Constantino vixdum christiano tanquam a Christo. Hoc ille modestissimus princeps dicere, hoc piissimus pontifex audire voluisset? Absit tam grave ab utroque illorum nefas!

44

Quid, quod multo est absurdius, capit ne rerum natura, ut quis de *Constantinopoli* loqueretur tanquam una patriarchalium sedium, que nondum esset, nec patriarchalis nec sedes, nec urbs christiana nec sic nominata, nec condita nec ad condendum destinata? Quippe privilegium concessum est triduo, quam Constantinus esset effectus christianus, cum Byzantium adhuc erat, non Constantinopolis. Mentior, nisi hoc quoque confiteatur hic stolidus, scribit enim prope calcem privilegii: *Unde congruum perspeximus nostrum imperium et regiam potestatem orientalibus transferri regionibus et in Byzantie provincie optimo loco nomini nostro civitatem edificari et illic nostrum constitui imperium.* Si illc transferre alio volebat imperium, nondum transtulerat; si illic volebat constituere imperium, nondum constituerat; sic, si volebat edificare urbem, nondum edificaverat: non ergo fecisset mentionem de patriarchali, de una quatuor sedium, de christiana, de sic nominata, de condita, de qua condenda, ut historie placet, quam Palea in testimonium affert, ne cogitarat quidem. A qua non videt hec belua (sive is Palea sit sive alius, quem Palea sequitur) se dissentire, ubi Constantinus non sua sponte, sed inter quietem admonitu Dei, non Rome, sed Byzantii, non intra paucos dies, sed post aliquot annos dicitur decrevisse de urbe condenda nomenque, quod in somnis edoctus fuerat, indidisse. Quis ergo non videt, qui privilegium composuit, eum diu post tempora Constantini fuisse? Et, cum vellet adornare mendacium, excidisse sibi, quod ante dixisset: hec gesta esse Rome tertio die, quam ille fuisset baptizatus? Ut in eum decentissime cadat tritum vetustate proverbium " mendaces memores esse oportere". Quid, quod *Byzantiam provinciam* vocat, quod erat oppidum nomine Byzantium, locus haudquaquam capax tante urbis condende? Nanque muris complexa est Constantinopolis vetus Byzantium, et hic in eius *optimo loco* ait urbem esse condendam. Quid, quod Trachiam, ubi positum erat Byzantium, vult esse in oriente, que vergit ad aquilonem? Opinor, ignorabat Constantinus locum, quem condende urbi delegerat, sub quo celo esset, urbsque an provincia, quanta eius mensura foret.

45

Ecclesiis beatorum apostolorum Petri et Pauli pro continuatione luminariorum possessionum predia contulimus, et rebus diversis eas ditavimus, et per nostram imperialem iussionem sacram tam in oriente quam in occidente quam etiam a septentrione et meridionali plaga, videlicet in Iudea, Grecia, Asia, Trachia, Africa et ltalia vel diversis insulis, nostra largitate eis concessimus, ea prorsus ratione, ut per manus beatissimi patris nostri Silvestri summi pontificis successorumque eius omnia disponantur. O furcifer, *ecclesie* ne, idest templa Rome erant Petro et Paulo dicate? Quis eas extruxerat? Quis edificare ausus fuisset? Cum nusquam foret, ut historia ait, christianis locus, nisi secreta et latebre. Aut si qua templa Rome fuissent illis dicata apostolis, non erant digna, in quibus tanta luminaria accenderentur, edicule sacre, non edes; sacella, non templa; oratoria intra privatos parietes, non publica delubra: non ergo ante cura gerenda erat de luminaribus templorum quam de ipsis templis. Quid ais tu, qui facis Constantinum dicentem Petrum et Paulum *beatos,* Silvestrum vero, cum adhuc vivit, *beatissimum,* et suam, qui paulo ante fuisset ethnicus, iussionem *sacram?* Tanta ne conferenda sunt pro luminaribus continuandis, ut totus orbis terrarum fatigetur?

46

At que ista *predia* sunt, presertim *possessionum? Prediorum possessiones* dicere solemus, non *possessionum predia.* Das predia nec que predia explicas. Ditasti *diversis rebus,* nec quando nec quibus rebus ostendis. Vis *plagas* orbis a Silvestro *disponi,* nec pandis quo genere disponendi. Concoocioti hoc antea: cur te hodie incepisse significas honorare ecclesiam Romanam et ei privilegium concedere? Hodie concedis, hodie ditas: cur dicis *concessimus* et *ditavimus?* Quid loqueris aut quid sentis, bestia? Cum fabule machinatore mihi sermo est, non cum optimo principe Constantino.

Sed quid in te ullam prodentiam, ullam doctrinam requiro, qui nullo ingenio, nulla litteratura es preditus,qui ais *luminariorum* pro *luminarium* et *orientalibus transferri regionibus* pro eo, quod est *ad orientales transferri regiones?*

47

Quid porro iste ne sunt quatuor *plage?* Quam *orientalem* numeras? *Trachiam* ne? At, ut dixi, vergit ad septentrionem. An *Iudeam?* At magis ad meridiem spectat, utpote vicina Egypto. Quam item *occidentalem? Italiam* ne? At hec in Italia gerebantur, quam nemo illic agens occidentalem vocat, cum Hispanias dicamus esse in occidente, et Italia hinc ad meridiem, illinc ad arcton magis quam ad occidentem vergit. Quam *septentrionalem?* An *Trachiam?* At ipse ad orientem esse vis. An *Asiam?* At hec sola totum possidet orientem, septentrionem vero communem cum Europa. Quam *meridionalem?* Certe *Africam.* At cur non aliquam nominatim provinciam proferebas, nisi forte Ethiopes Romano imperio suberant? Et nihilominus non habent locum Asia et Afirica, cum orbem terrarum in quatuor dividimus partes et nominatim regiones singularum referimus, sed cum in tres: Asiam, Africam, Europam, nisi *Asiam* pro Asiatica provincia, *Africam* pro ea provincia, que prope Getulos est, appellas, que non video, cur precipue nominentur. Siccine locutus esset Constantinus, cum quatuor orbis plagas exequitur, ut has regiones nominaret, ceteras non nominaret? Et a *Iudea* inciperet, que pars Syrie numeratur et que amplius Iudea non erat eversa Ierosolima, fugatis et prope extinctis Iudeis, ita ut credam vix aliquem in sua tunc patria remansisse, sed alias habitasse nationes? Ubi tandem erat Iudea, que nec Iudea amplius vocabatur, ut hodie videmus illud terre nomen extinctum? Et sicut exterminatis Chananeis Chananea regio desiit appellari commutato nomine in Iudeam a novis incolis, ita exterminatis Iudeis et convenis gentibus eam incolentibus desierat Iudea nominari. Nuncupas *Iudeam, Trachiam, insulas,* Hispanias vero, Gallias, Germanos non putas nuncupandos. Et cum de aliis linguis loquaris, Hebrea, Greca, barbara, de ulla provinciarum Latino sermone utentium non loqueris. Video, has tu ideo omisisti, ut postea in donatione complectereris. Et quid, non tanti erant tot provincie occidentis, ut continuandis luminaribus suppeditarent sumptus, nisi reliquus orbis adiuvaret? Transeo, quod hec concedi ais per *largitatem,* non ergo, ut isti aiunt, ob lepre curationem, alioquin insolens sit, quisquis remunerationem loco munerum ponit.

XV

48

Beato Silvestro, eius vicario, de preoenti tradimus palatium imperii nostri Lateranense, deinde diadema, videlicet coronam capitis nostri, simulque phrygium necnon et superhumerale, videlicet lorum, quod imperiale circundare solet collum, verum etiam chlamydem purpuream atque tunicam coccineam et omnia imperialia indumenta seu etiam dignitatem imperialium presidentium equitum, conferentes etiam ei imperialia sceptra simulque cuncta signa atque banna et diversa ornamenta imperialia et omnem processionem imperialis culminis et gloriam potestatis nostre. Viris etiam diversi ordinis, reverendissimis clericis sancte Romane ecclesie servientibus, illud culmen singularis potentie et precellentie habere sancimus, cuius amplissimus noster senatus videtur gloria adornari, idest patricios consules effici, necnon in ceteris dignitatibus imperialibus eos promulgavimus decorari. Et sicut imperialis extat decorata militia, ita clerum sancte Romane ecclesie adornari decrevimus. Et quemadmodum imperialis potentia diversis officiis, cubiculariorum nempe et hostiariorum atque omnium concubitorum, ordinatur, ita et sanctam Romanam ecclesiam decorari volumus. Et ut amplissime pontificale decus prefulgeat, decernimus et, ut clerici sancti eiusdem sancte Romane ecclesie mappulis et linteaminibus, idest candidissimo colore decoratos equos equitent et, sicut noster senatus calciamentis utitur, cum udonibus, idest candido linteamine illustrentur, et ita celestia sicut terrena ad laudem Dei decorentur.

49

O sancte Iesu, ad hunc sententias volventem sermonibus imperitis non respondebis de turbine? Non tonabis? Non in tantam blasphemiam ultricia fulmina iaculabere? Tantum ne probrum in tua familia sustines? Hoc audire, hoc videre, hoc tam diu conniventibus oculis preterire potes? Sed "patiens es et multe misericordie", vereor tamen, ne patientia hec tua sit potius ira et condemnatio, qualis in illos fuit, de quibus dixisti, "Et dimisi eos secundum desiderium cordis eorum; ibunt in adinventionibus suis", et alibi: "Tradidi eos in reprobum sensum, ut faciant, que non conveniunt, quia non probaverunt se habere notitiam mei." Iube me queso, Domine, ut exclamem adversus eos, et forte convertantur. O Romani pontifices, exemplum facinorum omnium ceteris pontificibus, o improbissimi "scribe et pharisei", qui sedetis "super cathedram Moysi" et opera Dathan et Abiron facitis, ita ne vestimenta, apparatus, pompa equitatus, omnis denique vita Cesaris vicarium Christi decebit? Que communicatio sacerdotis ad Cesareml Ista ne Silvester vestimenta sibi induit? Eo apparatu incessit? Ea celebritate ministrantium domi vixit atque regnavit? Sceleratissimi homines non intelligunt Silvestro magis vestes Aaron, qui summus Dei sacerdos fuerat, quam gentilis principis fuisse sumendas.

50

Sed hec alias erunt exagitanda vehementius. Impresentiarum autem de barbarismo cum hoc sycophanta loquamur, cuius ex stultiloquio impudentissimum eius patescet sua sponte mendacium.

Tradimus, inquit, *palatium imperii nostri Lateranense:* quasi male hoc loco inter ornamenta donum palatii posuisset, iterum postea, ubi de donis agitur, replicavit. *Deinde diadema:* et quasi illi non videant, qui adsunt, interpretatur *videlicet coronam*. Verum hic non addidit *ex auro,* sed posterius easdem res inculcans inquit *ex auro purissimo et gemmis pretiosis.* Ignoravit homo imperitus diadema e panno esse aut fortassis ex serico. Unde sapiens illud regis dictum celebrari solet, "quem ferunt traditum sibi diadema, priusquam capiti imponeret, retentum diu considerasse ac dixisse: O nobilem magis quam felicem pannum, quem si quis penitus agnosceret, quam multis sollicitudinibus periculisque et miseriis sis refertus, ne humi quidem iacentem vellet tollere". Iste non putat illud nisi ex auro esse, cui circulus aureus nunc cum gemmis apponi a regibus solet. Verum non erat rex Constantinus nec regem appellare nec regio se ritu ornare fuisset ausus: Imperator Romanorum erat, non rex. Ubi rex est, ibi res publica non est, at in re publica multi fuerunt etiam uno tempore imperatores. Nam Cicero frequenter ita scribit: "M. Cicero imperator" illi vel illi "imperatori salutem", licet postea peculiari nomine Romanus princeps ut summus omnium imperator appelletur.

51

Simulque phrygium necnon superhumerale, videlicet lorum, quod imperiale circundare solet collum: quis unquam *phrygium* latine dici audivit? Tu mihi, dum barbare loqueris, videri vis Constantini aut Lactantii esse sermonem? Plautus in *Menechmis phrygionem* pro concinnatore vestium posuit, Plinius *phrygionas* appellat vestes acu pictas, quod earum Phryges fuerint inventores: *phrygium* vero quid significet? Hoc non exponis, quod obscurum; exponis, quod est clarius: *superhumerale* ais esse *lorum* nec quid sit lorum tenes. Non enim cingulum ex corio factum, quod dicitur *lorum,* sentis circundari pro ornamento Cesaris collo. Hinc est, quod habenas et verbera vocamus *lora.* Quod si quando dicantur lora aurea, non nisi de habenis, que aurate collo equi aut alterius pecudis circundari assolent, intelligi potest. Que te res, ut mea fert opinio, fefellit, et cum lorum circundare collo Cesaris atque Silvestri vis, de homine, de imperatore, de summo pontifice equum aut asinum facis.

XVI

52

Verum et chlamydem purpuream atque tunicam coccineam: quia Mattheus ait "chlamydem coccineam" et Ioannes "vestem purpuream", utrunque voluit hic eodem loco coniungere. Quod si idem color est, ut Evangeliste significant, quid tu non fuisti contentus alterum nominasse, ut illi contenti fuerunt? Nisi accipis purpuram (ut nunc imperiti loquuntur) genus panni serici colore albo. Est autem purpura piscis, cuius sanguine lana tingitur, ideoque a tinctura datum est nomen panno, cuius color pro rubro accipi potest, licet sit magis nigricans et proximus colori "sanguinis concreti" et quasi violaceus. Inde ab Homero atque Virgilio purpureus dicitur sanguis, et marmor porphyricum, cuius color est simillimus amethysto, Greci enim purpuram *porphyram* vocant. *Coccineum* pro rubro accipi forte non ignoras, sed cur faciat *coccineum,* cum nos dicamus *coccum*? Et *chlamys,* quod genus sit vestimenti, iurarem te plane nescire. Atque ut, ne se longius persequendo singulas vestes mendacem proderet, uno semel verbo complexus est dicens *omnia imperialia indumenta.* Quid, etiam ne illa, quibus in bello, quibus in venatione, quibus in conviviis, quibus in ludis amiciri solet? Quid stultius quam omnia Cesaris indumenta dicere convenire pontifici? Sed quam lepide addit *seu etiam dignitatem imperialium presidentium equitum!* Seu inquit: distinguere duo hec invicem voluit, quasi multum inter se habeant similitudinis, et de imperatorio habitu ad equestrem dignitatem delabitur, nescio quid loquens. Mira quedam effari vult, sed deprehendi in mendacio timet eoque inflatis buccis et turgido gutture " dat sine mente sonum".

53

Conferentes ei etiam imperialia sceptra: que structura orationis! Qui nitor! Qui ordo! Quenam sunt *sceptra* ista *imperialia*? Unum est sceptrum, non plura. Si modo sceptrum gerebat imperator, num et pontifex sceptrum manu gestabit? Cur non ei dabimus et ensem et galeam et iaculum? *Simulque cuncta signa atque banna:* quid tu *signa* accipis? Signa sunt aut statue, unde frequenter legimus "Signa et tabulas" pro sculpturis ac picturis (prisci enim non in parietibus pingebant, sed in tabulis), aut vexilla, unde illud "signa, pares aquilas". A priore significato sigilla dicuntur parve statue atque sculpture: num ergo statuas aut aquilas suas Silvestro dabat Constantinus? Quid hoc absurdius? At *banna,* quid sibi velit, non invenio. Deus te perdat, improbissime mortalium, qui sermonem barbarum attribuis seculo erudito. *Et diversa ornamenta imperialia*: quia dixit *banna,* satis putavit significatum esse et ideo cetera sub verbum universale conclusit. Et quam frequenter inculcat *imperialia*: quasi propria quedam sint ornamenta imperatoris magis quam consulis, quam dictatoris, quam Cesaris.

54

Et omnem processionem imperialis culminis et gloriam potestatis nostre. "proiicit ampullas et sesquipedalia verba", "rex regum Darius consanguineusque deorum", nunquam nisi numero plurali loquens. Que est ista *processio imperialis*? Cucumeris per herbam torti et crescentis in ventrem? Triumphasse existimas Cesarem, quotiens domo prodibat, ut nunc solet papa precedentibus albis equis, quos stratos ornatosque famuli dextrant? Quo, ut taceam alias ineptias, nihil est vanius nihilque a pontifice Romano alienius. Que etiam ista *gloria* est? Gloriam ne, ut Hebree lingue mos est, pompam et apparatus, illum splendorem homo Latinus appellasset? Et illud quoque *militiam* pro *milites,* quod ab Hebreis sumus mutuati, quorum libros Constantinus aut ipsius scribe nunquam aspexerant.

54 bis

Verum quanta est munificentia tua, imperator, qui non satis

habes ornasse pontificem, nisi ornes et omnem clerum. *Culmen singularis potentie et precellentie* ais *effici patricios consules*: quis audivit senatores alios ve homines effici patricios? Consules efficiuntur, non patricii ex domo vel patricia (que eadem senatoria dicitur, siquidem senatores patres conscripti sunt) vel ex equestri vel ex plebeia, plusque est senatorem quam patricium esse, nam senator est unus e delectis consiliariis rei publice, patricius vero, qui e domo senatoria ortum ducit. Ita qui senator aut ex patribus conscriptis non protinus et patricius est. Ridiculeque Romani mei hoc tempore faciunt, qui pretorem suum senatorem vocant, cum neque senatus ex uno homine constare possit necesseque sit senatorem habere collegas, et is, qui senator nunc dicitur, fungatur officio pretoris. At dignitas patriciatus in multis libris invenitur, inquies. Audio, sed in iis, qui de temporibus post Constantinum loquuntur, ergo post Constantinum privilegium confictum est. Sed nunquid clerici fieri consules possunt? Coniugio sibi interdixere Latini clerici et consules fient? Habitoque delectu militum cum legionibus et auxiliis in provincias, quas fuerint sortiti, se conferent? Ministri ne et servi consules fient, nec bini, ut solebat, sed centeni ac milleni? Ministri, qui Romane ecclesie servient, dignitate afficientur imperatoria? Et ego stolidus mirabar, quod papa affici diceretur. Ministri imperatores erunt, clerici vero milites: milites ne clerici fient aut militaria ornamenta gestabunt? Nisi *imperialia ornamenta* universis clericis impertis, nam nescio quid dicas. Et quis non videt hanc fabulam ab iis excogitatam esse, qui sibi omnem vestiendi licentiam esse voluerunt? Ut existimem, si qua inter demones, qui aerem incolunt, ludorum genera exercentur, eos exprimendo clericorum cultu, fastu, luxu exerceri et hoc scenici lusus genere maxime delectari.

XVII

55

Utrum magis insequar sententiarum an verborum stoliditatem? Sententiarum audistis, verborum hec est, ut dicat senatum *videri adornari,* quasi non utigue adornetur, et quidem *adornari gloria;* et quod fit, factum esse velit, ut *promulgavimus* pro *promulgamus,* illo enim modo sonat iocundius oratio; et eandem rem per presens et per preteritum enuntiet, velut *decernimus* et *decrevimus;* et omnia sint referta his vocibus: *decernimus, decoramus, imperialis, imperatoria, potentia, gloria;* et *extat* pro *est* posuerit (cum *extare* sit supereminere vel superesse) et *nempe* pro *scilicet* et *concubitores* pro *contubernales:* concubitores sunt, qui concumbunt et coeunt, nimirum scorta intelligenda sunt. Addit, cum quibus dormiat, ne timeat, opinor, nocturna phantasmata, addit *cubicularios,* addit *hostiarios.* Non otiosum est, quare hec ab eo minuta referuntur: pupillum instituit aut adolescentem filium, non senem, cui omnia, quibus necesse habet tenera etas, ipse velut amantissimus pater preparat, ut David Salomoni fecit.

56

Atgue ut per omnes numeros fabula impleatur, dantur clericis *equi,* ne asinario illo Christi more super asellos sedeant, et dantur non operti sive instrati operimentis coloris albi, sed *decorati* colore albo. At quibus operimentis? Non stragulis, non babylonicis aut quo alio genere, sed *mappulis et linteaminibus*: mappe ad mensam pertinent, linteamina ad lectulos. Et quasi dubium sit, cuius sint hec coloris, interpretatur *idest candidissimo colore*. Dignus Constantino sermo, digna Lactantio facundia cum in ceteris tum vero in illo *equos equitent*. Et cum de vestitu senatorum nihil dixerit, non de laticlavo, non de purpura, non de ceteris, de *calciamentis* sibi loquendum putavit, nec lunulas appellavit, sed *udones* sive *cum udonibus,* quos, ut solet homo ineptus, exponit *idest candido linteamine,* quasi udones linteamen sint. Non occurrit impresentiarum, ubi reppererim *udones,* nisi apud Martialem Valerium, cuius distichon, quod inscribitur "Udones cilicini" hoc est: "Non hos lana dedit, sed olentis barba mariti / Cyniphio poterit planta latere sinu." Ergo non linei utique nec candidi sunt udones, quibus hic bipes asellus non calceari pedes senatorum ait, sed senatores *illustrari*. Atque per hoc *sicut celestia ita terrena ad laudem Dei decorentur*: que tu celestia vocas? Que terrena? Quomodo celestia decorantur? Que autem Deo laus sit ista, tu videris, ego vero, si qua mihi fides est, nihil puto nec Deo nec ceteris hominibus magis esse invisum quam tantam clericorum in rebus secularibus licentiam. Verum quid ego in singula impetum facio? Dies me deficiat, si universa non dico amplificare, sed attingere velim.

XVIII

57

Pre omnibus autem licentiam tribuimus beato Silvestro et successoribus eius ex nostro indictu, ut, quem placatus proprio consilio clericare voluerit et in religioso numero religiosorum clericorum connumerare, nullus ex omnibus presumat superbe agere. Quis est hic Melchisedech, qui patriarcham Abraam benedicit? Constantinus ne vix christianus facultatem ei, a quo baptizatus est et quem beatum appellat, tribuit clericandi, quasi prius nec fecisset hoc Silvester nec facere potuisset? Et qua comminatione vetuit, ne quis impedimento esset: *nullus ex omnibus presumat superbe agere,* qua etiam elegantia: *connumerare in numero religioso religiosorum, clericare clericorum* et *indictu* et *placatus.* Atque iterum ad diadema revertitur:

58

Decrevimus itaque et hoc, ut ipse et successores eius diademate, videlicet corona, quam ex capite nostro illi concessimus, ex auro purissimo et gemmis pretiosis uti debeant pro honore beati Petri. Iterum interpretatur *diadema* (cum barbaris enim et obliviosis loquebatur) et adiicit de *auro purissimo,* ne forte aliquid eris aut scorie crederes admixtum. Et *gemmas* cum dixit, addit *pretiosas* eodem timore, ne viles forsitan suspicareris. Cur tamen non pretiosissimas quemadmodum aurum *purissimum?* Plus nanque interest inter gemmam et gemmam quam inter aurum et aurum. Et cuni dicere debuisset, *distinctum gemmis,* dixit *ex gemmis.* Quis non videt ex eo loco sumpturn, quem princeps gentilis non legerat?: " Posuisti in capite eius coronam de lapide pretioso". Sic locutus esset Cesar vanitate quadam corone sue iactande (si modo Cesares coronabantur) in se ipsum contumeliosus, qui vereretur, ne homines opinarentur eum non gestare coronam *ex auro purissimo* cum *gemmis pretiosis,* nisi indicasset? Accipe causam, cur sic loquatur: *pro honore beati Petri,* quasi Christus non sit summus angularis lapis, in quo templum ecclesie constructum est, sed Petrus, quod iterum postea facit. Quem si tantopere venerari volebat, cur non templum episcopale illi potius quam Ioanni Baptiste Rome dicavit? Quid, illa loquendi barbaries nonne testatur non seculo Constantini, sed posteriori cantilenam hanc esse confictam?

Decernimus quod uti debeant pro eo, quod est *decernimus, ut utantur:* sic nunc barbari homines vulgo loquuntur et scribunt *iussi, quod deberes venire* pro eo, quod est *iussi, ut venires.* Et *decrevimus* et *concessimus:* quasi non tunc fiant illa, sed alio quodam tempore facta sint.

59

Ipse vero beatus papa super coronam clericatus, quam gerit ad gloriam beatissimi Petri, ipsa ex auro non est passus uti corona. O tuam singularem stultitiam, Constantine! Modo dicebas coronam super caput pape ad honorem facere beati Petri, nunc ais non facere, quia Silvester illam recusat, et cum factum recusantis probes, tamen iubes eum *aurea uti corona,* et quod hic non debere se agere existimat, id tu ipsius successores dicis agere debere. Transeo, quod rasuram *coronam* vocas et *papam* pontificem Romanum, qui nondum peculiariter sic appellari erat ceptus.

60

Phrygium vero candidissimo nitore splendidum resurrectionem dominicam designans eius sacratissimo vertici manibus nostris imposuimus, et tenentes frenum equi pro reverentia beati Petri dextratoris officium illi exhibuimus, statuentes eodem phrygio omnes eius successores singulariter uti in processionibus ad imperii nostri imitationem. Nonne videtur hic auctor fabule non per imprudentiam, sed consulto et dedita opera prevaricari et undique ansas ad se reprehendendum prebere? In eodem loco ait phrygio et *dominicam resurrectionem* representari et *imperii* Cesarei esse *imitationem:* que duo inter se maxime discrepant. Deum testor, non invenio, quibus verbis, qua verborum atrocitate confodiam hunc perditissimum nebulonem, ita omnia verba plena insanie evomit. Constantinum non tantum officio similem Moysi, qui summum sacerdotem iussu Dei ornavit, sed secreta mysteria facit exponentem, quod difficillimum est iis, qui diu in sacris litteris sunt versati. Cur non fecisti etiam Constantinum pontificem maximum (ut multi imperatores fuerunt), ut commodius ipsius ornamenta in alterum summum pontificem transferrentur? Sed nescisti historias. Ago itaque Deo etiam hoc nomine gratias, quod istam nefandissimam mentem non nisi in stultissimum hominem cadere permisit. Quod etiam posteriora declarant, nanque Aaron sedenti in equo Moysem inducit *dextratoris exhibuisse officium*, et hoc non permedium Israel, sed per Chananeos atque Egyptios, idest per infidelem civitatem, ubi non tam imperium erat orbis terrarum quam demonum et demones colentium populorum.

XIX

61

Unde ut pontificalis apex non vilescat, sed magis quam imperii terreni dignitas gloria et potentia decoretur, ecce tam palatium nostrum quamque Romanam urbem et omnes ltalie sive occidentalium regionum provincias, loca, civitates beatissimo pontifici et universali pape Silvestro tradimus atque relinquimus et ab eo et a successoribus eius per pragmaticum constitutum decrevimus disponendas atque iuri sancte Romane ecclesie permanendas. De hoc in oratione Romanorum atque Silvestri multa disseruimus. Huius loci est, ut dicamus neminem fuisse facturum, ut nationes uno cunctas verbo donationis involveret et, qui minutissima queque superius est executus: *lorum, calceos, linteamina equorum,* non referret nominatim provincias, quarum singule non singulos reges nunc aut principes regibus pares habent. Sed ignoravit videlicet hic falsator, que provincie sub Constantino erant, que non erant, nam certe cuncte sub eo non erant. Alexandro extincto videmus singulas regiones in ducum partitione numeratas; a Xenophonte terras principesque nominatos, qui vel ultro vel armis sub imperio Cyri fuerunt; ab Homero Grecorum barbarorumque regum nomen, genus, patriam, mores, vires, pulchritudinem, numerum navium et prope numerum militum catalogo comprehensum, cuius exemplum cum multi Greci tum vero nostri Latini Ennius, Virgilius, Lucanus, Statius aliique nonnulli imitati sunt; a Iosue et Moyse in divisione terre promissionis viculos quoque universos fuisse descriptos: et tu gravaris etiam provincias recensere? *Occidentales* tantum *provincias* nominas: qui sunt fines occidentis? Ubi incipiunt, ubi desinunt? Num ita certi constitutique sunt termini occidentis et orientis meridieique et septentrionis ut sunt Asie, Africe, Europe? Necessaria verba suptrahis, ingeris supervacua, dicis *provincias, loca, civitates:* nonne et provincie et urbes *loca* sunt? Et cum dixeris *provincias,* subiungis *civitates,* quasi he sub illis non intelligantur. Sed non est mirum, qui tantam orbis terrarum partem a se alienat, eundem urbium provinciarumque nomina preterire et quasi lethargo oppressum, quid loquatur, ignorare. *Italie sive occidentalium regionum:* tanquam aut hoc aut illud, cum tamen utrumque intelligat appellans *provincias regionum,* cum sint potius *regiones provinciarum,* et *permanendam* dicens pro *permansuram.*

62

Unde congruum perspeximus nostrum imperium et regiam potestatem orientalibus transferri regionibus et in Byzantie provincie optimo loco nomini nostro civitatem edificari et illic nostrum constitui imperium. Taceo, quod dixit *civitates edificari,* cum urbes edificentur, non civitates, et *Byzantiam provinciam.* Si tu es Constantinus, redde causam, cur illum potissimum locum condende urbi delegeris. Quod enim alio te transferas post Romam traditam, non tam *congruum* quam necessarium est, nec te appelles imperatorem, qui Romam amisisti et de nomine Romano, quod discerpis, pessime meritus es, nec regem, quod nemo ante te fecit, nisi ideo te regem appelles, quia Romanus esse desiisti.

63

Sed affers causam sane honestam: *Quoniam ubi princeps sacerdotum et christiane religionis caput constitutum est ab imperatore celesti, iustum non est, ut illic imperator terrenus habeat potestatem.* O stultum David, stultum Salomonem, stultum Ezechiam Iosiamque et ceteros reges, stultos ac parum religiosos, qui in urbe Ierusalem cum summis sacerdotibus habitare sustinuerunt nec tota illis urbe cesserunt. Plus sapit Constantinus triduo, quam illi tota vita sapere potuerunt. Et *imperatorem celestem* appellas, quia terrenum accepit imperium, nisi Deum intelligis (nam ambigue loqueris), a quo terrenum principatum sacerdotum super urbe Romana ceterisque locis constitutum esse mentiris.

XX

64

Hec vero omnia, que per hanc imperialem sacram et per alia divalia decreta statuimus et firmamus, usque in finem mundi illibata et inconcussa permanere decrevimus. Modo *terrenum te vocaveras,* Constantine, nunc *divum sacrumque* vocas, ad gentilitatem recidis et plus quam gentilitatem: deum te facis et verba tua sacra et decreta immortalia, nam mundo imperas, ut tua iussa conservet *illibata et inconcussa.* Non cogitas, quis tu es, modo ex sordidissimo impietatis ceno lotus et vix perlotus. Cur non addebas: "iota unum aut unus apex" de privilegio hoc "non preteribit, ut non magis pereat celum et terra"? Regnum Saul a Deo electi ad filios non pervenit, regnum David in nepote discerptum est et postea extinctum: et tu ad finem usque mundi regnum, quod tu sine Deo tradis, permansurum tua auctoritate decernis? Quis etiam tam cito te docuit mundum esse periturum? Nam poetis, qui hoc etiam testantur, non puto te hoc tempore fidem habere. Ergo hoc tu non dixisses, sed alius tibi affinxit. Ceterum qui tam magnifice superbeque locutus est, timere incipit sibique diffidere eoque optestationibus agit. *Unde coram Deo vivo, qui nos regnare precipit, et coram terribili eius iudicio optestamur omnes nostros successores, imperatores vel cunctos optimates, satrapas etiam amplissimumque senatum et universum populum in universo orbe terrarum, necnon et in posterum nulli eorum quoquo modo licere hoc aut confringere vel in quoquam convelli.* Quam equa, quam religiosa adiuratio! Non secus ac si lupus per innocentiam et fidem optestetur ceteros lupos atque pastores, ne oves, quas sustulit interque filios et amicos partitus est, aut illi adimere aut hi repetere temptent. Quid tantopere extimescis, Constantine? Si opus tuum ex Deo non est, dissolvetur, sin ex Deo, dissolvi non poterit. Sed video voluisti imitari Apocalypsim, ubi dicitur: "Contestor autem audienti omnia verba prophetie libri huius: Si quis apposuerit ad hec, apponet Deus super illum plagas scriptas in libro isto, et si quis diminuerit de verbis libri prophetie huius, auferet Deus partem eius de libro vite et de civitate sancta." At tu nunquam legeras Apocalypsim, ergo non sunt hec verba tua.

65

Si quis autem, quod credimus, in hoc temerator extiterit, eternis condemnationibus subiaceat condemnatus, et sanctos Dei apostolos Petrum et Paulum sibi in presenti et in futura vita sentiat contrarios, atque in inferno inferiori concrematus cum diabolo et omnibus deficiat impiis. Hic terror atque hec comminatio non secularis principis solet esse, sed priscorum sacerdotum ac flaminum et nunc ecclesiasticorum: itaque non est Constantini oratio hec, sed alicuius clericuli stolidi, nec quid dicat aut quomodo dicat scientis, saginati et crassi ac inter crapulam interque fervorem vini has sententias et hec verba ructantis, que non in alium transeunt, sed in ipsum convertuntur auctorem. Primum ait *eternis condemnationibus subiaceat,* deinde, quasi plus addi queat, alia addere vult et post eternitatem penarum adiungit penas *vite presentis;* et cum Dei condemnatione nos terreat adhuc, quasi maius quiddam sit, terret nos odio Petri, cui Paulum cur adiungat aut cur solum nescio. Iterumque solito lethargo ad penas eternas redit, veluti non hoc ante dixisset. Quod si mine he execrationesque Constantini forent, invicem execrarer ut tyrannum et profligatorem rei publice mee et illi me Romano ingenio minarer ultorem. Nunc quis extimescat execrationem avarissimi hominis et ritu histrionum verba simulantis ac sub persona Constantini alios deterrentis? Hoc est proprie hypocritam esse, si Grecam vocem exquirimus, sub aliena persona abscondere tuam.

XXI

66

Huius vero imperialis decreti paginam propriis manibus roborantes super venerandum corpus beati Petri posuimus. Charta ne an membrana fuit *pagina,* in qua scripta hec sunt? Tam et oi paginam vocamus alteram faciem ut dicunt folii, veluti quinternio habet folia dena, paginas vicenas. O rem inauditam et incredibilem! Cum essem adolescentulus, interrogasse me quendam memini, quis librum Iob scripsisset, cumque ille respondisset ipse Iob, tunc me subiunxisse, quo pacto igitur de sua ipsius morte faceret mentionem. Quod de multis aliis libris dici potest, quorum ratio huic loco non convenit. Nam quomodo vere narrari potest id, quod nondum esset administratum? Et in tabulis contineri id, quod post tabularum, ut sic dicam sepulturam factum esse ipse fateatur? Hoc nihil aliud est, quam paginam privilegii ante fuisse mortuam sepultamque quam natam, nec tamen unquam a morte atque sepultura reversam, presertim antequam conscripta esset roboratam, nec id una tantum, sed utraque Cesaris manu. Et quid istud est *roborare* illam? Chirographo ne Cesaris aut anulo signatorio? Magnum nimirum robur maiusque multo, quam si tabulis ereis mandavisset. Sed non est opus scriptura erea, cum *super corpus beati Petri* charta reponatur. Cur hic Paulum retices, qui simul iacet cum Petro, et magis custodire possent ambo, quam si afforet tantummodo corpus unius?

67

Videtis artes malitiamque nequissimi Sinonis: quia donatio Constantini doceri non potest, ideo non in tabulis ereis, sed charteis privilegium esse, ideo latere illud cum corpore sanctissimi apostoli dixit, ne aut auderemus e venerabili sepulcro inquirere aut, si inquireremus, carie absumptum putaremus.

Sed ubi tunc erat corpus beati Petri? Certe nondum in templo, ubi nunc est, non in loco sane munito ac tuto: ergo non illie Cesar paginam collocasset. An beatissimo Silvestro paginam non credebat ut parum sancto, parum cauto, parum diligenti? O Petre, o Silvester, o sancti Romane ecclesie pontifices, quibus oves Domini commisse sunt, cur vobis commissam paginam non custodistis? Cur a tineis illam rodi, cur situ tabescere passi estis? Opinor, quia corpora quoque vestra contabuerunt. Stulte igitur fecit Constantinus, en redacta in pulverem pagina ius simul privilegii in pulverem abiit.

68

Atqui, ut videmus, pagine exemplar ostenditur. Quis ergo illam de sinu sanctissimi apostoli temerarius accepit? Nemo, ut reor, hoc fecit. Unde porro exemplar? Nimirum aliquis antiquorum scriptorum debet afferri nec posterior Constantini temporibus: at is nullus affertur. Sed fortasse aliquis recens? Unde hic habuit? Quisquis enim de superiore etate historiam texit, aut Spiritu sancto dictante loquitur aut veterum scriptorum et eorum quidem, qui de sua etate scripserunt, sequitur auctoritatem. Quare quicunque veteres non sequitur, is de illorum numero erit, quibus ipsa vetustas prebet audaciam mentiendi. Quod si quo in loco ista res legitur, non aliter cum antiquitate consentit, quam illa glosatoris Accursii de legatis Romanis ad leges accipiendas dimissis in Greciam plus quam stulta narratio cum Tito Livio aliisque prestantissimis scriptoribus convenit.

XXII

69

Datum Rome tertio kalendas Aprilis Constantino Augusto quarto consule et Gallicano quarto consule Diem. posuit penultimum Martii, ut sentiremus hoc factum esse sub tempus sanctorum dierum, qui illo plerunque tempore solent esse. Et *Constantino quartum consule et Gallicano quartum consule:* mirum, si uterque ter fuerat consul et in quarto consulatu forent college, sed mirandum magis Augustum leprosum elephantia, qui morbus inter ceteros ut elephas inter beluas eminet, velle etiam accipere consulatum, cum rex Azarias, simul ac lepra tactus est, in privato se continuerit, procuratione regni ad Ioatham filium relegata, ut fere omnes leprosi fecerunt. Quo uno argumento totum prorsus privilegium confutatur, pfligatur, evertitur. Ac nequis ambigat ante leprosum esse debuisse quam consulem, sciat et ex medicina paulatim hunc morbum succrescere et ex notitia antiquitatis consulatum iniri Ianuario mense magistratumque esse annuum: et hec Martio proximo gesta referuntur. Ubi neque hoc silebo: in epistolis scribi solere *datum*, non autem in ceteris nisi apud indoctos. Dicuntur enim epistole dari vel illi vel ad illum (illi quidem, qui perfert, utputa tabellario, ut reddat et in manum porrigat homini, cui mittuntur; ad illum vero, ut ei a perferente reddantur, hic est is, cui mittuntur), privilegium autem ut aiunt Constantini, quod reddi alicui non debebat, nec dari debuit dici, ut appareat eum, qui siclocutus est, mentitum esse nec scisse fingere, quod Constantinum dixisse ac fecisse verisimile esset.

70

Cuius stultitie atque vesanie affines se ac socios faciunt, quicunque hunc vera dixisse existimant atque defendunt, licet nihil iam habeant, quo opinionem suam non dico defendere, sed honeste excusare possint. An honesta erroris excusatio est, cum patefactam videas veritatem, nolle illi acquiescere, quia nonnulli magni homines aliter senserint? Magni, inquam, dignitate, non sapientia nec virtute. Unde tamen scis, an illi, quos tu sequeris, si eadem audissent que tu, mansuri in sententia fuerint an a sententia recessuri? Et nihilominus indignissimum est plus homini velle tribuere quam veritati, idest Deo. Ita enim quidam omnibus defecti rationibus solent mihi respondere: cur tot summi pontifices donationem hanc veram esse crediderunt? Testificor vos, me vocatis quo nolo, et invitum me maledicere summis pontificibus cogitis, quos magis in delictis suis operire vellem.

Sed pergamus ingenue loqui (quandoquidem aliter agi nequit hec causa),

XXIII

71

ut fatear eos ita credidisse et non malitia fecisse: quid mirum, si ista crediderunt, ubi tantum lucri blanditur, cum plurima, ubi nullum lucrum ostenditur, per insignem imperitiam credant? Nonne apud Aram Celi in tam eximio templo et in loco maxime augusto cernimus pictam fabulam Sibylle et Octaviani, ut ferunt ex auctoritate Innocentii tertii hec scribentis? Qui etiam de ruina templi Pacis sub natale Salvatoris, hoc est in partu virginis, scriptum reliquit, que ad evertendam magis fidem, quia falsa, quam ad stabiliendam, quia miranda sunt, pertinent. Mentiri ne ob speciem pietatis audet vicarius veritatis et se scientem hoc piaculo obstringere? An non mentitur? Immo vero a sanctissimis viris se, cum hoc facit, dissentire non videt. Tacebo alios, Hieronymus Varronis testimonio utitur decem Sibyllas fuisse, quod opus Varro ante Augustum condidit. Idem de templo Pacis ita scribit: "Vespasianus et Titus Rome templo Pacis edificato vasa templi et universa donaria in delubro illius consecrarunt, que Greca et Romana narrat historia". Et hic unus indoctus plus vult libello suo etiam barbare scripto credi quam fidelissimis veterum prudentissimorum hominum historiis.

72

Quia Hieronymum attigi, non patiar hanc contumeliam ipsius tacito preteriri: Rome ex auctoritate pape ostenditur codex Biblie tanquam reliquie sanctorum luminibus semper accensis, quod dicant scriptum chirographo Hieronymi. Queris argumentum? Quia multum, ut inquit Virgilius, est "Pictai vestis et auri", res, que magis Hieronymi manu indicat scriptum non esse. Illum ego diligentius inspectum comperi scriptum esse iussu regis, ut opinor, Roberti, chirographo hominis imperiti. Huic simile est, quanquam decem milia huiusmodi Rome sunt, quod inter religiosa demonstratur in tabella effigies Petri et Pauli, quam Silvester Constantino ab eisdem apostolis in somnis admonito in confirmationem visionis exhibuit. Non hoc dico, quia negem effigies illas esse apostrolorum (utinamque tam vera esset epistola nomine Lentuli missa de effigie Christi, que non minus improbe ementita est quam privilegium, quod confutavimus), sed quia tabella illa a Silvestro non fuerit exhibita Constantino.

In quo non sustineo admirationem animi mei continere.

73

Disputabo enim aliquid de fabula Silvestri, quia et omnis in hoc questio versatur et mihi, cum sermo sit cum pontificibus Romanis, de pontifice Romano potissimum loqui decebit, ut ex uno exemplo facile aliorum coniectura capiatur. Et ex multis ineptiis, que ibi narrantur, unam tantum de dracone attingam, ut doceam Constantinum non fuisse leprosum. Etenim gesta Silvestri ab Eusebio quodam Greco homine, ut interpres testatur, composita sunt, que natio ad mendacia semper promptissima est, ut Iuvenalis satyrica censura ait: "quicquid Grecia mendax audet in historia." Unde draco ille venerat? Rome dracones non gignuntur. Unde etiam illi venenum? In Africa tantum pestiferi dracones ob ardorem regionis esse dicuntur. Unde preterea tantum veneni, ut tam spatiosam civitatem peste corrumperet, presertim cum in tam alto specu demersus esset, ad quem centum quinquaginta gradibus descenderetur? Serpentes, excepto forsitan basilisco, non afflatu, sed morsu virus inspirant atque interimunt. Nec Cato Cesarem fugiens cum tanta hominum manu per medias Africe arenas, dum iter faceret ac dormiret, ullum suorum comitum serpentis afflatu vidit extinctum neque illi populi ob id aerem sentiunt pestilentem, et si quid fabulis credimus, et Chimera et Hydra et Cerberus sine noxa vulgo conspecti sunt ac tacti. Adhuc quin eum Romani potius occidissent. Non poterant, inquis? At multo grandiorem serpentem in Africa ad ripam Bagrade Regulus occidit, hunc vero vel obstructo ore specus facile erat interimere. An nolebant? Ita opinor, pro deo colebant, ut Babylonii fecerunt. Cur ergo, ut Daniel illum dicitur occidisse, non et Silvester hunc potius occidisset, quem canabaceo filo alligasset, et domum illam in eternum perdidisset?

 Ideo commentor fabule noluit draconem interimi, ne plane Danielis narratio referri videretur.

74

Quod si Hieronymus, vir doctissimus ac fidelissimus interpres, Apollinarisque et Origenes atque Eusebius et nonnulli alii narrationem Beli fictam esse affirmant, si eam Iudei in veteris instrumenti archetypo non agnoscunt, idest si doctissimi quique Latinorum, plerique Grecorum, singuli Hebreorum illam ut fabulam damnant, ego non hanc adumbratam ex illa damnabo, que nullius scriptoris auctoritate fulcitur et que magistram multo superat stultitia? Nam quis belue supterraneam domum edificaverat? Quis illic eam collocaverat et, ne prodiret atque avolaret (volant enim dracones, ut quidam aiunt, et si alii negant), imperaverat? Quis genus illud cibi excogitaverat? Quis feminas easque virgines ac sanctimoniales descendere preceperat nec nisi kalendis? An tenebat draco, quis esset dies kalendarum? Et tam parco raroque erat cibo contentus? Nec virgines tam altum specum, tam immanem et esurientem beluam exhorrebant? Credo, blandiebatur eis draco ut feminis, ut virginibus, ut cibaria afferentibus; credo etiam, cum illis fabulabatur: quid ni, honor dicto, etiam coibat? Nam et Alexander et Scipio ex draconis serpentis ve cum matre concubitu geniti dicuntur. Quid, denegato postea victu non potius aut prodiisset aut fuisset extinctus? O miram hominum dementiam, qui his anilibus deliramentis fidem habent!

Iam vero quandiu hoc factitatum est? Quando fieri ceptum? Ante adventum Salvatoris an postea? Nihil horum scitur. Pudeat nos, pudeat harum neniarum et levitatis plus quam mimice, erubescat christianus homo, qui veritatis se ac lucis filium nominat, proloqui, que non modo vera non sunt, sed nec verisimilia.

XXIV

75

At enim, inquiunt, hanc demones potestatem in gentibus optinebant, ut eas diis servientes illuderent. Silete, imperitissimi homines, ne dicam sceleratissimos, qui fabulis vestris tale semper velamentum optenditis. Non desiderat sinceritas christiana patrocinium falsitatis, satis per se superque sua ipsius luce ac veritate defenditur sine istis commenticiis ac prestigiosis fabellis in Deum, in Christum, in Spiritum sanctum contumeliosissimis. Siccine Deus arbitrio demonum tradiderat genus humanum, ut tam manifestis, tam imperiosis miraculis seducerentur? Ut propemodum posset iniustitie accusari, qui oves lupis commisisset, et homines magnam errorum suorum haberent excusationem? Quod si tantum olim licebat demonibus et nunc apud infideles vel magis liceret, quod minime videmus, nec ulle ab eis huiusmodi fabule proferuntur. Tacebo de aliis populis, dicam de Romanis, apud quos paucissima miracula feruntur eaque vetusta atque incerta.

Valerius Maximus ait hiatum illum terre in medio foro, cum se in eum Curtius armatum adacto equo immisisset, iterum coisse inque pristinam formam continuo revertisse; item Iunonem Monetam, cum a quodam milite Romano captis Veiis per iocum interrogata esset, an Romam migrare vellet, respondisse velle. Quorum neutrum Titus Livius sentit et prior auctor et gravior, nam et hiatum permansisse vult nec tam fuisse subitum quam vetustum, etiam ante conditam urbem appellatumque Curtium lacum, quod in eo delituisset Curtius Mettius Sabinus Romanorum fugiens impressionem; et Iunonem annuisse, non respondisse, adiectumque fabule postea vocem reddidisse. Atque de nutu quoque palam est illos esse mentitos, vel quod motum simulacri (avellebant autem illud) interpretati sunt sua sponte esse factum vel, qua lascivia hostilem et victam et lapideam deam interrogabant, eadem lascivia annuisse finxerunt, tam et si Livius inquit non annuisse, sed milites, quod annuisset, exclamasse.

76

Que tamen boni scriptores non defendunt facta, sed dicta excusant, nam prout idem Livius ait:"Datur hec venia antiquitati, ut miscendo humana divinis primordia urbium augustiora faciat", et alibi: "Sed in rebus tam antiquis, si qua similia veri sunt; pro veris accipiantur, satis habeam, hec ad ostentationem scene gaudentis miraculis aptiora quam ad fidem, neque affirmare neque refellere est opere pretium." Terentius Varro his duobus et prior et doctior et, ut sentio, gravior auctor, ait triplicem historiam de lacu Curtio a totidem auctoribus proditam, unam a Proculo, quod is lacus ita sit appellatus a Curtio, qui se in eum deiecit, alteram a Pisone, quod a Mettio Sabino, tertiam a Cornelio, cuius rei socium addit Luctatium, quod a Curtio consule, cui collega fuit M. Gonutius.

77

Neque vero dissimulaverim Valerium non plane posse reprehendi, quod ita loquatur, cum paulo post graviter et severe subiiciat: "Nec me preterit de motu et voce deorum immortalium humanis oculis auribusque percepto, quam in ancipiti opinione estimatio versetur. Sed quia non nova dicuntur, sed tradita repetuntur, fidem auctores vendicent." De voce deorum dixit propter Iunonem Monetam et propter simulacrum Fortune, quod bis locutum fingitur his verbis: "Rite me, matrone," vidistis, "rite dedicastis."

78

At vero nostri fabulatores passim inducunt idola loquentia, quod ipsi gentiles et idolorum cultores non dicunt et sincerius negant quam christiani affirmant. Apud illos paucissima miracula non fide auctorum, sed veluti sacra quadam ac religiosa vetustatis commendatione nituntur; apud istos recentiora quedam narrantur, que illorum homines temporum nescierunt. Neque ego admirationi sanctorum derogo nec ipsorum divina opera abnuo, cum sciam tantum fidei, quantum est granum sinapis, montes etiam posse transferre. Immo defendo illa et tueor, sed misceri cum fabulis non sino. Nec persuaderi possum hos scriptores alios fuisse quam aut infideles, qui hoc agerent in derisum christianorum, si hec figmenta per dolosos homines in manus imperitorum delata acciperentur pro veris, aut fideles habentes quidem emulationem Dei, sed non secundum scientiam, qui non modo de gestis sanctorum, verum etiam Dei genitricis atque adeo Christi improba quedam et pseudevangelia scribere non reformidarunt. Et summus pontifex hos libros appellat apocryphos, quasi nihil vitii sit, nisi quod eorum ignoratur auctor; quasi credibilia sint, que narrantur; quasi sancta et ad confirmationem religionis pertinentia, ut iam non minus culpe sit penes hunc, qui mala probat, quam penes illum, qui mala excogitavit. Nummos reprobos discernimus, separamus, abiicimus: doctrinam reprobam non discernemus, sed retinebimus? Sed cum bona miscebimus? Sed pro bona defendemus?

79

Ego vero, ut ingenue feram sententiam, gesta Silvestri nego esse apocrypha, quia, ut dixi, Eusebius quidam fertur auctor, sed falsa atque indigna que legantur existimo, cum in aliis tum vero in eo, quod narratur de dracone, de tauro, de lepra, propter quam refutandam tanta repetii. Neque enim, si Naaman leprosus fuit, continuo et Constantinum leprosum fuisse dicemus. De illo multi auctores meminerunt, de hoc principe orbis terrarum nemo ne suorum quidem civium scripsit, nisi nescio quis alienigena. Cui non aliter habenda est fides quam alteri cuidam de vespis intra nares Vespasiani nidificantibus et de rana partu a Nerone emissa, unde Lateranum vocitatum locum dicunt, quod ibi rana lateat in sepulcro: quod nec vespe ipse nec rane, si loqui possent, dixissent. Transeo, quod cruorem puerorum ad curationem lepre facere dicunt, quod medicina non confitetur, nisi ad deos Capitolinos hoc referunt, quasi illi loqui consuessent et hoc fieri iussissent.

Sed quid mirer hec non intelligere pontifices, cum nomen ignorent suum: Cephas enim dicunt vocari Petrum, quia *caput* apostolorum esset, tanquam hoc vocabulum sit Grecum ἀπὸ τοῦ κεφαλή et non Hebraicum seu potius Syriacum, quod Greci Κηφασ scribunt, "quod" apud eos "interpretatur Petrus", non caput. Est enim *Petrus* et *petra* Grecum vocabulum stulteque per etymologiam. Latinam exponitur *petra* quasi pede trita. Et metropolitanum ab archiepiscopo distinguunt voluntque illum a mensura civitatis dictum, cum Grece dicatur non *metropolis,* sed μητρόπολις, idest mater civitas sive urbs; et *patriarcham* quasi patrem patrum, et *papam* ab interiectione pape dictum, et fidem *orthodoxam* quasi recte glorie, et *Simonem* media correpta, cum legendum sit media longa ut Platonem et Catonem, et multa similia, que transeo, ne culpa aliquorum omnes summos pontifices videar insectari.

Hec dicta sint, ut nemo miretur, si donationem Constantini commenticiam fuisse pape multi non potuerunt deprehendere, tam et si ab aliquo eorum ortam esse hanc fallaciam reor.

XXV

80

At, dicitis, cur imperatores, quorum detrimento res ista cedebat, donationem Constantini non negant, sed fatentur, affirmant, conservant? "Ingens argumentum", mirifica defensio! Nam de quo tu loqueris imperatore? Si de Greco, qui verus fuit imperator, negabo confessionem, sin de Latino, libenter etiam confitebor: etenim quis nescit imperatorem Latinum gratis factum esse a summo pontifice, ut opinor, Stephano? Qui Grecum imperatorem, quod auxilium non ferret Italie, privavit Latinumque fecit, ita ut plura imperator a papa quam papa ab imperatore acciperet. Sane Troianas opes quibusdam pactionibus soli Achilles et Patroclus inter se partiti sunt. Quod etiam mihi videntur indicare Ludovici verba, cum ait: "Ego Ludovicus Imperator Romanus Augustus statuo et concedo per hoc pactum confirmationis nostre tibi, beato Petro, principi apostolorum, et per te vicario tuo, domino Pascali, summo pontifici, et successoribus eius in perpetuum, sicut a predecessoribus nostris usque nunc in vestra potestate et dicione tenuistis, Romanam civitatem cum ducatu suo et suburbanis atque viculis omnibus et territoriis eius montanis atque maritimis litoribus et portubus seu cunctis civitatibus, castellis, oppidis ac villis in Tuscie partibus."

81

Tu ne, Ludovice, cum Pascale pacisceris? Si tua, idest imperii Romani sunt ista, cur alteri concedis? Si ipsius et ab eo possidentur, quid attinet te illa confirmare? Quantulum etiam ex imperio Romano tuum erit, si caput ipsum imperii amisisti? A Roma dicitur Romanus Imperator. Quid, cetera que possides, tua ne an Pascalis sunt? Credo, tua dices: nihil ergo valet donatio Constantini, si ab eo pontifici donata tu possides. Si valet, quo iure Pascalis tibi cetera remittit retentis tantum sibi que possidet? Quid sibi vult tanta aut tua in illum aut illius in te de imperio Romano largitio? Merito igitur *pactum* appellas quasi quandam collusionem. "Sed quid faciam," inquies, "repetam armis, que papa occupat? At ipse iam factus est me potentior. Repetam iure? At ius meum tantum est, quantum ille esse voluit. Non enim hereditario nomine ad imperium veni, sed pacto, ut si imperator esse volo hec et hec invicem pape promittam. Dicam nihil donasse ex imperio Constantinum? At isto modo causam agerem Greci imperatoris et me omni fraudarem imperii dignitate. Hac enim ratione papa se dicit facere imperatorem me quasi quendam vicarium suum et, nisi promittam, non facturum et, nisi pareae, me abdicaturum. Dummodo mihi det, omnia fatebor, omnia paciscar. Mihi tamen crede, si Romam ego ac Tusciam possiderem, tantum abest, ut facerem que facio, ut etiam frustra mihi Pascalis donationis (sicut reor false) caneret cantilenam. Nunc concedo, que nec teneo nec habiturum esse me spero. De iure pape inquirere non ad me pertinet, sed ad Constantinopolitanum illum Augustum."

Iam apud me excusatus es, Ludovice, et quisquis alius princeps es Ludovici similis.

82

Quid de aliorum imperatorum cum summis pontificibus pactione suspicandum est, cum sciamus, quid Sigismundus fecerit, princeps alioquin optimus ac fortissimus, sed iam affecta etate minus fortis?

Quem per Italiam paucis stipatoribus septum in diem vivere vidimus, Rome etiam fame periturum, nisi eum (sed non gratis, extorsit enim donationem) Eugenius pavisset. Is cum Romam venisset, ut pro imperatore Romanorum coronaretur, non aliter a papa coronari potuit, quam Constantini donationem ratam haberet eademque omnia de integro donaret. Quid magis contrarium quam pro imperatore Romano coronari, qui Rome ipsi renuntiasset? Et coronari ab illo, quem et confiteatur et, quantum in se est, dominum Romani imperii faciat? Ac ratam habere donationem, que vera si sit nihil imperatori de imperio reliqui fiat? Quod, ut arbitror, nec pueri fecissent.

83

Quo minus mirum, si papa sibi arrogat Cesaris coronationem, que populi Romani esse deberet.

Si tu, papa, et potes Grecum imperatorem privare Italia provinciisque occidentis et Latinum imperatorem facis, cur pactionibus uteris? Cur bona Cesaris partiris? Cur in te imperium transfers? Quare sciat, quisquis est, qui dicitur imperator Romanorum, me iudice se non esse nec Augustum nec Cesarem nec imperatorem, nisi Rome imperium teneat, et, nisi operam det, ut urbem Romam recuperet, plane esse periurum. Nam Cesares illi priores, quorum fuit primus Constantinus, non adigebantur iusiurandum interponere, quo nunc Cesares obstringuntur: se, quantum humana ope prestari potest, nihil imminuturos esse de amplitudine imperii Romani eamque sedulo adaucturos. Non ea re tamen vocati Augusti, quod imperium augere deberent (ut aliqui sentiunt Latine lingue imperiti), est enim *Augustus* quasi sacer ab avium gustu dictus, que in auspiciis adhiberi solebant, Grecorum quoque testante lingua, apud quos Augustus Σεβαστός dicitur, unde Sebastia vocata. Melius summus pontifex ab augendo Augustus diceretur, nisi quod, dum temporalia auget, spiritualia minuit. Itaque videas, ut quisque pessimus est summorum pontificum, ita maxime defendende huic donationi incumbere, qualis Bonifacius octavus, qui Celestinum tubis parieti insertis decepit. Hic et de donatione Constantini scribit et regem Francie privavit regnumque ipsum, quasi donationem Constantini exequi vellet, ecclesie Romane fuisse et esse subiectum iudicavit, quod statim successores eius, Benedictus et Clemens, ut improbum iniustumque revocarunt.

Verum quid sibi vult ista vestra, pontifices Romani, sollicitudo, quod a singulis imperatoribus donationem Constantini exigitis confirmari, nisi quod iuri diffiditis vestro? Sed laterem lavatis, ut dicitur, nam neque illa unquam fuit, et "quod non est, confirmari non potest", et quicquid donant Cesares, decepti exemplo Constantini faciunt, et donare imperium nequeunt.

XXVI

84

Age vero, demus Constantinum donasse Silvestrumque aliquando possedisse, sed postea vel ipsum vel aliquem successorum a possessione deiectum. Loquor nunc de iis, que papa non possidet, postea loquar de iis, que possidet. Quid possum vobis magis dare, quam ut ea, que nec fuerunt nec esse potuerunt, fuisse concedam? Tamen dico vos nec iure divino nec iure humano ad recuperationem agere posse. In lege veteri Hebreus supra sextum annum Hebreo servire vetabatur, et quinquagesimo quoque anno omnia redibant ad pristinum dominum: tempore gratie christianus a vicario Christi, redemptoris nostre servitutis, premetur servitio eterno? Quid dicam, revocabitur ad servitutem, postquam liber factus est diuque potitus libertate?

85

Sileo, quam sevus, quam vehemens, quam barbarus dominatus frequenter est sacerdotum. Quod si antea ignorabatur, nuper est cognitum exmonstro illo atque portento Ioanne Vitellesco cardinale et patriarcha, qui gladium Petri, quo auriculam Malcho abscidit, in christianorum sanguine lassavit, quo gladio et ipse periit. An vero populis Israel a domo David et Salomonis, quos prophete a Deo missi unxerant, tamen propter graviora onera desciscere licuit factumque eorum Deus probavit: nobis ob tantam tyrannidem desciscere non licebit? Ab iis presertim, qui nec sunt reges nec esse possunt et qui de pastoribus ovium, idest animarum facti sunt fures ac latrones.

XXVII

86

Et ut ad ius humanum veniam, quis ignorat nullum ius esse bellorum aut, si quod est, tam diu valere quandiu possideas, que bello parasti? Nam cum possessionem perdis, et ius perdidisti. Ideoque captivos, si fugerint, nemo ad iudicem repetere solet, etiam nec predas, si eas priores domini receperint. Apes et quedam alia volucrum genera, si e privato meo longius evolaverint et in alieno desederint, repeti non queunt: tu homines, non modo liberum animal, sed dominum ceterorum, si se in libertatem manu et armis asserant, non manu et armis repetes, sed iure, quasi tu homo sis, illi pecudes? Neque est quod dicas: Romani iuste bella nationibus intulerunt iusteque libertate illas exuerunt. Noli me ad istam vocare questionem, nequid in Romanos meos cogar dicere, quanquam nullum crimen tam grave esse potuit, ut eternam mererentur populi servitutem, cum eo, quod sepe culpa principis magni ve alicuius in re publica civis bella gesserunt et victi immerita servitutis pena affecti sunt. Quorum exemplis plena sunt omnia.

Neque vero lege nature comparatum est, ut populus sibi populum subigat. Precipere aliis eosque exhortari possumus, imperare illis ac vim afferre non possumus, nisi relicta humanitate velimus ferociores beluas imitari, que sanguinarium in infirmiores imperium exercent, ut leo in quadrupedes, aquila in volucres, delphinus in pisces. Veruntamen he belue non in suum genus sibi ius vendicant, sed in inferius. Quod quanto magis faciendum nobis est et homo homini religioni habendus, cum, ut M. Fabius inquit, "nulla supra terras adeo rabiosa belua, cui non imago sua sancta sit".

87

Itaque quatuor fere cause sunt, ob quas bella inferuntur: aut ob ulciscendam iniuriam defendendosque amicos, aut timore accipiende postea calamitatis, si vires aliorum augeri sinantur, aut spe prede, aut glorie cupiditate. Quarum prima nonnihil honesta, secunda parum, due posteriores nequaquam honeste sunt. Et Romanis quidem illata fuere frequenter bella, sed, postquam se defenderant, et illis et aliis ipsi intulerunt, nec ulla gens est, que dicioni eorum cesserit nisi bello victa et domita, quam recte aut qua causa ipsi viderint. Eos ego nolim nec damnare tanquam iniuste pugnaverint, nec absolvere tanquam iuste. Tantum dicam eadem ratione Romanos ceteris bella intulisse qua reliqui populi regesque, atque ipsis, qui bello lacessiti victique sunt, licuisse deficere a Romanis, ut ab aliis dominis defecerunt, ne forte, quod nemo diceret, imperia omnia ad vetustissimos illos, qui primi domini fuere, idest qui primi preripuere aliena, referantur. Et tamen melius in victis bello nationibus populo Romano quam Cesaribus rem publicam opprimentibus ius est. Quocirca si fas erat gentibus a Constantino et, quod multo plus est, a populo Romano desciscere, profecto et ab eo fas erit, cuicunque cesserit ille ius suum. Atque ut audacius agam, si Romanis licebat Constantinum aut exigere ut Tarquinum aut occidere ut Iulium Cesarem, multo magis eum vel Romanis vel provinciis licebit occidere, qui in locum Constantini utcunque successit.

Hoc et si verum, tamen ultra causam meam est, et iccirco me reprimere volo nec aliud ex his colligere que dixi, nisi ineptum esse, ubi armorum vis est, ibi ius quenquam afferre verborum, quia quod armis acquiritur, idem rursus armis amittitur. Eo quidem magis, quod alie nove gentes (ut de Gothis accepimus), que nunquam sub imperio Romano fuerunt, fugatis veteribus incolis Italiam et multas provincias occuparunt, quas in servitutem revocari, in qua nunquam fuerunt, que tandem equitas est, presertim victrices et fortasse a victis?

88

Quo tempore si que urbes ac nationes, ut factum fuisse scimus, ab imperatore deserte ad barbarorum adventum necesse habuerunt deligere sibi regem, sub cuius auspiciis victoriam reportarunt: nunquid hunc postea a principatu deponerent? Aut eius filios tum commendatione patris tum propria virtute favorabiles iuberent esse privatos? Ut iterum sub Romano principe essent, maxime cum eorum opera assidue indigerent et nullum aliunde auxilium sperarent? Hos si Cesar ipse aut Constantinus ad vitam reversus aut etiam senatus populusque Romanus ad commune iudicium, quale in Grecia Amphictyonum fuit, vocaret, prima statim actione repelleretur, quod a se olim custode desertos, quod tam diu sub alio principe degentes, quod nunquam alienigene regi subditos, quod denique homines libertati natos et in libertatem robore animi corporisque assertos ad famulatum servitiumque reposceret, ut appareat, si Cesar, si populus Romanus a repetendo exclusus est, multo vehementius papam esse exclusum, et si licet aliis nationibus, que sub Roma fuerunt, aut regem sibi creare aut rem publicam tenere, multo magis id licere populo Romano, precipue adversus novam pape tyrannidem.

XXVIII

89

Exclusi a defendenda donatione adversarii (quod nec unquam fuit et, si qua fuisset, iam temporum condicione intercidisset) confugiunt ad alterum genus defensionis, et velut relicta urbe in arcem se recipiunt, quam statim deficientibus cibariis dedere cogentur: prescripsit, inquiunt, Romana ecclesia in iis que possidet. Cur ergo, que maior pars est, ea reposcit, in quibus non prescripsit et in quibus alii prescripserunt? Nisi id non licet aliis in hanc, quod huic licet in alios.

Prescripsit Romana ecclesia: cur ergo ab imperatoribus totiens curat sibi ius confirmandum? Cur donationem confirmationemque Cesarum iactat, si hoc unum satis est? Iniuriam ei facis, si de altero quoque iure non sileas. Cur igitur de altero non siles? Nempe quia hoc sibi non sufficit.

Prescripsit Romana ecclesia: et quomodo potest prescripsisse, ubi de nullo titulo, sed de male fidei possessione constat? Aut si male fidei possessionem neges, profecto stulte fidei negare non possis. An in tanta re tamque aperta excusata debet esse et facti et iuris ignorantia? Facti quidem, quod Romam provinciasque non dedit Constantinus (quod ignorare idiote hominis est, non summi pontificis), iuris autem, quod illa nec donari potuere nec accipi, quod nescire vix christiani est. Ita ne stulta credulitas dabit tibi ius in iis, que, si prudentior fores, tua nunquam fuissent? Quid, nonne nunc saltem, postquam te per ignorantiam atque stultitiam possedisse docui, ius istud, si quod erat, amittes? Et quod inscitia male contulerat tibi, nonne id rursum cognitio bene adimet mancipiumque ab iniusto ad iustum dominum revertetur, fortassis etiam cum usufructu? Quod si adhuc possidere pergis, iam inscitia in malitiam fraudemque conversa est planeque effectus es male fidei possessor.

90

Prescripsit Romana ecclesia: o imperiti, o divini iuris ignari! Nullus quantusvis annorum numerus verum abolere titulum potest. An vero captus ego a barbaris creditusque perisse, post centum annos, quibus captivus fui, postliminio reversus paterne hereditatis repetitor excludar? Quid hac re inhumanius? Atque ut aliquod afferam exemplum, num Iephte, dux Israel, reposcentibus filiis Ammon terram "a finibus Arnon usque in Iaboc atque in Iordanem" respondit prescripsit Israel iam per trecentos annos? An, quod nunquam illorum, sed

Amorreorum fuisset terra, quam reposcerent, ostendit et hoc argumentum esse ad Ammonitas illam non pertinere, quod nunquam intra tot annorum curriculum repoposcissent?

Prescripsit Romana ecclesia: tace, nefaria lingua! Prescriptionem, que fit de rebus mutis atque irrationabilibus, ad hominem transfers, cuius quo diuturnior in servitute possessio eo est detestabilior. Aves ac fere in se prescribi nolunt, sed quantolibet tempore possesse, cum libuerit et oblata fuerit occasio, abeunt: homini ab homine possesso abire non licebit?

91

Accipe, unde inagis fraus dolusque quam ignorantia Romanorum pontificum appareat utentium iudice bello, non iure, cui simile quiddam primos pontifices in occupanda urbe ceterisque oppidis credo fecisse. Parum ante me natum (testor eorum memoriam, qui interfuerunt) per inauditum genus fraudis Roma papale accepit imperium seu tyrannidem potius, cum diu libera fuisset. Is fuit Bonifacius nonus, octavo in fraude ut in nomine par (si modo Bonifacii dicendi sunt, qui pessime faciunt), et cum Romani deprehenso dolo apud se indignarentur, bonus papa in morem Tarquini summa queque papavera virga decussit. Quod cum postea, qui ei successit, Innocentius imitari vellet, urbe fugatus est. De aliis pontificibus nolo dicere, qui Romam vi semper oppressam armisque tenuerunt, licet quotiens potuit rebellavit ut sexto abhinc anno, cum pacem ab Eugenio optinere non posset nec par esset hostibus, qui eam obsidebant, et ipsa papam intra edes obsedit non permissura illum abire, priusquam aut pacem cum hostibus faceret aut administrationem civitatis relegaret ad cives. At ille maluit urbem deserere dissimulato habitu uno fuge comite quam civibus gratificari iusta et equa petentibus. Quibus si des electionem, quis ignorat libertatem magis quam servitium electuros? Idem suspicari libet de ceteris urbibus, que a summo pontifice in servitute retinentur, per quem a servitute liberari debuissent.

92

Longum esset recensere, quot urbes ex hostibus captas populus Romanus olim liberas fecit, adeo ut T. Flamininus omnem Greciam, que sub Antiocho fuisset, liberam esse et suis uti legibus iuberet. At papa, ut videre licet, insidiatur sedulo libertati populorum. Ideoque vicissim illi quotidie oblata facultate (ad Bononiam modo respice) rebellant. Qui si quando sponte (quod evenire potest aliquo aliunde periculo urgente) in papale imperium consenserunt, non ita accipiendum est consensisse, ut servos se facerent, ut nunquam suptrahere a iugo colla possent, ut postea nati non et ipsi arbitrium sui habeant, nam hoc iniquissimum foret.

93

Sponte ad te, summe pontifex, ut nos gubernares, venimus: sponte nunc rursus abs te, ne gubernes diutius, recedimus. Si qua tibi a nobis debentur, ponatur calculus datorum et acceptorum. At tu gubernare invitos vis, quasi pupilli simus, qui te ipsum forsitan sapientius gubemare possemus.

 Adde huc iniurias, que aut abs te aut a tuis magistratibus huic civitati frequentissime inferuntur. Deum testamur, iniuria cogit nos rebellare, ut olim Israel a Roboam fecit. Et que tanta fuit illa iniuria, quanta portio nostre calamitatis graviora solvere tributa? Quid enim, si rem publicam nostram exhaurias? Exhausisti! Si templa spolies? Spoliasti! Si virginibus matribusque familias stuprum inferas? Intulisti! Si urbem sanguine civili perfundas? Perfudisti! Hec nobis sustinenda sunt? An potius, cum tu pater nobis esse desieris, nos quoque filios esse obliviscemur? Pro patre, summe pontifex, aut (si hoc te magis iuvat) pro domino hic te populus advocavit, non pro hoste atque carnifice. Patrem agere aut dominum non vis, sed hostem ac carnificem. Nos sevitiam tuam impietatemque, et si iure offense poteramus, tamen, quia christiani sumus, non imitabimur nec in tuum caput ultorem stringemus gladium, sed te abdicato atque summoto alterum patrem dominum ve adoptabimus. Filiis a malis parentibus, a quibus geniti sunt, fugere licet: nobis a te, non vero patre, sed adoptivo et pessime nos tractante, non licebit? Tu vero, que sacerdotii operis sunt, cura, et noli tibi ponere sedem ad aquilonem et illinc tonantem fulgurantia fulmina in hunc populum ceterosque vibrare.

XXIX

94

Sed quid plura opus est in re apertissima dicere? Ego non modo Constantinum non donasse tanta, non modo non potuisse Romanum pontificem in eisdem prescribere, sed etiam, si utrunque esset, tamen utrunque ius sceleribus possessorum extinctum esse contendo, cum videamus totius Italie multarumque provinciarum cladem ac vastitatem ex hoc uno fonte fluxisse. Si fons amarus est: et rivus; si radix immunda: et rami; si delibatio sancta non est: nec massa. Ita e diverso, si rivus amarus: fons obstruendus est; si rami immundi: e radice vitium venit; si massa sancta non est: delibatio quoque abominanda est. An possumus principium potentie papalis pro iure proferre, quod tantorum scelerum tantorumque omnis generis malorum cernimus esse causam?

95

Quamobrem dico et exclamo (neque enim timebo homines Deo fretus) neminem mea etate in summo pontificatu fuisse aut "fidelem dispensatorem aut prudentem", qui tantum abest, ut dederit familie Dei cibum, ut "devorarit illam velut cibum" et escam panis. Papa et ipse bella pacatis populis infert et inter civitates principesque discordias serit, papa et alienas sitit opes et suas exorbet, ut Achilles in Agamemnonem δημοβόρος βασιλεύς, idest populi vorator rex. Papa non modo rem publicam, quod non Verres, non Catilina, non quispiam peculator auderet, sed etiam rem ecclesiasticam et Spiritum sanctum questui habet, quod Simon ille magus etiam detestaretur. Et cum horum admonetur et a quibusdam bonis viris reprehenditur, non negat, sed palam fatetur atque gloriatur: licere enim quavis ratione patrimonium ecclesie a Constantino donatum ab occupantibus extorquere, quasi eo recuperato religio christiana futura sit beata et non magis omnibus flagitiis, luxuriis libidinibusque oppressa, si modo opprimi magis potest et ullus est sceleri ulterior locus.

96

Ut igitur recuperet cetera membra donationis, male ereptas a bonis viris pecunias peius effundit militumque equestres pedestresque copias, quibus omnia infestantur, alit, cum Christus in tot milibus pauperum fame ac nuditate moriatur. Nec intelligit, o indignum facinus, cum ipse secularibus auferre, que ipsorum sunt, laborat, illos vicissim sive pessimo exemplo induci sive necessitate cogi (licet non est vera necessitas) ad auferenda, que sunt ecclesiasticorum.

XXX

97

Nulla itaque usquam religio, nulla sanctitas, nullus Dei timor, et (quod referens quoque horresco) omnium scelerum impii homines a papa sumunt excusationem: in illo enim comitibusque eius esse omnis facinoris exemplum, ut cum Esaia et Paulo in papam et pape proximos dicere possimus: "Nomen Dei. per vos blasphematur inter gentes." "Qui alios docetis, vos ipsos non docetis; qui predicatis non furandum, latrocinamini; qui abominamini idola, sacrilegium facitis; qui in lege" et in pontificatu "gloriamini per prevaricationem legis, Deum", verum pontificem, "inhonoratis". Quod si populus Romanus ob nimias opes veram illam Romanitatem perdidit, si Salomon ob eandem causam in idololatriam amore feminarum lapsus est, nonne idem putamus fieri in summo pontifice ac reliquis clericis?

98

Et postea putamus Deum fuisse permissurum, ut materiam peccandi Silvester acciperet? Non patiar hanc iniuriam fieri sanctissimo viro, non feram hanc contumeliam fieri pontifici optimo, ut dicatur imperia, regna, provincias accepisse, quibus renuntiare etiam solent, qui clerici fieri volunt. Pauca possedit Silvester, pauca ceterique sancti pontifices, quorumm aspectus apud hostes quoque erat sacrosanctus, veluti illius Leonis, qui trucem barbari regis animum terruit ac fregit, quem Romane vires nec frangere nec terrere potuerant. Recentes vero summi pontifices, idest divitiis ac deliciis affluentes, id videntur laborare, ut, quantum prisci fuere sapientes et sancti, tantum ipsi et impii sint et stulti et illorum egregias laudes omnibus probris vincant. Hec quis christiani nominis queat equo animo ferre?

99

Verum ego in hac prima nostra oratione nolo exhortari principes ac populos, ut papam effrenato cursu volitantem inhibeant eumque intra suos fines consistere compellant, sed tantum admoneant, qui forsitan iam edoctus veritatem sua sponte ab aliena domo in suam et ab insanis fluctibus sevisque tempestatibus in portum se recipiet. Sin recuset, tunc ad alteram orationem multo truculentiorem accingemur. Utinam, utinam aliquando videam (nec enim mihi quicquam est longius quam hoc videre, et presertim meo consilio effectum), ut papa tantum vicarius Christi sit et non etiam Cesaris, nec amplius horrenda vox audiatur: partes ecclesie, partes contra ecclesiam, ecclesia contra Perusinos pugnat, contra Bononienses. Non contra christianos pugnat ecclesia, sed papa, illa pugnat "contra spiritualia nequitie in celestibus". Tunc papa et dicetur et erit pater sanctus, pater omnium, pater ecclesie, nec bella inter christianos excitabit, sed ab aliis excitata censura apostolica et papali maiestate sedabit.

Donatio Constantini

1

In nomine sanctae et individuae trinitatis patris, scilicet et filii et spiritus sancti. Imperator Caesar Flavius Constantinus in Christo Iesu, uno ex eadem sancta trinitate salvatore domino deo nostro, fidelis, mansuetus, maximus, beneficus, Alamannicus, Gothicus, Sarmaticus, Germanicus, Britannicus, Hunnicus, pius, felix, victor ac triumphator, semper augustus, sanctissimo ac beatissimo patri patrum Silvestrio, urbis Romae episcopo et papae, atque omnibus eius successoribus, qui in sede beati Petri usque in finem saeculi sessuri sunt, pontificibus nec non et omnibus reverentissimis et deo amabilibus catholicis episcopis eidem sacrosanctae Romanae ecclesiae per hanc nostram imperialem constitutionem subiectis in universo orbe terrarum, nunc et in posteris cunctis retro temporibus constitutis, gratia, pax, caritas, gaudium, longanimitas, misericordia a deo patre omnipotente et Iesu Christo filio eius et spiritu sancto cum omnibus vobis.

2

Ea quae salvator et redemptor noster dominus deus Iesus Christus, altissimi patris filius, per suos sanctos apostolos Petrum et Paulum, interveniente patre nostro Silvestrio summo pontifice et universali papa, mirabiliter operari dignatus est, liquida enarratione per huius nostrae imperialis institutionis paginam ad agnitionem omnium populorum in universo orbe terrarum nostra studuit propagare mansuetissima serenitas. Primum quidem fidem nostram, quam a praelato beatissimo patre et oratore nostro Silvestrio universali pontifice edocti sumus, intima cordis confessione ad instruendas omnium vestrum mentes proferentes et ita demum misericordiam dei super nos diffusam annuntiantes.

3

Nosse enim vos volumus, sicut per anteriorem nostram sacram pragmaticam iussionem significavimus, nos a culturis idolorum, simulacris mutis et surdis manufactis, diabolicis compositionibus atque ab omnibus Satanae pompis recessisse et ad integram Christianorum fidem, quae est vera lux et vita perpetua, pervenisse credentes iuxta id, quod nos isdem almificus summus pater et doctor noster Silvester instruxit pontifex, in deum patrem omnipotentem, factorem caeli et terrae, visibilium omnium et invisibilium, et in Iesum Christum, filium eius unicum, dominum deum nostrum, per quem creata sunt omnia, et in spiritum sanctum, dominum et vivificatorem universae creaturae. Hos patrem et filium et spiritum sanctum confitemur, ita ut in trinitate perfecta et plenitudo sit divinitatis et unitas potestatis: pater deus, filius deus et spiritus sanctus deus, et tres unum sunt in Iesu Christo. Tres itaque formae, sed una potestas.

4

Nam sapiens retro semper deus edidit ex se, per quod semper erant gignenda saecula, verbum, et quando eodem solo suae sapientiae verbo universam ex nihilo formavit creaturam, cum eo erat, cuncta suo arcano componens mysterio. Igitur perfectis caelorum virtutibus et universis terrae materiis, pio sapientiae suae nutu ad imaginem et similitudinem suam primum de limo terrae fingens hominem, hunc in paradiso posuit voluptatis; quem antiquus serpens et hostis invidens, diabolus, per amarissimum ligni vetiti gustum exulem ab eisdem effecit gaudiis, eoque expulso non desinit sua venenosa multis modis protelare iacula, ut a via veritatis humanum abstrahens genus idolorum culturae, videlicet creaturae et non creatori, deservire suadeat, quatenus per hos eos, quos suis valuerit irretire insidiis, secum aeterno efficiat concremandos supplicio. Sed deus noster, misertus plasmae suae, dirigens sanctos suos prophetas, per quos lumen futurae vitae, adventum videlicet filii sui, domini dei et salvatoris nostri Iesu Christi, annuntians, misit eundem unigenitum suum filium et sapientiae verbum. Qui descendens de caelis propter nostram salutem natus de spiritu sancto et Maria virgine, verbum caro factum est et habitavit in nobis. Non amisit, quod fuerat, sed coepit esse, quod non erat, deum perfectum et hominem perfectum, ut deus mirabilia perficiens et ut homo humanas passiones sustinens. Ita verum hominem et verum deum praedicante patre nostro Silvestrio summo pontifice intellegimus, ut verum deum verum hominem fuisse nullo modo ambigamus; electisque duodecim apostolis, miraculis coram eis et innumerabilis populi multitudine coruscavit. Confitemur eundem dominum Iesum Christum adimplesse legem et prophetas, passum, crucifixum, secundum scripturas tertia die a mortuis resurrexisse, assumptum in caelis atque sedentem ad dexteram patris, inde venturum iudicare vivos et mortuos, cuius regni non erit finis.

5

Haec est enim fides nostra orthodoxa a beatissimo patre nostro Silvestrio summo pontifice nobis prolata; exhortantes idcirco omnem populum et diversas gentium nationes hanc fidem tenere, colere ac praedicare et in sanctae trinitatis nomine baptismi gratiam consequi et dominum Iesum Christum salvatorem nostrum, qui cum patre et spiritu sancto per infinita vivit et regnat saecula, quem Silvester beatissimus pater noster universalis praedicat pontifex, corde devoto adoraro.

6

Ipse enim dominus deus noster, misertus mihi peccatori, misit sanctos suos apostolos ad visitandum nos et lumen sui splendoris infulsit nobis et abstracto a tenebris ad veram lucem et agnitionem veritatis me pervenisse gratulamini. Nam dum valida squaloris lepra totam mei corporis invasisset carnem, et multorum medicorum convenientium cura adhiberetur, nec unius quidem promerui saluti; ad haec advenerunt sacerdotes Capitolii, dicentes mihi debere fontem fieri in Capitolio et compleri hunc innocentium infantum sanguine et calente in eo loto me posse mundari. Et secundum eorum dicta aggregatis plurimis innocentibus infantibus, dum vellent sacrilegi paganorum sacerdotes eos mactari et ex eorum sanguine fontem repleri, cernens serenitas nostra lacrimas matrum eorum, ilico exhorrui facinus, misertusque eis proprios illis restitui praecepimus filios, datisque vehiculis et donis concessis gaudentes ad propria relaxavimus.

7

Eadem igitur transacta die, nocturna nobis facta silentia, dum somni tempus advenisset, adsunt apostoli sanctus Petrus et Paulus dicentes mihi: " Quoniam flagitiis posuisti terminum et effusionem sanguinis innocentis horruisti, missi sumus a Christo domino deo nostro, dare tibi sanitatis recuperandae consilium. Audi ergo monita nostra et fac quodcumque indicamus tibi. Silvester episcopus civitatis

Romae ad montem Seraptem persecutiones tuas fugiens in cavernis petrarum cum suis clericis latebram fovet. Hunc cum ad te adduxeris, ipse tibi piscinam pietatis ostendet, in qua dum te tertio merserit, omnis te valitudo ista deseret leprae. Quod dum factum fuerit, hanc vicissitudinem tuo salvatori compensa, ut omnes iussu tuo per totum orbem ecclesiae restaurentur, te autem ipsum in hac parte purifica, ut relicta omni superstitione idolorum deum vivum et verum, qui solus est et verus, adores et excolas, ut ad eius voluntatem adtingas."

8

Exsurgens igitur a somno protinus iuxta id, quod a sanctis apostolis admonitus sum, peregi, advocatoque eodem praecipuo et almifico patre et illuminatore nostro Silvestrio universali papa, omnia a sanctis apostolis mihi praecepta edixi verba, percunctatique eum sumus, qui isti dii essent: Petrus et Paulus? Ille vero non eos deos debere dici, sed apostolos salvatoris nostri domini dei Iesu Christi. Et rursum interrogare coepimus eundem beatissimum papam, utrum istorum apostolorum imaginem expressam haberet, ut ex pictura disceremus hos esse, quos revelatio docuerat. Tunc isdem venerabilis pater imagines eorundem apostolorum per diaconem suum exhiberi praecepit. Quas dum aspicerem et eorum, quos in somno videram figuratos, in ipsis imaginibus cognovissem vultus, ingenti clamore coram omnibus satrapibus meis confessus sum eos esse, quos in somno videram.

9

Ad haec beatissimus isdem Silvester pater noster, urbis Romae episcopus, indixit nobis poenitentiae tempus intro palatium nostrum Lateranense in uno cubiculo in cilicio, ut omnia, quae a nobis impie peracta atque iniuste disposita fuerant, vigiliis, ieiuniis atque lacrimis et orationibus apud dominum deum nostrum Iesum Christum salvatorem impetraremus. Deinde per manus impositionem clericorum usque ad ipsum praesulem veni, ibique abrenuntians Satanae pompis et operibus eius vel universis idolis manufactis, credere me in deum patrem omnipotentem, factorem caeli et terrae, visibilium et invisibilium, et in Iesum Christum, filium eius unicum, dominum nostrum, qui natus est de spiritu sancto et Maria virgine, spontanea voluntate coram omni populo professus sum; benedictoque fonte illic me trina mersione unda salutis purificavit. Ibi enim, me posito in fontis gremio, manu de caelo me contingente propriis vidi oculis; de qua mundus exsurgens, ab omni me leprae squalore mundatum agnoscite. Levatoque me de venerabili fonte, indutus vestibus candidis, septernformis sancti spiritus in me consignatione adhibuit beati chrismatis. unctionem et vexillum sanctae crucis in mea fronte linivit dicens: "Signat te deus sigillo fidei suae in nomine patris et filii et spiritus sancti in consignatione fidei." Cunctus clerus respondit: "Amen." Adiecit praesul: "Pax tibi."

10

Prima itaque die post perceptum sacri baptismatis mysterium et post curationem corporis mei a leprae squalore agnovi, non esse alium deum nisi patrem et filium et spiritum sanctum, quem beatissimus Silvester papa praedicat, trinitatem in unitate, unitatem in trinitate. Nam omnes dii gentium, quos usque hactenus colui, daemonia, opera hominum manufacta comprobantur, etenim quantam potestatem isdem salvator noster suo apostolo beato Petro contulerit in caelo ac terra, lucidissime nobis isdem venerabilis pater edixit, dum fidelem eum in sua interrogatione inveniens ait: "Tu es Petrus, et super hanc petram aedificabo ecclesiam meam, et portae inferi non praevalebunt adversus eam." Advertite potentes et aurem cordis intendite, quid bonus magister et dominus suo discipulo adiunxit inquiens: "Et tibi dabo claves regni caelorum; quodcumque ligaveris super terram, erit ligatum et in caelis, et quodcumque solveris super terram, erit solutum et in caelis." Mirum est hoc valde et gloriosum, in terra ligare et solvere et in caelo ligatum et solutum esse.

11

Et dum haec praedicante beato Silvestrio agnoscerem et beneficiis ipsius beati Petri integre me sanitati comperi restitutum, utile iudicavimus una cum omnibus nostris satrapibus et universo senatu, optimatibus etiam et cuncto populo Romano, gloriae imperii nostri subiacenti, ut, sicut in terris vicarius filii dei esse videtur constitutus, etiam et pontifices, qui ipsius principis apostolorum gerunt vices, principatus potestatem amplius, quam terrena imperialis nostrae serenitatis mansuetudo habere videtur concessam, a nobis nostroque imperio obtineant, eligentes nobis ipsum principem apostolorum vel eius vicarios firmos apud deum adesse patronos. Et sicut nostra est terrena imperialis potentia, eius sacrosanctam Romanam ecclesiam decrevimus veneranter honorare et amplius, quam nostrum imperium et terrenum thronum sedem sacratissimam beati Petri gloriose exaltari, tribuentes ei potestatem et gloriae dignitatem atque vigorem et honorificentiam imperialem.

12

Atque decernentes sancimus, ut principatum teneat tam super quattuor praecipuas sedes Antiochenam, Alexandrinam, Constantinopolitanam et Hierosolym itanam, quamque etiam super omnes in universo orbe terrarum dei ecclesias; et pontifex, qui pro tempore ipsius sacrosanctae Romanae ecclesiae extiterit, celsior et princeps cunctis sacerdotibus totius mundi existat et eius iudicio, quaeque ad cultum dei vel fidei Christianorum stabilitate procuranda fuerint, disponantur. Iustum quippe est, ut ibi lex sancta caput teneat principatus, ubi sanctarum legum institutor, salvator noster, beatum Petrum apostolatus obtinere praecepit cathedram, ubi et crucis patibulum sustinens beatae mortis sumpsit poculum suique magistri et domini imitator apparuit, et ibi gentes pro Christi nominis confessione colla flectant, ubi eorum doctor beatus Paulus apostolus pro Christo extenso collo martyrio coronatus est; illic usque in finem quaerant doctorem, ubi sanctum doctoris quiescit corpus, et ibi proni ac humiliati caelestis regis, dei salvatoris nostri Iesu Christi, famulentur officio, ubi superbi terreni regis serviebant imperio.

13

Interea nosse volumus omnem populum universarum gentium ac nationum per totum orbem terrarum, construxisse nos intro palatium nostrum Lateranense eidem salvatori nostro domino deo Iesu Christo ecclesiam a fundamentis cum baptisterio, et duodecim nos sciatis de eius fundamentis secundum numerum duodecim apostolorum cophinos terra onustatos propriis asportasse humeris; quam sacrosanctam ecclesiam caput et verticem omnium ecclesiarum in universo orbe terrarum dici, coli, venerari ac praedicari sancimus, sicut per alia nostra imperialia decreta statuimus. Construximus itaque et ecclesias beatorum Petri et Pauli, principum apostolorum, quas auro et argento locupletavimus, ubi et sacratissima eorum corpora cum magno honore recondentes, thecas ipsorum ex electro, cui nulla fortitudo praevalet elementorum, construximus et crucem ex auro purissimo et gemmis pretiosis per singulas eorum thecas posuimus et clavis aureis confiximus, quibus pro concinnatione luminariorum possessionum praedia contulimus, et rebus diversis eas ditavimus, et per nostras imperialium iussionum sacras tam in oriente quam in occidente vel etiam septentrionali et meridiana plaga, videlicet in Iudaea, Graecia, Asia, Thracia, Africa et Italia vel diversis insulis nostram largitatem eis concessimus, ea prorsus ratione, ut per manus beatissimi patris nostri Silvestrii pontificis successorumque eius omnia disponantur.

14

Gaudeat enim una nobiscum omnis populus et gentium nationes in universo orbe terrarum; exhortantes omnes, ut deo nostro et salvatori Iesu Christo immensas una nobiscum referatis grates, quoniam ipse deus in caelis desuper et in terra deorsum, qui nos per suos sanctos visitans apostolos sanctum baptismatis sacramentum percipere et corporis sanitatem dignos effecit. Pro quo concedimus ipsis sanctis apostolis, dominis meis, beatissimis Petro et Paulo et per eos etiam beato Silvestrio patri nostro, summo pontifici et universali urbis Romae papae, et omnibus eius successoribus pontificibus, qui usque in finem mundi in sede beati Petri erunt sessuri, atque de praesenti contradimus palatium imperii nostri Lateranense, quod omnibus in toto orbe terrarum praefertur atque praecellet palatiis, deinde diademam videlicet coronam capitis nostri simulque frygium nec non et superhumerale, videlicet lorum, qui imperiale circumdare assolet collum, verum etiam et clamidem purpuream atque tunicam coccineam et omnia imperialia indumenta seu et dignitatem imperialium praesidentium equitum, conferentes etiam et imperialia sceptra simulque et conta atque signa, banda etiam et diversa ornamenta imperialia et omnem processionem imperialis culminis et gloriam potestatis nostrae.

15

Viris enim reverentissimis, clericis diversis ordinibus eidem sacrosanctae Romanae ecclesiae servientibus illud culmen, singulari, tatem, potentiam et praecellentiam habere sancimus, cuius amplissimus noster senatus videtur gloria adornari, id est patricios atque consules effici, nec non et ceteris dignitatibus imperialibus eos promulgantes decorari; et sicut imperialis militia, ita et clerum sacrosanctae Romanae ecelesiae ornari decernimus; et quemadmo, dum imperialis potentia officiis diversis, cubiculariorum nempe et ostiariorum atque omnium excubiorum ornatu decoratur, ita et sanctam Romanam ecclesiam decorari volumus; et ut amplissime pontificale decus praefulgeat, decernimus et hoc, ut clerici eiusdem sanctae Romanae ecclesiae mappulis ex linteaminibus, id est candidissimo colore, eorum decorari equos et ita equitari, et sicut noster senatus calciamenta uti cum udonibus, id est candido linteamine illustrari. ut sicut caelestia ita et terrena ad laudem dei decorentur; prae omnibus autem licentiam tribuentes ipso sanctis, simo patri nostro Silvestrio, urbis Romae episcopo et papae, et omnibus, qui post eum in successum et perpetuis temporibus advenerint, beatissimis pontificibus, pro honore et gloria Christi dei nostri in eadem magna dei catholica et apostolica ecclesia ex nostra synclitu, quem placatus proprio consilio clericare voluerit et in numero religiosorum clericorum connumerare, nullum ex omnibus praesumentem superbe agere.

16

Decrevimus itaque et hoc, ut isdem venerabilis pater noster Silvester, summus pontifex, vel omnes eius successores pontifices diademam videlicet coronam, quam ex capite nostro illi concessimus, ex auro purissimo et gemmis pretiosis uti debeant et eorum capite ad laudem dei pro honore beati Petri gestare; ipse vero sanctissimus papa super coronam clericatus, quam gerit ad gloriam beati Petri, omnino ipsam ex auro non est passus uti coronam, frygium vero candido nitore splendidam resurrectionem dominicam designans eius sacratissimo vertici manibus nostris posuimus, et tenentes frenum equi ipsius pro reverentia beati Petri stratoris officium illi exhibuimus; statuentes, eundem frygium omnes eius successores pontifices singulariter uti in processionibus ad imitationem imperii nostri.

17

Unde uc non pontificalis apex vilescat, sed magis amplius quam terreni imperii dignitas et gloriae potentia decoretur, ecce tam palatium nostrum, ut praelatum est, quamque Romae urbis et omnes Italiae seu occidentalium regionum provincias, loca et civitates saepefato beatissimo pontifici, patri nostro Silvestrio, universali papae, contradentes atque relinquentes eius vel successorum ipsius pontificum potestati et ditioni firma imperiali censura per hanc nostram divalem sacram et pragmaticum constitutum decernimus disponenda atque iuri sanctae Romanae ecclesiae concedimus permanenda.

18

Unde congruum prospeximus, nostrum imperium et regni potestatem orientalibus transferri ac transmutari regionibus et in Byzantiae provincia in optimo loco nomini nostro civitatem aedificari et nostrum illic constitui imperium; quoniam, ubi principatus sacerdotum et christianae religionis caput ab imperatore caelesti constitutum est, iustum non est, ut illic imperator terrenus habeat potestatem.

19

Haec vero omnia, quae per hanc nostram imperialem sacram et per alia divalia decreta statuimus atque confirmavimus, usque in finem mundi illibata et inconcussa permanenda decernimus; unde coram deo vivo, qui nos regnare praecepit, et coram terribili eius iudicio obtestamur per hoc nostrum imperialem constitutum omnes nostros successores imperatores vel cunctos optimates, satrapes etiam, amplissimum senatum et universum populum in toto orbe terrarum nunc et in posterum cunctis retro temporibus imperio nostro subiacenti, nulli eorum quoquo modo licere, haec, quae a nobis imperiali sanctione sacrosanctae Romanae ecclesiae vel eius omnibus pontificibus concessa sunt, refragare aut confringere vel in quoquam convelli.

Si quis autem, quod non credimus, in hoc temerator aut contemptor extiterit, aeternis condemnationibus subiaceat innodatus, et sanctos dei principes apostolorum Petrum et Paulum sibi in praesenti et futura vita sentiat contrarios, atque in inferno inferiori concrematus, cum diabolo et omnibus deficiat impiis.

20

Huius vero imperialis decreti nostri paginam propriis manibus roborantes super venerandum corpus beati Petri, principis apostolorum, posuimus, ibique eidem dei apostolo spondentes, nos cuncta inviolabiliter conservare et nostris successoribus imperatoribus conservanda in mandatis relinqui, beatissimo patri nostro Silvestrio summo pontifici et universali papae eiusque per eum cunctis successoribus pontificibus, domino deo et salvatore nostro Iesu Christo annuente, tradidimus perenniter atque feliciter possidenda.

Et subscriptio imperialis:

Divinitas vos conservet per multos annos, sanctissimi ac beatissimi patres.

Datum Romae sub die tertio Kalendarum Aprilium, domino nostro Flavio Constantino augusto quater et Gallicano viris clarissimis consulibus.

洛伦佐·瓦拉生平及其主要作品简介

金　才

洛伦佐·瓦拉(Lorenzo Valla,1407—1457)[①]是一位出生于罗马的人文主义者。他的声望与他在语文学领域的重要地位密切相关——

[①] 追溯瓦拉生平信息的路径足有三条之多,但这三条路径提供的数据信息却是彼此不同的。萨巴蒂尼(R. Sabbadini)和曼奇尼(G. Mancini)都曾试图完整地重构瓦拉的生平经历,也都针对瓦拉的出生年份提出了各自的观点,但都未曾就各自的选择理由作出解释。通过研读两位学者的作品,我们可以发现,萨巴蒂尼之所以倾向1404年,乃是因为他采用了瓦拉的母亲卡特里娜·斯科里巴尼(Caterina Scribani)意欲在位于拉特兰宫的瓦拉墓碑上刻下的碑文里提到的年份(不过,当年的雕刻师很可能误刻了瓦拉的出生年份)。曼奇尼之所以倾向1405年,乃是因为他采用了瓦拉本人在《第二篇针对波焦的辟谬》(波焦·布拉乔利尼是瓦拉抨击最为猛烈的对象)里提到的信息:24岁的瓦拉向教廷提出申请,意图接替于1429年故去的舅父梅尔吉奥莱·斯科里巴尼在教廷的职位。似乎只要通过简单的减法运算,就能轻易地弄清这一问题。然而,事实却没有这么简单:倘若我们仔细研读上述文本(第二篇《针对波焦的辟谬》),便能意识到瓦拉明显在年代问题上做了些手脚,而非因粗心犯了令人颇感诧异的计算错误——他的目的或许是想让自己显得年长一些,以便能够成功获得教廷秘书官的职位。当然,这其中可能还存在一些其他至今尚未明了的原因。倘若此种推测成立,那么瓦拉的出生日期应该是在1406年的8月至11月之间。第三条路径来自玛丽安杰拉·雷格里奥西:鉴于瓦拉之母撰写的碑文里提到了瓦拉于1457年逝世,且瓦拉逝世时的年龄为50岁,故推测瓦拉的出生年份为1407年。总而言之,关于瓦拉的确切出生年份至今未有定论,不同学者计算出的年份不同,或许与不同的历法系统有关。参见 Giovanni Battista de Rossi, *Inscriptiones christianae Urbis Romae saeculo septimo antiquiores*, vol. II, Roma, Pont. Institutum archaelogiae christianae, 1932, p. 425, 同时参见 Cfr. Vincenzo Forcella, *Iscrizioni delle chiese e d'altri edifici di Roma dal secolo XI fino ai giorni nostri*, Roma, Tip. delle scienze matematiche e fisiche, 1869 - 1884, p. 24。

通过《〈君士坦丁赠礼〉辨伪》(De falso credita et ementita Constantini donatione),他揭露了《君士坦丁诏书》(Constitutum Constantini)实属伪造的事实。然而,在盛名之下,瓦拉的人生经历可谓坎坷重重:好战的天性令他先后辗转于多座意大利城市,①而后又在白热化的紧张氛围中被迫从那些城市离开。1444 年,他甚至经历了那不勒斯宗教裁判所的异端审判。②

对于欧洲人文主义文化而言,瓦拉是一位有着非凡重要性的作者:他开创了一种全新的针对拉丁文文本的理论批评方式,被视作人文主义语文学的先驱之一。在 15 世纪的人文主义知识人中,瓦拉的人生经历及其作为人文主义者的职业生涯是非常具有典型性的:③他游走于整

---

① 瓦拉最初在罗马接受教育,后迁往帕多瓦和其他几所大学所在的城市,接着去了那不勒斯,最后返回罗马。参见 Mario Fois, Il pensiero cristiano di Lorenzo Valla nel quadro storico-culturale del suo ambiente, Roma, Pontificia Università Gregoriana, 1969, 同时参见 Girolamo Tiraboschi, Storia della letteratura italiana, t. IX, Modena, presso la Società Tipografica, 1781, pp. 297 – 301。

② 参见 Gianni Zippel, "L'autodifesa di Lorenzo Valla per il processo dell'Inquisizione napoletana (1444)", in Italia medioevale e umanistica, 13, 1970, pp. 82 – 94。为了应对宗教裁判所的审判,瓦拉撰写了《关于哲学问题的辩护》(Defensio Quaestionum in philosophia)和《致教宗安日纳四世的驳斥诽谤者的自我辩解词》(Apologia pro se et contra calumniatores ad Eugenium papam IV),意欲在教宗安日纳四世面前针对敌人的诽谤进行辩白,使宗教裁判所无法判其有罪。参见 Giovanni di Napoli, Lorenzo Valla: Filosofia, religione nell' umanesimo italiano, Roma, Edizioni di storia e letteratura, 1971, pp. 279 – 312。

③ 参见 Eugenio Garin, Lorenzo Valla e l'Umanesimo, in Lorenzo Valla e l'Umanesimo italiano, Atti del convegno internazionale di studi umanistici (Parma, 18 – 19 ottobre 1984), a c. di O. Besomie M. Regoliosi, Padova 1986, p. 6。同时参见 Salvatore Ignazio Camporeale, Lorenzo Valla: Umanesimo e teologia, Firenze, Istituto. Nazionale di Studi sul Rinascimento, 1972, p. 80。另见 Riccardo Fubini, "Lorenzo Valla tra il concilio di Basilea e quello di Firenze, e il processo dell'Inquisizione", in ID., L'umanesimo e i suoi storici. Origini rinascimentali – critica moderna, Milano 2001, p. 137; La diffusione europea del pensiero del Valla, a cura di Mariangela Regoliosi e Clementina Marsico, Firenze, Edizioni Polistampa, 2013。

个意大利半岛上的各个贵族宫廷,从事各类不同的职业。我们确切地知晓,瓦拉的出生地是罗马,但我们却不能肯定其出生的年份究竟是1406年,还是如某些学者所认为的1407年。他的祖籍原本在皮亚琴察,家族中有多位效力于教会文书处的成员:父亲卢卡(Luca Valla)、外祖父乔凡尼·斯科里巴尼(Giovanni Scribani)和舅父梅尔吉奥莱·斯科里巴尼(Merchiorre Scribani)都在教会任职。① 关于他早年的教育背景,我们了解不多,只知道他曾于1419年在佛罗伦萨(当年,教会的办公部门就设立于此)跟随数位知名的人文主义者学习,②包括向乔凡尼·奥利斯帕(Giovanni Aurispa)和列奥纳多·布伦尼(Leonardo Bruni)请教希腊文和拉丁文。很有可能是因为他们的耳濡目染,瓦拉对古典学研究产生了兴趣。瓦拉在文字作品里从未提及过自己的老师。但他内心却对希腊文导师——尤其是乔凡尼·奥利斯帕和里努乔·阿雷蒂诺(Rinuccio Aretino)充满了亲切感和敬重感。毫无疑问,与波焦·布拉乔利尼(Poggio Bracciolini)和安东尼奥·洛斯基(Antonio Loschi)等教会内部成员的持续往来也对他的成长产生了重要的影响。

就在那几年里,在重返罗马之后,瓦拉撰写了处女作《论西塞罗与昆体良之比较》(De comparatione Ciceronis Quintilianique)。在这部如今已经失传的作品里,瓦拉表达了自己针对其中一位演说家的青睐。

---

① 参见 Emilio Nasalli Rocca, "La famiglia di Lorenzo Valla e i piacentini nella Curia di Roma nel secolo XV", in Archivio storico per le province parmensi, s. IV, 9 (1957), pp. 225–251。

② 参见 Paolo Rosso, "Percorsi letterari e storiografici di un allievo di Lorenzo Valla: il cronista piacentino Giacomo Mori", in Archivum mentis 1, Firenze, Leo S. Olschki Editore, 2012, pp. 25–47。

他将拉丁文的历史划分为两大时代:西塞罗时代(Ciceronis aetas)和昆体良时代。① 瓦拉的论述仅仅围绕演说家展开,因为在他看来只有演说家才是纯正拉丁文的守护者。对于诗人,瓦拉的态度是拒斥的。他认为正是诗人将语言的本义和比喻义相混淆,才导致了拉丁文的衰败。在《论拉丁文的优雅》(*Elegantiae latinae linguae*)②中,瓦拉表达了相同的观点,指出在众多的词汇面前,散文作家和史学家无力甄选出正确的措辞和精准的含义。③ 他们遇到的最大问题正是出现在语法的精准度上。瓦拉表明自己无意重新制定语言规则,他深信只要与以西塞罗和昆体良为代表的最为优秀的拉丁文作家的用法保持一致,就能确保语言功能的正确表达。瓦拉对于自身主张的笃定使他成为了同时代人中的文化分水岭,他不仅与中世纪的野蛮语言划清了界限,也与那种缺乏独立精神的通过应用手册规则来学习拉丁文的方式划清了界限。不错,瓦拉身上的确体现出一种争强好斗的天性,但毋庸置疑的是他对基督教信仰的虔诚。这位人文主义者只是认为当时的教义已经被伪造的内容和背离原文的翻译所扭曲了,需要进行改革,且为了成功地完成这一举措,唯一有效的武器就是通过语文学的办法让词汇真正的含义呈

---

① 与维罗纳的瓜里诺不同,瓦拉将拉丁文的形成过程划分为4个阶段:第一阶段的拉丁文为意大利的古代居民(如奥伦齐部族和西坎尼部族)的口头语言;第二阶段的拉丁文是古罗马王政时期、共和国时期(阿格里帕·梅尼纽斯·拉纳图斯担任执政官时期)以及《十二表法》颁布时期人们所使用的语言——在这一时期,拉丁文成为一种"考究"(politior)的语言;第三阶段一直持续至300年,这一时期,拉丁文变得更为丰富;在第四时期(即最后一个时期),由于蛮族的入侵,拉丁文进入了"混杂期"(mixta)。参见 Remigio Sabbadini, *Epistolario di Guarino Veronese*, Torino: Bottega d'Erasmo, 1967。

② 参见 Simona Gavinelli, "Teorie grammaticali nelle *Elegantie* e la tradizione scoastica del tardo Umanesimo", in *Rinascimento*, XXXI, 1991, pp. 155–181。

③ 参见 Girolamo Mancini, *Vita di Lorenzo Valla*, Firenze, Sansoni, 1891, p. 263。

现出来，从而重新确立《圣经》文本中所蕴含的真理的价值。

从语言的角度来看，在经历了好几个世纪的"野蛮化"之后，终于到了通过重读拉丁文和希腊文的原始文本，从修辞-语法的角度重新"恢复"古典拉丁文的时刻。① 瓦拉主张以口语习惯(consuetudo loquendi)——基于此，才有语法结构——为标尺，远离中世纪的哲学和神学内容，即远离古代的逻辑学和经院派的辩证法，去开展一种直接基于第一手文本的研究，避免经院派第二手解读所产生的干扰。在瓦拉看来，对于历史真相的研究要围绕语文学和拉丁文这一基点展开，如此才能在基督教神学重建的过程中确保纯粹和唯一。与当时的经院派哲学和逻辑学思想不同，瓦拉认为历史能够揭示的不仅是抽象的真相，还有具体的真相。正因如此，必须以一种不偏不倚的态度去开展因果分析，并在时代语境中去判定历史事件，展示历史中的真相。只有这种寻求真相的方法能让我们免遭伪史学家的"欺骗"。人文主义思潮倡导使用全新的语文学研究方式辨别真假史料，确定其可靠程度，随后以一种清晰且贴合原文的方式进行书面誊抄，不损伤原文的表达特质。这一观点首先激起了波焦·布拉乔利尼和安东尼奥·洛斯基的反对。当时，他们俩人都在教会担任宗座秘书官，看不惯瓦拉的活跃和雄心，阻止他进入教会任职。由于他们的干涉，瓦拉希望接替舅父梅尔吉奥莱之职的希望就这样落空了。

---

① 在第二卷的序言里，语文学家瓦拉谈到了中世纪时的野蛮语言："至于多纳图斯、塞尔维乌斯和普里西安这三大巨头，就不必多言了。他们三人之中究竟谁最伟大，许多学者也说不上来。但在我看来，他们是非常伟大的，以至于在我的眼中，所有的后世作家都是吞吞吐吐的结巴：头一个便是依西多禄，他是那帮白痴中的最傲慢的人，不学无术且好为人师。"同时参见 Lorenzo Valla, *Elegantiarum latinae linguae libri sex*, Lugduni, apud Seb. Gryphium, 1543, p. 81.

于是，瓦拉被迫离开了自己深爱的罗马城。他曾短时间地旅居于威尼斯，而后前往皮亚琴察继承家族财产。15 世纪 30 年代初，他前往帕维亚，在那里结识了绰号为"巴勒莫人"（Panormita）的安东尼奥·贝卡德里（Antonio Beccadelli）。在贝卡德里的引领下，瓦拉开始进行文本分析和批评，开启了一段新的语文学研究。伦巴第地区火热的文化氛围对瓦拉进一步巩固自己的研究方法产生了重要的影响。① 在这一时期，他完成了一系列最为重要的作品：《论拉丁文的优雅》（*Elegantiae latinae linguae*）、《辩证法驳议》（*Dialecticae disputationes*）②和《论快乐》③。

大约一年半后，瓦拉的执教生涯戛然而止。1433 年，他针对著名律师萨索费拉托的巴托罗撰写了《驳巴托罗书》（*Epistola contra Bartolum*）。④ 该作品的流传引得帕维亚的法学界物议如沸。1433 年 3 月 19 日，瓦拉被正式除名。1434 年底，他迁往佛罗伦萨，投奔其连襟安布罗焦·达尔达诺尼（Ambrogio Dardadoni）——此前，达尔达诺尼跟随 6 月从罗马出逃的安日纳四世来到了佛罗伦萨城。这一时期，瓦拉怀揣着在教会谋得职位或恩赐的梦想，将《论真善》的第三卷

---

① 参见 Eugenio Garin, *La cultura milanese nella prima metà del XV secolo*, in Storia di Milano, VI, Milano 1955, pp. 547–608。

② 该作品的初稿标题为"辩证法与哲学的再耕耘"（Repastinatio dialectice et philosophie）。

③ 该作品的最终标题是"论真善与伪善"（De vero falsoque bono）。在完成初稿后，瓦拉曾先后对该作品进行三次仔细修改：1432 年版文稿的标题为"论快乐"（De voluptate）；1441 年，瓦拉在米兰对其进行修改，将其更名为"论真善"（De vero bono）；1442 年，瓦拉将其标题最终确定为"论真善与伪善"。参见 Girolamo Mancini, Vita di Lorenzo Valla, Firenze, Sansoni, 1891。

① 参见 Mariangela Regoliosi, "L' *Epistola contra Bartolum* del Valla", in *Filologia umanistica per Gianvito Resta*, a cura di V. Fera, G. Ferraú, vol. II, Padova, Antenore, 1997, pp. 1532–1570。

(从基督教的角度来看,这部分的内容最能证明他的虔诚)①视为救命稻草,寄给了安日纳四世。当然,瓦拉并没有获得他所期待的一切。不过,从文化的角度而言,佛罗伦萨的旅居经历具有相当重要的意义。

这一时期,瓦拉请布伦尼和奥利斯帕审读了《论拉丁文的优雅》的部分草稿;查阅了不少书籍——包括尼科里(Niccoli)抄本中由莱昂齐奥·彼拉托(Leonzio Pilato)译成拉丁文的《伊利亚特》(*Iliade*)。他翻译了德摩斯梯尼(Demosthenes)的《为克特西丰特斯辩护》(*Pro Ctesiphonte*),与布伦尼的译本一较高下;此外,他还认识了乔凡尼·托尔泰利(Giovanni Tortelli),并与之保持了延续一生的友谊。②

从米兰到费拉拉,在意大利北部几座城市短暂停留后,由于未能获得教宗的青睐以及拮据的经济状况,③瓦拉于 1435 年被召唤至那不勒斯的阿拉贡宫廷,担任谋臣、秘书官和家臣(conciliarius, secretarius, familiaris)。他的庇护者是人称"雅君"(Magnanimo)的阿方索国王(Alfonso),④当时,他因那不勒斯王国的王位继承一事与安日纳四世产

---

① 参见 Lorenzo Valla, *De vero falsoque bono*, a cura di Maristella De Panizza Lorch, Bari, Adriatica, 1970。

② 参见 Lorenzo Valla, *Epistole Laurentii Valle Epistole*, edd. O. Besomi, M. Regoliosi, Padova, Antenore, 1984。

③ 旅居米兰期间,瓦拉开始与安东尼奥·达·洛接触。后来,安东尼奥在《修辞模仿》(*Imitationes rhetoricae*)中抄袭了瓦拉的文本。旅居佛罗伦萨期间,瓦拉试图从教宗安日纳四世那里谋得在教廷文书处就职的机会,但他的请求并没有得到满足。

④ 参见 Francesco Senatore, Parlamento e luogotenenza generale: Il regno di Napoli nella Corona d'Aragona, in *La corona de Aragón en el centro de su historia* (1208 - 1458). *La monarquía aragonesa y los reinos de la corona, Zaragoza y Monzón*, 1 - 4 dicembre 2008, Sevilla, Colección Actas 74, pp. 433 - 474。

生了冲突。①

那不勒斯时期是作为人文主义思想家的瓦拉的最为丰产的时期。他在每一个学科领域都创作了不少作品，每一部作品也都曾引发争议：在《论自由意志》(De libero arbitrio)中，他认为人的自由意志与神的先见并不相违背；②在3卷本的《辩证法驳议》中，他猛烈抨击经院派逻辑学和亚里士多德主义，并将传统的19种直言三段论缩减为8种；③在《论修道士的誓愿》(De professione religiosorum)中，瓦拉坚称常规神职人员——僧侣和修士——应恪守服从、清贫和贞洁三大誓愿。④ 在瓦拉的作品中，不乏对教会渴求世俗权力之举的批判。⑤ 1440年，瓦拉撰写了最为著名的作品《〈君士坦丁赠礼〉辨伪》。通过严密的史学和语文学分析，瓦拉宣称《君士坦丁诏令》文本实属伪造，所谓的"君士坦丁赠礼"也是由格拉提安的首位追随和评注者帕乌卡帕莱阿(Paucapa-

---

① 1421年，那不勒斯女王乔凡娜二世任命阿拉贡家族的阿方索五世为自己的继任者，两年后又转而任命安茹家族的路易三世为继承人。两大家族之间的冲突持续了大约20年。教宗安日纳四世支持安茹家族，阻止阿拉贡家族的阿方索与对立教宗斐理斯五世结盟，以免他们剥夺自己的教宗之位。1442年6月，安茹家族放弃了被阿拉贡家族围困的那不勒斯。1443年，阿方索与教宗签订了和平协议。

② 参见 Lorenzo Valla, *Dialogue sur le libre arbitre*, a cura di Jacques Chomarat, Parigi, J. Vrin, 1983。

③ 关于对《辩证法驳议》第一卷的精炼综述，参见 Cesare Vasoli, "Lorenzo Valla e la critica dei fondamenti della *dialettica* scolastica", in *Lorenzo Valla: La riforma della lingua e della logica*, Atti del convegno del Comitato Nazionale VI centenario della nascita di Lorenzo Valla (Prato, 4–7 giugno 2008), cur. di M. Regoliosi, Firenze 2010, pp. 377–415。

④ 在这部作品中，瓦拉严厉抨击了某些基督教修道士不合时宜的傲慢态度。瓦拉认为，修道士的誓愿应谨遵神圣福音书的教导。福音书的原则不仅适用于修道士，也适用于平信徒群体。参见 Lorenzo Valla, *De professione religiosorum*, a cura di Mariarosa Cortesi, Padova, Antenore, 1900。

⑤ 参见 Giovanni Maria Vian, *La donazione di Costantino*, Bologna, Il Mulino, 2004, pp. 129–131。

lea)编入《格拉提安教令集》(*Decretum Gratiani*, can. 14, Dist. 96)的。[①] 瓦拉在文中虽控诉教宗对世俗权力的觊觎,但他无意指摘教会在精神上的正直,也没有质疑罗马教会在全世界范围的领袖地位。然而,这位人文主义者还是被扣上了异端的帽子。因为除了《〈君士坦丁赠礼〉辨伪》,他还写了《论修道士的誓愿》和一封致那不勒斯法学家协会的书信。在这封书信中,瓦拉因《宗徒信经》的源头问题与安东尼奥·达·比敦托(Antonio da Bitonto)修士产生了分歧:瓦拉认为,《宗徒信经》乃是尼西亚大公会议的产物,而非基督的宗徒所作。瓦拉遭遇的控诉是极为严重的,幸而他得到了"雅君"阿方索国王的庇护,才免于被宗教裁判所判罪。无论是在效力于阿拉贡宫廷的其他知识人之中,还是在当地的宗教势力内部,瓦拉的一系列作品都引发了轩然大波。显然,在如此情形下,瓦拉被不少人视为"格格不入",遭到了他们的排斥。在他们眼里,瓦拉对无论是世俗事务还是宗教事务的各个领域都要进行尖刻的批驳。正如保罗·科特西(Paolo Cortesi)在《学人对话》(*De hominibus doctis*)里所描述的:瓦拉是一个"尖酸、毒舌、刻薄之人,常与人发生冲突,令人反感,从不赞美其他人的工作"[②]。

就在同一时期,瓦拉还撰写了 6 卷本的《李维〈论第二次布匿战争〉之修订》(*Emendationes sex librorum T. Livii de secundo bello Punico*)和《安东尼奥·达·洛批评》(*Raudensiane note*)——在该作品中,

---

[①] 参见 Giovanni Maria Vian, *La donazione di Costantino*, Bologna, Il Mulino, 2004, pp. 129 – 131。

[②] 见 Paolo Cortesi, *De hominibus doctis, a cura di Giacomo Ferraù*, Palermo, Il Vespro, p. 142 (traduzione di Eugenio Garin, in Storia della letteratura italiana. Il Quattrocento e l'Ariosto. I. La letteratura degli umanisti, Milano, Garzanti, 1988, p. 148, n. 1)。

他抨击了安东尼奥·达·洛(Antonio da Rho)的抄袭之举。此外,他创作了史学作品《阿拉贡国王斐迪南传》(*Gesta Ferdinandi regis Aragonum*)①,叙述了"雅君"阿方索之父——阿拉贡的费迪南的事迹,其写实之笔法和语言之创新令人耳目一新。瓦拉创作该作品的初衷乃是为了在他效力的君主面前表现一番,从而获得他梦寐以求的王室史官一职。据阿拉贡宫廷的国库票据显示,1446年12月31日,瓦拉终于得偿所愿。需要注意的是,这部作品的构思时间并非1445年,且该作品的诞生并不是瓦拉一时兴起的结果,而是来自阿方索国王在许多年前发出的确切邀约。马里奥·弗伊斯(Mario Fois)曾在阿拉贡王朝的档案中找到了一份于1438年1月16日落款的文献:那是一封国王写给一位主教的书信,其中提到国王嘱托为其效力的"尊敬的洛伦佐·瓦拉先生""歌颂我们不朽的事业",因为他是一位学养深厚之人,也是一位出色的演说家。

事实上,早在接受正式任命以前,瓦拉一直都担任着王室史官一职:1438年,身为廷臣的瓦拉就受命写过一篇歌功颂德之作。那是一封写给乔凡尼·奥尔齐纳(Giovanni Olzina)的信件,赞颂阿方索国王征服了苏尔莫纳一事。在那封书信中,瓦拉发动了古典文化中所有的

---

① 关于瓦拉在旅居那不勒斯期间进行的文学创作,参见 Mariangela Regoliosi, prefazione a Laurentii Vallae, *Antidotum in Facium*, ed. Antenore, Padova, pp. 13 - 34。同时参见 Lorenzo Valla, *Ad Alphonsum regem epistola Apologetica*, in *Opera*, Basileae, apud Henricum Petrum, 1540, nella ristampa anastatica in ID., Opera Omnia, cur. di E. Garin, II, Torino 1962, p. 799。瓦拉写道:"……绝大多数人关于拉丁文的逻辑都是错误的,而我瓦拉的逻辑是正确的。"参见 Lorenzo Valla, *Scritti filosofici e religiosi*, cur. di Giorgio Radetti, Firenze 1953 (riedito presso Roma 2009), p. 446;同时参见 Laurentii Vallae, *Gesta Ferdinandi regis Aragonum*, a cura di O. Besomi, Padova, Antenore, 1973。

神灵和英雄,让他们统统都来歌颂阿方索国王——通常被称为"解放者"的骄人战绩。

直到1445年,瓦拉才决定着手撰写这部传记。我们可以这样假设,1444年的罗马之行让瓦拉试图回归罗马效力于教会的希望彻底熄灭。此时,他才下定决心全心全意为阿拉贡的阿方索国王效力。毕竟,面对宗教裁判所的审判,阿方索国王对他施与了庇护,让他欠下了一大笔人情。

正是出于这一目的,瓦拉才决定满足国王的心愿。与此同时,国王也再次向他表达了迫切的需求。此时,瓦拉开始向王国里的各位元老人物咨询信息,收集史料证据。

尤为值得重视的是,1445年年末,瓦拉针对他人就《阿拉贡国王斐迪南传》提出的辩驳发起了控诉。此事发生在一次国王参与的"读书会"期间。瓦拉的控诉对象甚至指向了巴托洛梅奥·法齐奥①,称他为"微不足道的小人物"。后来,法齐奥撰写了3卷本的《针对洛伦佐·瓦拉的辟谬》(*Invective in Laurentium Vallam*),不但一一列举了《阿拉贡国王斐迪南传》中的谬误,还对作者瓦拉的文化素养和道德品质进行了全方位的激烈抨击。不久后,法齐奥选择在瓦拉的一次轻率的罗马之旅期间发表了该作品。1447年,作为语文学家的瓦拉凭借《针对法

---

① 人文主义者巴托洛梅奥·法齐奥(Bartolomeo Facio)约于1400年出生于拉斯佩齐亚,于1457年在那不勒斯去世(瓦拉也是在这一年去世的)。1445年,法齐奥开始效力于阿拉贡宫廷,担任国王阿方索的秘书官和史官。他最著名的作品之一是10卷本《那不勒斯国王阿方索一世时代的历史》(*De Rebus Gestis Ab Alphonso Primo, Neapolitanorum Rege: Commentariorum Libri X*)。

齐奥的辟谬》(Antidotum in Facium)以牙还牙。① 该作品的第四卷（即最后一卷）收录了《对李维的修订》(Emendationes liviane)②。毫无疑问,这部四卷本作品的动笔时期显然距法齐奥发表《针对洛伦佐·瓦拉的辟谬》的时期有一段间隔,但该作品的构思或许会占据瓦拉在那不勒斯期间的一段时日。至于正式撰写,应该是在1447年年中,在蒂沃利进行的。

该作品的完成时期不会晚于1447年8月:国王和包括瓦拉在内的随行队伍正是在那一时期离开了蒂沃利,朝托斯卡纳行进。由于天气不佳,旅途漫长而坎坷,这些因素显然不利于开展写作。从历史的角度来看,诸位人文主义者在这一时期的争执的激烈程度或许有些过分,但在当年,此种纷争则是一种在激烈而残酷的职位竞争中令自身脱颖而出的必要手段。若我们仔细观察,就会认为此种针对瓦拉的所谓异端思想的控诉在瓦拉的文化生涯,尤其是政治生涯中产生了十分显著的影响。回到那不勒斯以后,瓦拉作出了决定:离开阿拉贡王朝的宫廷。随着尼各老五世(Niccolo V)就任教宗③,瓦拉终于凭借贝萨里翁枢机

---

① 此处关于《针对法齐奥的辟谬》撰写日期的推测来自萨尔瓦托雷·坎博莱阿雷(Salvatore Camporeale)。此外,佩洛萨也认为该作品撰写于1447年:因为瓦拉曾在《李维〈论第二次布匿战争〉之修订》中提及不久前于1447年1月去世的热那亚人文主义知识人安东尼奥·卡萨利诺(Antonio Cassarino)。关于《李维〈论第二次布匿战争〉之修订》及诸多学者对该作品的解读,参见 Billanovich Giuseppe, *Per la fortuna di Tito Livio nel Rinascimento italiano*, Padova, Antenore, 1958。

② 该作品是瓦拉对那部包含有李维的《建城以来史》的抄本的修改。此前,该抄本已由彼特拉克作旁注,法齐奥和安东尼奥·贝卡德里也已对其进行了批注。

③ 参见 Marianne Pade, *La fortuna della traduzione di Tucidide di Lorenzo Valla con una edizione delle postille al testo Niccolò V nel sesto centenario della nascita*. Atti del Convegno internazionale di studi. Sarzana, 8–10 ottobre 1998 cur. Franco Bonatti e Antonio Manfredi, adiuv. Paola Trinca, Città del Vaticano, Biblioteca Apostolica Vaticana 2000 (Biblioteca Apostolica Vaticana. Studi e testi 397) pp. XV–699, 255–293 tav. 2。

（Bessarione）的举荐以及他与乔凡尼·托尔泰利的亲密友情于 1448 年重返罗马。① 1448 年 11 月 13 日，瓦拉得到教宗的召唤，履任"教会书吏"（scriptor litterarum apostolicarum）一职。② 在这位爱好文化的教宗的资助下，瓦拉翻译了修昔底德（Tucidide）和希罗多德（Erodoto）的作品，③修订了《论拉丁文的优雅》的大部分内容，还撰写了作为该书附录的一篇小论文——《论"sui"和"suus"的关系》（De reciprocatione-sui et suus），献给友人托尔泰利。

1450 年，瓦拉受命执掌罗马大学（Studium Urbis）的修辞和演说术讲席。1452 年至 1453 年期间，他针对波焦·布拉乔利尼的《辟谬》先后撰写了两篇《针对波焦的辟谬》和一篇未竟之作——《波焦轶事》。

1456 年，瓦拉获得了拉特兰圣若望大殿的圣堂参事一职。晚年的瓦拉作为圣堂参事潜心钻研宗教文本。1454 年至 1457 年期间，他完成了一部关于可能存在的不同版本的《新约》文本的文章，题为《〈新约〉校注》（Collatio Novi Testamenti）④——在修订阶段，该书吸取了包括库萨的尼古拉、贝萨里翁以及人文主义者乔凡尼·奥利斯帕的成果。此外，在《关于圣餐奥义的探讨》（Sermo de Mysterio Eucharistie）和《圣托马斯·阿奎那颂词》（Encomium s. Thomae Aquinatis）两部作品中，瓦

---

① 参见 Mariangela Regoliosi, "Nuove ricerche intorno a Giovanni Tortelli", Italia medioevale e umanistica, 12 (1969), p. 146, nota 2。

② 参见 Archivio Segreto Vaticano, Reg. Vat. 432, ff. 207rv。

③ 参见 Stefano Pagliaroli, L'Erodoto del Valla, Messina, Centro Interdipartimentale di Studi Umanistici, 2006。

④ 参见 Lorenzo Valla, Collatio Novi Testamenti, a cura di Alessandro Perosa, Firenze, Sansoni, 1970。

拉还就信仰主题发表了论述。① 这两部作品虽然篇幅短小,但浓缩了瓦拉作为基督教徒的思想精华。1457年,瓦拉在罗马逝世,享年50岁。

通过瓦拉的一系列作品,可以看出他对自身杰出的语言驾驭能力的清晰意识。他深信:只要掌握语言的"艺术",就足以打破任何文化领域(包括宗教领域)的界限。因为精准确切的语言是真理的守护者,其使命便是让真理远离权力的重重操纵。正如瓦拉在《〈君士坦丁赠礼〉辨伪》中所说:"要捍卫真理之业、正义之业、天主之业,就必得振作精神,坚定信心,满怀希望。一个人,哪怕他再擅长言辞,若没有勇气开口,也算不得真正的演说家。"② 作为演说大师,瓦拉清楚自己面临的种种风险,因而总是有意识地在自己的作品里采用具有"自我保护"效应的语言表述方式。瓦拉受过良好的教育,性情直爽,敢说真话,对思想自由(意志自由)满怀信心。因此,在探讨瓦拉的"虔诚"时,需要对以下这一因素加以考量:瓦拉一方面对自己的信仰深信不疑,另一方面也在寻找真理的过程中保持着坚定的一惯性,因此,真理本身也成为一惯性的代名词。

瓦拉极为重视对语言的使用,将其视作最为重要的传承知识的载体。③ 从这一视角出发,可以理解他作为翻译家和语文学家所肩负的责任,也可以理解他为何要以古典拉丁文作为标尺,通过语文学和修辞学

---

① 参见 Lorenzo Valla, *Sermo de mysterio eucharistie*, a cura di Clementina Marsico, Firenze, Edizioni Polistampa 2019。

② 见 Lorenzo Valla, *De falso credita et ementita Constantini donatione*, herausgegeben von W. Setz, Weimar, Hermann Böhlaus Nachfolger, 1976, p. 57。

③ 关于这一点,维琴佐·德·卡普里奥写道:"《论拉丁文的优雅》不仅阐释了古典作家对拉丁文的恰当运用,本身也是恰当运用拉丁文的范例:该作品的表述极为精准,没有一丝逻辑和语义上的犹疑,展现了'理性'(ratio)主宰下'能指'和'所指'之间的一一对应。"见 Vincenzo de Caprio, *Ordine ed elegantia in Lorenzo Valla*, in *Ordine: Secondo colloquio internazionale di Letteratura italiana*, a cura di Silvia Zoppi Garampi, Napoli, Cuen editore, 2008, p. 104。

去追寻词语的本真含义,实现对"人"的重新界定。无论从何种角度来看,瓦拉都堪称15世纪意大利人文主义时期成果最为丰硕的文人之一,为16世纪整个欧洲的文化革新作出了突出的贡献。

位于拉特兰圣若望大殿右侧耳堂第一小圣堂的瓦拉墓冢

瓦拉墓碑的碑文

献给洛伦佐·瓦拉：卢卡之子，出生于罗马，祖籍皮亚琴察；教宗尼各老五世的书吏、加理多三世的秘书，长眠于拉特兰大殿的教士；卒于1457年8月1日，享年约51岁。为纪念这位博学之人，瓦拉之母——皮亚琴察的卡特里娜·斯科里巴尼在耶稣降生小圣堂外立此墓碑。1600年后，该墓碑被保存于庭院内。1825年为圣年，罗马人弗朗切斯科·康切利耶里奥·罗马诺将该墓碑置于同名小圣堂内。时年，著名的朱利奥·玛利亚·德拉·索马利亚任枢机、总铎和司铎咏唱团成员；弗朗切斯科·玛拉扎诺·维斯康蒂任堂区神父和圣座驻皮亚琴察当局代理人。

（LAURENTIO LUCAE FILIO VALLAE ORTU ROMANO PLACENTIA ORIUNDO A NICOLAO V SCRIPTORE APOSTOLICO A CALLIXTO III SECRETARIO ET CANONICO LATERANENSI RENUNCIATO QUI VIXIT ANNIS LI PLUS MINUS DECESSIT KALENDAS AUGUSTI ANNO MCDLVII AD SERVANDAM SCIENTISSIMI VIRI MEMORIAM A CATHARINA DE SCRIBANIS PLACENTINA GENETRICE HUMI EXTRA CELLAM PRAESEPIS ERECTAM ET AB ANNO MDC IN CLAUSTRO SERVATAM FRANCISCUS CANCELLIERIUS ROMANUS ANNO SACRO MDCCCXXV INTUS EAMDEM CELLAM HONORIFICE PONENDAM CURAVIT VIRO EMINENTISSIMO JULIO MARIA DE SOMALIA CARDINALI DECANO ARCHIPRESBYTERO FRANCISCO MARAZZANO VISCONTIO PRAEPOSITO SACRI PALATII VICARIO PROCERIBUS PLACENTINIS）

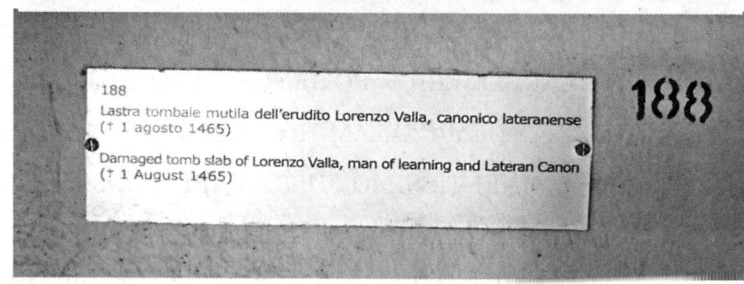

188
Lastra tombale mutila dell'erudito Lorenzo Valla, canonico lateranense
(† 1 agosto 1465)

Damaged tomb slab of Lorenzo Valla, man of learning and Lateran Canon
(† 1 August 1465)

残损的瓦拉墓冢石板

瓦拉的母亲卡特里娜·斯科里巴尼撰写的墓碑碑文非常重要,具体内容如下:"献给洛伦佐·瓦拉,神圣之所的教士,国王阿方索的秘书官和教宗秘书官,其口才超越了同时代的其他所有作家。他的母亲卡特里娜为自己虔诚的儿子刻下上述碑文。瓦拉于1457年逝世,享年50岁。"

(LAURENTIO VALLA HARUM AEDIUM SACRARUM CANONICO ALPHONSI REGIS ET PONTIFICIS MAXIMI SEG-RETARIO APOSTOLICOQUE SCRIPTORI. QUI SUA AETATE OMNES ELOQUENTIA SUPERAVIT. CATARINA MATER FILIO PIENTISSIMO POSUIT. VIXIT ANNOS L. ANNO DOMINI MCCCCLVII DIE PRIMO AUGUSTI KALENDIS)

如今,原始碑文已经遗失,所幸的是碑文内容被收录于皮耶特罗·萨比诺(Pietro Sabino)——第一位在现场誊抄的学者——的文集中(Venezia, Biblioteca Marciana, lat. X 195, f. 291v)。此外,亲自参观过瓦拉原始墓冢的保罗·乔维奥(Paolo Giovio)也证实了上述信息。参见 Paolo Giovio, *Elogia virorum illustrium*, Roma, a cura di Renzo Meregazzi, 1972, cap. 13, p. 37。同时参见 Alessandro Baldeschi, *Stato della SS. Chiesa papale lateranense nell'anno 1723*, Roma, nella stamperia di S. Michele a Ripa grande, 1723, p. 141。

洛伦佐·瓦拉作品分类名录

一、语言和修辞类作品

1.《论西塞罗与昆体良之比较》(*De comparatione Ciceronis Quintilianique*)(已失传)

2.《针对波焦的辟谬》(*Antidotum in Pogium*)

3.《针对法齐奥的辟谬》(*Antidotum in Facium*)

4.《波焦轶事》(*Apologus in Pogium*)

5.《关于新事物的小册子》(*De novis rebus libellus*)

6.《论"sui"和"suus"的关系》(*De reciprocatione sui et suus*)

7.《论拉丁文的优雅》(*Elegantiae latinae linguae*)

8.《驳巴托罗书》(*Epistola contra Bartolum*)

9.《新学年致辞》(*Oratio in principio Studii*)

10.《安东尼奥·达·洛批评》(*Raudensiane note*)

11.《语法艺术》(*Ars grammaticali*)

12.《依据语法学家亚历山大的方式作出的修订》[①](*Emendationes in Alexandrum grammaticum*)

13.《论信函撰写》(*De conficiendis epistolis*)

二、神学和哲学类作品

1.《致教宗安日纳四世的驳斥诽谤者的自我辩解词》(*Apologia*

---

① 该作品是瓦拉根据法国语法学家和数学家维勒迪厄的亚历山大(Alexander de Villa Dei)的理论针对《论拉丁文的优雅》(尤其是针对信函撰写部分)作出的修订。

pro se et contra calumniatores ad Eugenium papam IV）

2.《关于哲学问题的辩护》（Defensio questionum in philosophia）

3.《论自由意志》（De libero arbitrio）

4.《论快乐》（De Voluptate）

5.《论真善与伪善》（De vero falsoque bono）

6.《致教宗安日纳四世辞》（Oratio ad papam Eugenium IV）

7.《辩证法驳议》（Dialecticae disputationes）

8.《〈新约〉校注》（Annotationes in Novum Testamentum）

9.《论修道士的誓愿》（De professione religiosorum）

10.《圣托马斯·阿奎那颂词》（Encomium s. Thomae Aquinatis）

11.《关于圣餐奥义的探讨》（Sermo De Mysterio Eucharistie）

三、历史和政治类作品

1.《致国王阿方索的关于两位塔克文的书信》（Ad Alfonsum regem Epistola de duobus Tarquiniis）

2.《驳贝内德托·莫朗多》（Confutationes in Benedictum Morandum）

3.《〈君士坦丁赠礼〉辨伪》（De falso credita et ementita Constantini donatione）

4.《论那不勒斯的凯旋》（De neapolitano triumpho）

5.《阿拉贡国王斐迪南传》（Gesta Ferdinandi regis Aragonum）

6.《致西西里王国和那不勒斯王国阿方索国王辞》（Oratio ad Alfonsum regem aliud Siculum aliud Neapolitanum esse Regnum）

四、译自希腊文的作品

1. 德摩斯梯尼作品译介:《为克特西丰特斯辩护》（Pro Ctesiphonte）

2. 伊索作品译介

3. 色诺芬作品译介:《居鲁士的教育》(*Ciropedia*)

4. 荷马作品译介:《伊利亚特》(*Iliade*)

5. 该撒利亚的巴西流作品译介:《礼仪书(十九)》(*Omelia* XIX)

6. 修昔底德作品译介

7. 希罗多德作品译介

五、评论和注释

1. 关于李维作品的评注:《李维〈论第二次布匿战争〉之修订》(*Emendationes sex librorum T. Livii de secundo bello Punico*)

2. 关于小普林尼作品的评注

3. 关于昆体良作品的评注

4. 关于撒路斯提乌斯作品的评注

六、信函集

1. 瓦拉撰写和接收的信函合集

译后记

作为15世纪意大利人文主义思想家洛伦佐·瓦拉的代表作之一，《〈君士坦丁赠礼〉辨伪》因首次通过语文学的方法成功揭穿了基督教历史上最恶名昭著的谎言而被载入史册。这篇演说辞以其新颖的论证方式成为西方考据史上第一个将语文学应用于史学研究的伟大范例，得到国际学界的广泛关注。

然而，在国内学界，关于瓦拉的研究仍处于起步阶段。除了伦理哲学论著《论快乐》(*De Voluptate*)，①瓦拉的大多数作品原典尚未被译介至国内，系统的研究更是寥寥。具体就《〈君士坦丁赠礼〉辨伪》而言，较为深入的成果包括吕大年的论文《瓦拉和"君士坦丁赠礼"》②和米辰峰的论文《君士坦丁赠礼之谬——评瓦拉批驳〈君士坦丁赠礼〉的学术得失》③。这两项研究均是基于英美学界的既有成果而展开的：二者均从技术层面介绍和评价了这篇演说辞的语文学、法学、修辞学和逻辑学策略，但由于论文篇幅所限，两位研究者并未对《〈君士坦丁赠礼〉辨

---

① 参见瓦拉：《论快乐》，李婧敬译，人民出版社2017年版。同时参见李婧敬：《以"人"的名义：洛伦佐·瓦拉与〈论快乐〉》，人民出版社2021年版。
② 参见吕大年：《瓦拉和"君士坦丁赠礼"》，《国外文学》2002年第4期，第36—45页。
③ 参见米辰峰：《君士坦丁赠礼之谬——评瓦拉批驳〈君士坦丁赠礼〉的学术得失》，《史学月刊》2006年第3期，第98—103页。

伪》的原文文本展开全面分析，亦未就瓦拉的宗教观念和哲学思想展开充分的挖掘。

直到几年前，国内学界大多数从事中世纪和文艺复兴研究的专家都是非语言专业的哲学、史学、宗教、艺术和科技研究者。他们有着深厚的专业学养，但普遍对意大利文和拉丁文缺乏深入的了解。因此，他们在收集、整理和研读第一手文献资料的过程中往往会遇到语言层面上的困难，只能依据以英文等通用语种进行写作的国外学者的转述进行间接研究。这就造成了用原文研读原典的严重欠缺，使得相关研究工作难以突破笼统化、浅表化和模式化的瓶颈。论及对《〈君士坦丁赠礼〉辨伪》一文的理解，国内学界仍大多将这篇演说辞视为纯粹的政治檄文，将其简单地解读为一部为世俗政治权力机构服务，打击罗马教会的世俗权力的作品。

基于对国内外学界相关领域的长期关注，译者决定在译介和研究《论快乐》的基础上，继续开展对瓦拉原典作品的翻译和研读工作：一方面通过将《〈君士坦丁赠礼〉辨伪》直接从原文译介为中文，为国内该领域同行的研究提供可靠的文本依据；另一方面将该文本纳入瓦拉的基督教人文主义思想体系中加以整体分析和考量，从而更为全面、客观地考察瓦拉在这篇演说辞中表达的超越其政治立场的宗教观念和哲学思想。

"好问则裕，自用则小。"在译介本书的过程中，译者曾因屡屡出现的困难感到迷茫，多次求助于诸位前辈和师友，他们的建议和帮助令译者茅塞顿开，受益匪浅。对于他们的鼓励，译者铭感于心。其中，意大利从事洛伦佐·瓦拉研究的知名学者——原佛罗伦萨大学中世纪和人文主义语文学教授玛丽安杰拉·雷格里奥西教授对本书的译介进行了全程指导并为本书撰写了导读《洛伦佐·瓦拉与〈君士坦丁赠礼〉》。

法国克莱蒙奥弗涅大学意大利研究学系的金才老师与译者密切合作，在原文理解和译文表述方面提供了大量建议并为本书撰写了瓦拉的生平及其主要作品简介，此外，还提供了一系列相关图片。上海同济大学的徐卫翔教授将本书的译介工作纳入了2022年度国家社科基金重大课题"文艺复兴哲学经典的翻译与研究"。天津师范大学的刘训练教授就书中出现的诸多政治思想史术语的译法提供了切实的专业建议。中国政法大学的雷佳副教授和罗马大学的李昂博士就书中出现的多处法学术语给予了详尽而透彻的解释。北京大学的成沫老师就不同版本注释的甄选提供了参考建议。北京外国语大学拉丁语专业本科生王启明同学、意大利语专业本科生李楷文同学和中国政法大学法律专业硕士生皇甫洋帆同学以严谨的态度和极高的效率对中译稿进行了细致的校对和修改。北京外国语大学的麦克雷（Michele Ferrero）教授、韦欢神父帮助厘定了作品中出现的天主教术语的译名；李慧副教授、阙建容老师帮助厘定了大量拉丁文和古希腊文表述的译法。此外，译者的家人亦给予宝贵的支持；另有许多师长、同事和朋友给予直接和间接的帮助。译者在此一并致谢。

  本书的译介工作于2020年1月启动，时至今日方才最终完成，由商务印书馆正式推出。两年以来，笔者反复对译稿进行修改、打磨，唯愿本书的译介能为国内学界关于瓦拉及其所处的文艺复兴时代的研究添砖加瓦。然而，由于笔者的学识和经验有限，尽管慎始敬终，未敢懈怠，错漏之处亦在所难免，恳请广大读者谅解包容并批评指正。

李婧敬

2023年3月于北京外国语大学

图书在版编目（CIP）数据

《君士坦丁赠礼》辨伪 /（意）洛伦佐·瓦拉著；李婧敬编译. — 北京：商务印书馆，2023
（文艺复兴译丛）
ISBN 978-7-100-22646-2

Ⅰ.①君… Ⅱ.①洛…②李… Ⅲ.①基督教—研究—欧洲 Ⅳ.① B979.5

中国国家版本馆 CIP 数据核字（2023）第 145149 号

本书系国家社科基金重大项目"文艺复兴哲学经典的翻译与研究"（22&ZD040）阶段性成果

权利保留，侵权必究。

文艺复兴译丛
《君士坦丁赠礼》辨伪
〔意〕洛伦佐·瓦拉　著
李婧敬　编译

商 务 印 书 馆 出 版
（北京王府井大街36号　邮政编码 100710）
商 务 印 书 馆 发 行
南京鸿图印务有限公司印刷
ISBN 978-7-100-22646-2

2023年11月第1版　　开本 090×1240 1/32
2023年11月第1次印刷　印张 9

定价：58.00元